JN409549

존경하는 목사님께!

하나님의 은혜와 사랑이 목사님의

교회와 가정과 사역 위에 함께 하시기를 기도합니다.

아뢰올 말씀은, 최근에 부족한 종이

"레위기의 산을 정복하라"는 책을 출간하였습니다.

부족한 졸저는 딱딱하고 난해한 레위기를 유대 랍비들의

문화사적 배경, 구속사적 관점, 통전적 성경 해석을 바탕으로

제사의 진정한 의미와 현대적 적용을 시도한 책입니다.

한국교회의 예배 회복과 주의 제단을 위해

모든 것을 다 바치는 복음의 본질 회복과 역설적 희생의 신앙,

야성적 충성의 사명감이 회복되기를 바라는 마음으로

밤을 지새우며 집필하였습니다.

아직도 부족한 점이 많이 있지만

오랫동안 심혈을 기울여 쓴 책입니다.

애정 어린 눈으로 보아 주시기를 바라며,

미력하나마 도움이 되셨으면 하는 마음을 담아 보냅니다.

앞으로 하시는 모든 사역과 교회 위에

하나님의 은혜와 사랑이 늘 함께 하시기를 기도합니다.

2014년 5월 1일

새에덴교회 소강석 목사

레위기의 산을 정복하라

소강석 지음

쿰란출판사

추천의 글

레위기에 담긴 보화를 캐내자

구약과 신약 66권 중에 어느 책이 가장 읽기 싫은 책이냐고 물으면 아마 거의 대부분의 성도들은 레위기라고 서슴없이 대답할 것이다. 이것은 구약을 연구하는 구약학자들과 목회자들에게도 마찬가지다. 왜냐하면 레위기는 우리의 문화와 삶과는 너무 동떨어진 내용을 기록하기 때문에 일단 이해하기 어렵고 또 재미도 없을 뿐 아니라 그리스도를 믿는 믿음을 통하여 구원받은 하나님의 백성으로 사는 오늘의 성도들에게는 별로 의미가 없는 것으로 여겨지기 때문이다. 실제로 레위기에 기록된 내용들은 우리들의 현재의 예배와 일상생활에 전혀 시행되지 않는 것들이다. 그래서 더더욱 레위기는 가장 읽기 싫은 성경 중의 하나이며, 실제로 성도들은 레위기를 가장 소홀히 한다.

과연 레위기는 그리스도를 믿는 오늘의 우리들의 신앙생활에 상관없고 별로 중요하지 않는 성경이며, 읽지 않거나 소홀히 취급해도 좋은가? 결코 그렇지 않다. 왜냐하면 레위기에 기록된 하나님의 말씀이 갖는 진리성과 영적 가치는 다른 모든 구약성경뿐만 아니라 오늘날 우리들의 신앙생활에 직접적이며 구체적으로 영향을 주는 신약성경과 마찬가지로 영구불변하기 때문이다. 레위기를 제대로 이해하지 못하고서 예수 그리스도의 오심과 그의 삶과 죽으심과 부활의 의미, 예수님의 생애와 우리들 사이의 상관관계, 오늘날 우리들이 그리스도를 믿음으로 누리는 구원의 참된 의미와 가치 그 귀중성, 하나님이 구원받은 우리들에게 성경 전체를 통하여 요구하시는 거룩한 삶을 결코 이해할 수 없다.

소강석 목사님이 《레위기의 산을 정복하라》는 제하로 출판한 이 책은 레위기의 이러한 영구적인 진리성과 그 영적 가치를 충분하게 일깨워 주고 있다. 뿐만 아니라 난해하고 읽을 때 지루하기 짝이 없는 레위기의 내용을 아주 쉽고도 재미있게 풀이해 주고, 그것이 오늘 그리스도 안에서 구원받아 거룩한 삶을 살아가야 할 우리들에게 어떻게 적용되는가를 우리들의 삶의 실제적인 국면과 연관시키면서 잘 설명해 주고 있다.

일반적으로 레위기에 관한 설교집이나 주해서를 보면 레위기 속에 숨겨진 신비로운 의미를 파헤친답시고 풍유적인 해석을 일삼고, 그것을 매우 일방적이면서도 비성경적으로 예수 그리스도와 연결시키고 우리 성도들의 삶에 적용함으로 레위기에 기록된 하나님의 살아 움직이는 영원한 진리를 왜곡시키거나 변질시키는 경향이 있다. 그러나 소 목사님은 구약에 관한 다른 책을 저술할 때와 마찬가지로 레위기의 본문을 해설하고 우리들의 생활에 적용함에 있어서 유대 랍비들의 저술에서부터 현대의 주석가들 및 학자들의 저술에 이르기까지 매우 광범위한 책을 탐구하며 연구한 그 결과를 수려하고도 평이한 어휘와 그의 독특한 문학적인 방법으로 기술하고, 이 분야에 해박한 지식을 가진 학자들과 활발한 토론의 과정을 거치면서 자신의 이해와 설명의 정당성을 확인하는 매우 신중한 과정을 거쳤다.

이 책은 레위기 본문에 대한 그리스도 중심적인 주해적이면서도 성경신학적인 깊이와 영적인 통찰력, 오늘의 성도들의 실제 생활과의 구체적인 연관성과 적용성, 문학적이면서 담론적인 서술상의 탁월성이 잘 균형을 이루면서 평신도에서부터 신학자에 이르기까지 즐겁게 읽고 싶게 만드는 책이다.

이 책은 레위기에 기록된 제사와 관련한 내용을 다루고 있으므로 레위기 전체를 주해하는 책이 아니기에 레위기 전체에 대한 이해를 추구하는 독자들에게는 아쉬움을 주고 있다. 그러나 이제 소 목사님의 성경말씀에 대한 뜨거운 연구 열정은 레위기의 나머지 부분들까지도 깊이 있게 연구하여 독자들의 아쉬움을 곧 해결해 줄 것을 기대해 마지않으며, 예수 그리스도의 죽으심과 부활의 가치와 의미, 예수 그리스도를 믿는 성도로서 진지하면서 일관성 있게 거룩한 삶을 살고자 간절히 소망하는 많은 뜻있는 독자들에게 이 책을 강력하게 추천한다.

2014년 3월 10일

김인환 총장(전 총신대 총장, 현 대신대 총장, 구약학 교수)

추천의 글

저는 아프리카 남단 남아공에서 10년째 사역을 하고 있는 선교사입니다. 사실 무명의 선교사에 불과합니다. 다만, 작년 저는 하나님의 은혜로 만학의 나이에 남아공의 프레토리아 대학에서 레위기 연구로 한국인 최초로 박사 학위를 받았습니다. 그런 별볼일없는 저에게 한국에서 손꼽히는 큰 교회를 섬기시는 소강석 목사님께서 자신의 탁월한 레위기 강해 설교집의 추천사를 부탁해 오신 것에 대해 많이 놀랐습니다.

사실 작년에 박사 학위를 마친 뒤 7-8월 경 잠시 한국을 방문했을 때, 일면식도 없었던 소강석 목사님에게서 느닷없이 저를 한번 만나고 싶다는 전화를 받았습니다. 다름아닌 레위기 강해 설교를 준비하는데, 몇 가지 궁금한 것이 있어서 가르쳐달라고 하신 것입니다. 소 목사님은 한국에 레위기 박사 학위자가 드물어 찾기 어려웠던 차에, 마침 저의 은사님을 통해 저를 소개받고 저에게 전화를 준 것이었습니다.

목사님을 뵌 첫인상은 '소강석' 이름 그대로였습니다. 작은 체구의 그분은 '돌처럼 단단한 황소'와 같았습니다. 이름을 뒤에서부터 풀면 그 뜻이 나옵니다. 소 목사님은 다음 스케줄을 한 시간 연기하면서까지 무려 세 시간 동안이나 레위기에 대해 물어오셨습니다. 그런데 제가 깜짝 놀란 것은 소강석 목사님께서 이미 레위기를 심도 깊게 연구하여 많은 것을 알고 계셨다는 사실입니다. 여러 학자들의 자문을 받으며, 직접 레위기 주석들을 공부하고 심지어 랍비들의 견해까지 상당 부분 꿰뚫고 있었습니다.

자연히 저에게 던지는 질문이 예사롭지가 않아 몇몇 질문은 제가 쩔쩔매기도 했습니다. 무엇보다 저는 소강석 목사님이 설교자로서 성경 말씀 중에 이해가 잘 되지 않거나 궁금한 것을 그냥 넘어가지 않는 철저한 연구 자세를 보고 큰 도전을 받았습니다. 또 한 가지 인상 깊었던 것은 자신의 생각을 설명하다 제가 잘못된 부분을 타당한 근거를 가지고 말씀드리면 즉각 자신의 생각을 접거나 수정하는 앗쌀한(?) 태도였습니다.

이 강해 설교집은 소강석 목사님의 그 레위기의 연구 결과가 잘 녹아 있는 책입니다. 무엇보다 레위기에 대한 해박한 지식과 또한 설명하기 어려운 내용들을 모든 청중이 쉽게 이해할 수 있는 쉬운 말로 탁월하게, 또한 아주 재미있으면서도 감동적으로 풀어내셨습니다.

또한 이 강해 설교는 레위기 교훈의 목회적, 교회론적 적용이 탁월하고(저와 생각이 다른 부분도 있지만), 풍유적 해석은 일부 엿보이나 최대한 절제되어 있습니다. 다시 말해, 한국 교회의 레위기 설교는 대부분 무리한 실천적 적용을 위해 풍유적 해석이 난무한데, 소강석 목사님은 본문의 원래 의미를 간직하면서, 적용점에 있어서 분명하게 선을 지키며 실제적 교훈으로 능숙하게 연결시킵니다. 예컨대, “재를 성소 밖의 진영 멀리 처리하라”는 규정을 교회론에 적용하여, “재를 빨리 그리고 완전히 제거하지 않으면 교회는 더럽혀진다”고 적용하는 탁월성입니다.

레위기를 연구한 학자로서 저는 이 책을 독자 여러분께 강력히 추천합니다. 이 책을 통해 큰 산처럼 어렵게만 느껴졌던 레위기가 얼마나 놀랍고 심오한 책인지 독자 여러분도 깨닫게 되길 소망해 봅니다. 이 책과 더불어 레위기의 큰 산을 훌쩍 넘어가시는 은혜가 있길 빕니다. 이 책은 레위기 중에서 단지 제사들만 다뤘습니다. 앞으로 소강석 목사님의 추가적인 레위기 강해를 기대해봅니다.

2014년 3월 10일

김경열 박사(남아공 선교사, 한국인 최초로 구약 레위기 전공 박사)

머리말

레위기는 신비롭고 깊습니다. 보석 같은 진리와 교훈이 담겨 있습니다. 하지만 처음 읽는 사람에게는 매우 어렵습니다. 그래서 창세기, 출애굽기까지 잘 읽다가 레위기에서 덮어 버리고 맙니다. 레위기는 고대 근동의 문화사적 배경과 구속사적 관점, 통전적 성경 해석을 바탕으로 살펴보아야 합니다. 그렇지 않으면 레위기의 내용을 파악하기 어렵습니다. 그만큼 레위기는 누구에게나 정복하기 힘든 산입니다.

그러나 성도라면 반드시 한 번은 레위기의 산을 정복해야 합니다. 이 책은 목회자들과 성도들이 레위기의 산을 정복할 수 있도록 돕는 안내서와 같습니다. 레위기에 담긴 제사의 진정한 의미와 현대적 적용을 시도하였습니다. 딱딱한 논리나 이론만을 앞세우지 않고 고대 근동의 문화적 배경, 내러티브 성경 해석, 실제적인 신앙 적용 방법을 소개하였습니다.

한국교회 안에 레위기 연구와 설교 등이 많아졌으면 좋겠습니다. 그래서 성도들에게 제사, 즉 예배의 중요성과 야성적 희생의 신앙이 살아났으면 좋겠습니다. 사실 지금 한국교회는 점점 예배의 중요성이 상실되고 있습니다. 기존의 예배 시스템과 매뉴얼 그대로 예배는 드리고 있지만, 갈수록 자신이 직접 영적 제물이 되어 신령과 진정으로 드려지는 예배가 사라져가고 있습니다. 한국교회의 위기는 곧 예배의 위기입니다.

레위기에 담긴 깊고 신비한 예배의 비밀을 알게 되면 더 깊은 축복의 세계 속으로 들어갈 수 있습니다. 다시, 레위기를 펼쳐야 합니다. 우리의 미지근하고 잠든 신앙을 레위기의 불꽃으로 불태우고 깨워야 합니다. 한국교회는 산 제물로 드려지는 예배가 회복되어야 합니다. 하나님이 흠향하시는 예배의 향기로 가득해야 합니다. 뿐만 아니라 주의 제단을 위해 자신의 모든 것을 다 바치는 역설적 희생의 신앙, 야성적 충성의 신앙이 회복되어야 합니다.

부족하지만 이 책이 한국교회의 제단에 예배의 불꽃을 타오르게 하는 자그만 불쏘시개가 될 수 있기를 기도합니다. 레위기적 신앙으로 주의 제단에 늘 충성과 헌신을 드리는 새에덴의 성도들, 믿음의 어머니 정금성 권사님, 배정숙 사모, 원고 교정을 도와 준 동역자 선광현 목사님, 쿰란출판사 이형규 장로님께 감사드립니다. 하나님께 모든 영광 올려 드립니다.

2014년 3월 10일

소 강 석

차례

추천의 글
김인환 총장(전 총신대 총장, 현 대신대 총장, 구약학 교수) / 2
김경열 박사(남아공 선교사, 한국인 최초로 구약 레위기 전공 박사) / 5
머리말 / 8

1장 하나님께 나아가는 길, 제사 / 15

은혜 받은 자의 특징 / 16
레위기, 복음의 본질과 핵심이 담긴 보화 / 17
유대인, 레위기부터 가르치다 / 20
하나님께 가까이 다가가는 길, 제사 / 22
제사를 통한 축복의 비밀 / 25
모세를 회막 문 앞으로 부르신 하나님 / 27
제물의 조건 / 29

2장 번제로 하나님께 나아가라 / 31

용사이신 하나님 / 32
시내산, 불로 임재하신 하나님 / 34
인간이 어떻게 하나님께 나아갈 수 있는가 / 36
제사의 기본, 번제 / 38
번제의 의미와 목적 / 39
번제는 어떤 제물을 드리는가 / 41
동네에서 돼지를 잡던 날 / 45
대표성의 원리를 회복해야 / 48
어떻게 번제를 드리는가 / 51

온전한 번제, 십자가의 죽음 / 60
예수 그리스도의 피 뿌림으로 인하여 / 66
피 뿌림의 구원 도정적 차원의 교훈 / 68
순교를 꿈꾸며 광주 금남로를 걷던 청년의 눈물 / 70

3장 번제로 하나님께 헌신하라 / 73

왜 제물의 가죽을 벗겨야 하는가 / 74
할례의 진정한 의미 / 77
할례의 신약적 의미 / 80
개가 설 죽고 미쳐 날뛰면 / 81
가죽은 제사장의 몫 / 85
가죽을 벗기는 목회 / 87
번제물로 죽으신 예수님 / 90
이 소금은 언약의 소금을 의미한다 / 94
언약의 소금을 치는 헌신 / 96

4장 번제로 하나님께 희생하라 / 101

상번제를 드리지 않으면 / 104
성전을 위한 헌신의 땀과 눈물 / 106
부정한 나무와 살아 있는 나무 / 108
하나님이 짐승의 기름을 좋아하신 이유 / 112
하나님이 흠향하시는 향기로운 냄새 / 117
향기로운 제물이 되어 / 119
노아의 번제의 향기가 진노를 그치다 / 122
불로 응답하신 하나님 / 123
그래서 사도 바울은 뭐라고 고백하는가 / 128
삶의 형편에 따라 다른 번제물 / 132
온전한 제물이 되신 예수님 / 135

5장 소제로 충성을 고백하라 / 139

소제의 의미 / 140
소제의 향기, 진노를 달래다 / 143
광야에서 소제를 드렸는가 / 146
어떻게 광야에서 소제를 드렸을까? / 148
소제를 드리는 방법 / 152
인격자보다 영격자를 원하시는 하나님 / 154
고운 가루에 기름을 붓고 섞은 이유 / 157
소제의 제물 위에 유향을 놓은 이유 / 162
주의 종과 좋은 것을 함께 해야 / 166

6장 화목제로 관계성을 회복하라 / 177

노란 손수건을 아시나요? / 178
"막둥이가 안 죽고 살아와서 감사합니다." / 180
탕자, 눈물로 회심하며 돌아오다 / 184
화목제의 정신과 분위기 / 188
화목제의 삶을 살아야 / 191
화목제를 드리는 방법 / 192
안이숙 여사의 일편단심 / 197
거제의 의미 / 203
사울에게 쫓겨 다니는 도망자, 다윗 / 212
역설적 신앙으로 낙헌제를 드린 다윗 / 216
다윗, 역전 드라마를 펼치다 / 219

7장 속죄제로 다시 새로워져라 / 225

속죄제의 의미 / 227
속죄제를 드리는 방법 / 229
내장과 간, 콩팥을 불사르는 의미 / 232
대제사장이 범죄하였을 때 드리는 속죄제 / 236

속죄제를 드린 염소의 남은 고기를 찾은 모세 / 240
나답과 아비후의 부정한 다른 불 / 243
교회를 무너뜨리는 사탄의 전략 / 246
속죄제를 통해 대제사장의 죄를 용서하신 하나님 / 248
속건제의 의미 / 251

8장 번제단의 불을 끄지 마라 / 257
번제단의 불 / 259
상번제의 불꽃을 꺼트리지 마라! / 262
제단 불을 끄지 말라 하신 이유 / 263
므낫세 왕의 패악 / 265
에스겔의 환상 / 267
벙어리가 된 에스겔 / 272
참된 애국, 예배와 영적 부흥 / 274
항우울제와 같은 메시지의 홍수 / 277
고차원의 말씀, 사명 / 280
교회여, 순결한 불꽃을 타오르게 하라! / 284
레위기의 산을 넘어서 / 285

1장

하나님께 나아가는 길, 제사

"여호와께서 회막에서 모세를 부르시고 그에게 말씀하여 이르시되 이스라엘 자손에게 말하여 이르라 너희 중에 누구든지 여호와께 예물을 드리려거든 가축 중에서 소나 양으로 예물을 드릴지니라 그 예물이 소의 번제이면 흠 없는 수컷으로 회막 문에서 여호와 앞에 기쁘게 받으시도록 드릴지니라 그는 번제물의 머리에 안수할지니 그를 위하여 기쁘게 받으심이 되어 그를 위하여 속죄가 될 것이라"(레 1:1-4).

은혜 받은 자의 특징

우리가 하나님 앞에서 은혜를 받고 나면 반드시 하는 행동들이 있습니다. 누가 시키지도 않고 강요하지도 않았는데 스스로 하는 일이 있습니다. 하여간 하나님 앞에 은혜 받았다고 하면 반드시 하는 일이 몇 가지 있습니다. 그것이 무엇인 줄 아십니까?

첫째, 기도를 합니다. 누가 시키지 않아도, 은혜 받으면 기도하고 싶습니다. 둘째, 하나님을 찬양합니다. 은혜 받으면 세상 노래가 다 끊어집니다. 은혜 받으면 세상의 유행가나 말초신경을 자극하는 관능적인 음악은 다 끊어집니다. 그저 하나님을 찬양하는 노래만 나도 모르게 입에서 솔솔 새어 나옵니다. 셋째, 성경을 읽고 싶어합니다. 누가 시키지도 않았는데 성경을 가까이 하게 되고 성경을 읽고 싶으며 성경을 공부하고 싶어집니다. 다시 말해 말씀에 대한 갈증과 사모함을 느끼게 됩니다. 그래서 은혜 받으면 성경을 읽기 시작합니다.

그런데 특별한 사람을 빼 놓고 대부분의 사람들은 신약부터 읽습니다. 성경이 너무 두껍기 때문에 신약부터 도전합니다. 물론 어떤 사람은 구약부터 도전하기도 하지만 보통 사람은 신약부터 읽어갑니다. 신약부터 읽으면, 당연히 마태복음이 나옵니다. 마태복음을 읽으면 무슨 내용이 나옵니까? 바로 족보가 나옵니다. 아브라함이 이삭을 낳고, 이삭은 야곱을 낳고, 야곱은 열두 아들을 낳고……계속 낳는 이야기만 합니다. 완전히 산부인과 의사가 읽어야 할 책인 것처럼 보입니다.

그래서 처음에는 성경이 조금 재미없을 수가 있습니다. 그러다가 성경 읽는 것을 포기하는 경우도 가끔 있습니다. 그리고 기도와 찬양만 합니다. 이런 사람은 신앙의 뿌리가 깊을 수 없습니다. 기도도 중요하고 찬양도 중요하지만 반드시 성경을 읽고 공부해야 하기 때문입니다. 그런데 마태복음 1장이 아주 큰 장벽이 될 때가 있습니다. 성경을 읽을 때, 마태복음 1장을 처음부터 끝까지 아주 은혜스럽게 읽으신 분이 있습니까? 마태복음 1장을 처음 읽을 때, 너무 감동되고 눈물이 나며 기쁨이 넘쳤던 분이 있습니까?

"아브라함이 이삭을 낳고 이삭이 야곱을 낳고 야곱이 열두 아들을 낳고……. 아, 그래! 이 말씀이 너무 은혜스러워, 정말 꿀송이처럼 달아!" 정말 이런 분이 있나요? 그렇다고 고백한 사람이 있다 하더라도 아마, 99.9% 거짓말일 것입니다. 족보 이야기는 따분하고 지루합니다. 그러나 마태복음 1장은, 조금만 인내하면 건너갈 수 있습니다. 조금만 인내해서 읽으면, 신약을 독파할 수 있습니다. 신약은 굉장히 쉽기 때문입니다.

레위기, 복음의 본질과 핵심이 담긴 보화

신약을 독파하면 구약에 도전합니다. 구약의 맨 첫 번째 책이 무엇입니까? 창세기입니다. 창세기는 굉장히 재미있습니다. 읽으면 읽을수록 재미가 넘칩니다. 출애굽기도 마찬가지입니다. 읽으면 읽을수록 재미가 있고 은혜가 넘칩니다. 도중에 성막을 짓고, 번제단과 향단을 만들며, 고가 몇 규빗, 광이 몇 규빗……. 이런 게 조금 있지만, 그래도 출애굽기는 별 문제 없습니다.

문제는 '레위기'입니다. 레위기가 왜 문제입니까? 레위기가 왜 문제인지도 모르는 사람이 있습니다. 그것이 더 큰 문제입니다. 정말 레위기는 매우 딱딱하고 어려운 책입니다. 그러므로 레위기를 독파한다는 것은, 정말 어려운 일입니다. 레위기는 대부분 하나님께 제사를 드리는 제사법에 대해 말하고 있기 때문입니다.

그런데 중요한 것은 지금 우리는 레위기에 나오는 제사를 드리지 않고 있다는 사실입니다. 레위기는 구약의 이스라엘 백성들이, 어떻게 하나님께 제사를 드릴 것인가에 대한 제사 방법을 소개한 책입니다. 레위기에 나오는 제사법은 이미 2,000년 전에 다 없어져 버렸습니다. 예수 그리스도의 십자가의 죽음으로 말미암아 레위기에 나오는 제사법이 다 성취되어 버렸기 때문입니다.

그런데 2000년 전부터 지키지 않는 이 제사법을 버젓이 성경에 포함시켜 놓고 있습니다. 여기에 바로 레위기의 어려운 점이 있습니다. 오늘날 우리가 사용하지도 지키지도 않는 제사법을 읽으려니 얼마나 이해가 안 되고 힘들겠습니까? 레위기를 한번 읽어보면 얼마나 어렵고 딱딱하며 이해가 안 되는 책인지 모릅니다.

저 자신도 이 말씀을 연구하느라 참 많이 힘들고 고통스러웠습니다. 그러므로 우리 입장에서는 지금 시행하고 있지도 않는 제사법을 기록한 레위기 같은 성경은 차라리 빼버려도 좋겠다는 생각을 한번 해볼 수 있습니다. 우리가 예수 믿어서 구원 받았는데 이미 성취되어 버린 레위기를 왜 성경에 포함시켜 놓았을까요? 그러나 우리 마음대로 성경에서 뺄 수도 없는 일 아닙니까?

레위기는 정말 중요한 책입니다. 예수님이 오시기 전까지 모든 언약 백성들은, 이 레위기 방법대로 하나님께 나아갔기 때문입니다. 레위기는 구약의 언약 백성들에게 어떻게 하나님께 나아갈 수 있는지를 가르쳐 주었습니다. 다시 말하면 죽어 마땅한 죄인들이 어마어마하게 크고 위대하신 하나님께 제사를 통해서 나아갈 수 있는 길을 가르쳐 주고 있습니다. 그것을 제시해 주고 있는 지침서요, 매뉴얼과 같습니다.

그러므로 레위기에는 복음의 본질과 핵심이 다 들어있습니다. 레위기의 내용이 얼마나 심오하고 신비한지 모릅니다. 레위기에 기록된 제사 제도의 정신이 신약의 복음 속에 그대로 용해되어 있기 때문입니다. 또 구약의 제사 정신이 오늘날 우리가 드리는 예배 속에 깊이 스며들어 있습니다.

레위기의 제사를 공부하면 하나님의 사랑을 이해할 수 있습니다. 하나님의 구속 섭리와 뜻을 알게 됩니다. 또 성령의 핵심과 복음을 알게 되고 하나님께 더 신령과 진정으로 예배를 드리게 됩니다. 그리고 사명과 헌신의 귀중함을 알게 됩니다.

우리는 이 책을 통해서 레위기의 산을 정복해야 합니다. 레위기의 제사법을 통달해야 합니다. 그래서 하나님의 사랑을 알고 복음의 본질과 예배의 정신을 깨달아야 합니다. 사명의 본질을 깨달아야 합니다.

♪ 달고 오묘한 그 말씀 생명의 말씀은
귀한 그 말씀 진실로 생명의 말씀이
나의 길과 믿음 밝히 보여주니
아름답고 귀한 말씀 생명샘이로다
아름답고 귀한 말씀 생명샘이로다

유대인, 레위기부터 가르치다

이스라엘 백성들은 어릴 때부터 맨 먼저 레위기를 배웠다고 합니다. 유대 랍비들은 구약 시대부터 회당에서 어린아이들에게 성경을 가르칠 때 레위기부터 가르쳤다고 합니다. 이 전통은 지금까지 지켜지고 있습니다. 그래서 이스라엘에서는 어린 꼬마가 초등학교에 입학하면 성경을 가르치는데 레위기부터 가르친다고 합니다.

우리 생각 같아서는 창세기를 먼저 가르쳐야 하지 않겠습니까? 그러나 그들은 창세기보다도 레위기를 먼저 가르칩니다. 왜냐하면 하나님의 존재와 하나님의 창조는 이미 믿을 뿐 아니라 전제하고 있기 때문입니다. 그 상태에서 어떻게 하나님께 나아가고, 어떻게 하나님을 섬길 것인가에 대한 제사법을 배웁니다. 어떻게 하나님을 사랑하고 섬기며 어떻게 하나님께 경배할 것인가에 대한 올바른 방법을 먼저 알아야 한다는 말입니다.

'천지를 창조하시고 우주 만물을 주관하시며 오늘도 홀로 존재하시는 그 하나님을 어떻게 섬길 것인가?' 그것이 바로 레위기에 가장 정확하고 디테일하게 묘사되어 있습니다. 그래서 이스라엘 백성들이 초등학교 1학년 때부터, 맨 먼저 배우는 것이 레위기입니다. 또 초등학교 1학년부터 이스라엘 어린아이에게 레위기를 가르치는 이유는, 제사의 순수성과도 연관이 있습니다. 어린아이는 순수하지 않습니까? 특별히 제사는 순수하게 드려져야 합니다. 왜냐하면 제사 역시 순수성을 회복해 주기 때문입니다.

제사에는 형식이 있고, 내용이 있습니다. 내용이 형식을 보존해 주고 또 형식은 내용을 규정하고 담아 줍니다. 여기 콜라가 있습니다. 그러나 콜라는 컵에 담아야 콜라로서 가치가 있습니다. 컵에 담겨지지 않으면 땅바닥에 쏟아져 버립니다. 따라서 형식이 없으면, 내용도 보존될 수 없습니다. 그러므로 제사는 형식과 내용을 함께 포함하고 있습니다. 그것을 통해, 순수함이 지켜지고 보존되어야 합니다. 그래서 하나님은 이스라엘 백성에게 하나님이 가르쳐주신 법대로 제사를 드리도록 했습니다.

어린아이가 아주 순수하지 않습니까? 바로 그 순수한 때에, 레위기에 나타난 제사의 순수성을 보존하고 지키기 위해서, 어린아이에게 먼저 레위기의 제사법부터 가르쳤다는 것입니다. 그러므로 우리도 레위기를 배울 때에, 어린아이가 되어야 합니다. 초등학교 1학년 어린이의 순수한 마음을 가져야 합니다. 그 순수한 마음으로 레위기를 읽어야 합니다. 그럴 때 하나님께서 레위기를 통해서 큰 은혜를 주십니다. 순수한 은혜, 순결한 축복을 주십니다.

하나님께 가까이 다가가는 길, 제사

그러면 왜 구약에서 언약 백성들이 하나님께 제사를 드려야 했습니까? 그냥 하나님을 섬기고, 마음으로 주를 사랑한다고 하면 되지, 왜 제사를 드려야 했습니까? 바로 제사는, 언약 백성들에게 순수함과 순결성을 회복시켜 주었기 때문입니다.

아담과 하와가 에덴동산에서 살아갈 때, 얼마나 순수했습니까? 그때는 전혀 죄가 없었습니다. 그래서 하나님과 함께 거하고, 언제나 하나님의 영광과 임재 속에서 살았습니다. 아담과 하와는 너무나 순결하고 순수했기 때문입니다. 그런데 죄 때문에, 하나님과 분리되어 버렸습니다. 하나님이 금지하신 선악과를 따 먹고, 에덴동산에서 쫓겨나 에덴의 동쪽으로 가야 했습니다. 그런 인간에게, 하나님께서 다시 하나님 앞에 나올 수 있는 유일한 길을 허락해 주셨습니다. 그것이 바로 '제사'입니다.

바로 이 '제사'가 하나님과 분리된 우리를 다시 하나님께로 나아갈 수 있게 하고, 하나님과 연합되도록 회복시켜 주었습니다. 다시 말해 우리 죄를 제거하고, 하나님 앞에 순수함을 회복시켜 주었습니다. 죄 때문에 하나님과 우리의 관계가 분리되고 파괴되지 않았습니까? 그 죄 때문에 파괴되고 분리된 하나님과 우리의 관계를, '제사'가 다시 회복시켜 주었다는 것입니다. 다시 우리를 순수하게 하고, 정결하게 하며, 하나님께 나아갈 수 있는 길을 열어 주었습니다.

그러므로 이 '제사'는 언약 백성들에게 맨 먼저 '속죄'를 가져다 주었습니다. 속죄가 무엇입니까? 죄 없는 상태로 만들어 줍니다. 에덴동산에서 살았던 아담과 하와같이, 순수하게 만들어 줍니다. 그래서 제사를 통해 에덴으로 다시 돌아가며, 하나님께 나아갈 수 있는 길이 열리게 되었다는 말입니다.

[그림 1]
제사(고르반-קרבן)이란?
하나님께 가까이 다가가는 것

에덴 = 하나님이 거하시는 곳

죄

레위기는 정결 회복의 책이요, 순수함을 회복하게 해주는 책입니다. '어떻게 정결함과 순수함을 회복하는가'에 대해 설명하는 책입니

다. 이것을 다른 말로 하면, '어떻게 하나님 앞에 죄인들이 나아가고, 어떻게 하나님과 화목한 관계를 다시 이룰 수 있는가'를 가르쳐 주고 안내해 주는 책이라고 할 수 있습니다.

이것은 바로, 레위기에 소개된 '제사'라는 단어의 뜻에서도 잘 나타납니다. 이 제사라는 말은 히브리어로 '고르반'입니다.[1] 고르반이라는 명사는 히브리 동사 '카라브'에서 왔는데, '카라브'라는 말은 "가깝다", "가깝게 하다"라는 의미를 지니고 있습니다. 즉 이 고르반이라는 말은 "하나님께 가까이 다가간다"는 뜻을 가지고 있습니다. 다시 말해 '제사'가 하나님과 가깝게 하고, 하나님께 나아가는 길을 열어 준다는 말입니다.

구약에서 하나님께 가깝게 가는 길이 어떤 것이었습니까? 죄를 회개하고, 속죄받는 것이었습니다. 그렇게 해서 정결함을 입고, 순수한 상태로 하나님과 친교하는 것이었습니다. 그리고 하나님을 향한 헌신과 희생을 드리는 일이었습니다. 이 제사 안에 이 모든 것들이 다 들어 있습니다. 하나님께 드리는 제사가 죄 사함을 주고, 우리 자신을 정결하게 하며, 하나님과 친교를 나누는 화목한 관계를 만듭니다. 그렇게 되면 더 하나님께 헌신하게 되고, 희생과 충성을 다하게 됩니다.

이 자체가 바로 '제사'입니다. 제사는 하나님께 나아가는 길을 열어

---

1) 히브리어로 קָרְבָּן이며 동사 형태로는 '가까이 하다'라는 의미를 가지고 있는 קרב이다.

줄 뿐만 아니라, 하나님과 가깝게 해 줍니다. 제사는 쫓겨났던 에덴동산으로 다시 돌아가는 길입니다. 또한 에덴동산에 살았을 때의 순수함과 영광스러움을 회복하는 길입니다. 제사는 하나님께 나아가는 길이요, 하나님과 가깝게 해주는 길입니다.

제사를 통한 축복의 비밀

우리 그리스도인에게 있어서 가장 귀한 축복이 무엇일까요? 그것은 하나님을 가까이하는 것입니다. 하나님 앞에서 우리가 속죄함을 얻고, 순수함을 회복하여 하나님을 가까이합니다. 하나님과 올바른 관계를 맺는 것입니다. 하나님과 우리 사이가 순수한 관계, 화목한 관계가 됩니다. 그래야 우리 안에 하나님의 은혜가 넘치고, 생명이 넘칩니다. 하나님의 순수한 은혜가 넘치고 그 순수한 생명의 능력이 가득하게 됩니다. 그래서 시편 기자는 그 어떠한 고난과 환난과 역경 속에서도, "하나님을 가까이하는 것이 복"이라고 고백했습니다.

> 시 73:28 하나님께 가까이 함이 내게 복이라 내가 주 여호와를 나의 피난처로 삼아 주의 모든 행적을 전파하리이다

또 시편 기자는, "고난 당하는 것이 내게 유익"이라고 합니다. 왜냐하면 그 고난이 하나님을 가까이하게 하고, 하나님의 은혜와 말씀이 얼마나 귀중한지를 깨닫게 해주기 때문입니다.

시 119:67 고난 당하기 전에는 내가 그릇 행하였더니 이제는 주의 말씀을 지키나이다

시 119:71-72 고난 당한 것이 내게 유익이라 이로 말미암아 내가 주의 율례들을 배우게 되었나이다 주의 입의 법이 내게는 천천 금은보다 좋으니이다

얼마나 하나님을 가까이하고 하나님께 나아가는 것이 복이었는지, 고난 당하는 것 자체를 기뻐하고, 그것이 유익이라고 고백하지 않습니까? 왜냐하면 그 고난 때문에 주님의 말씀을 배우고, 주님을 가까이하게 되었기 때문입니다.

우리 그리스도인에게 가장 큰 축복은 하나님을 가까이하는 것입니다. 우리가 하나님 앞에서 순수함과 순결함을 회복해서, 하나님께 가까이 나아가는 것입니다. 하나님과 나의 관계가 순수한 관계가 되고, 화목한 관계가 되며, 아름다운 관계가 되어서 주님께 더 가까이 나아가는 것입니다. 레위기를 읽으면서 더 하나님과 가까워지고 더 친밀해져야 합니다. 하나님과 더 사이좋고 아름다운 관계를 이루어야 합니다.

♪ 내 주를 가까이 하게 함은 / 십자가 짐 같은 고생이나
내 일생 소원은 늘 찬송하면서 / 주께 더 나가기 원합니다

내 고생하는 것 옛 야곱이 / 돌베개 베고 잠 같습니다
꿈에도 소원이 늘 찬송하면서 / 주께 더 나가기 원합니다

천성에 가는 길 험하여도 / 생명 길 되나니 은혜로다
천사 날 부르니 늘 찬송하면서 / 주께 더 나가기 원합니다

그런데 무엇이 주님을 가깝게 하고, 주님께 나아가는 길을 열어준다고 했습니까? 무엇이 우리를 하나님 앞에서 순수하고 순결하게 만들어서 우리로 하여금 하나님께 나아가고, 하나님을 가까이하게 한다고 했습니까? 바로 '하나님께 드리는 제사'입니다. 하나님께 드리는 제사, 그 제사를 통해 언약 백성들이 하나님을 가까이하였고, 하나님께 나아갔습니다. 하나님께 나아가면 어떻게 됩니까? 은혜를 받습니다. 이루 다 말로 할 수 없는 복을 받습니다. 그러니까 제사는 우리에게 은혜를 받게 하고, 복을 받게 합니다. 제사는 은혜 받는 비결이고, 축복받는 방법입니다. 그런 제사는 얼마나 귀합니까? 얼마나 복됩니까?

모세를 회막 문 앞으로 부르신 하나님

이것을 바로 알려주기 위해 하나님께서 모세를 회막 문 앞에서 부르셨습니다.

레 1:1 여호와께서 회막에서 모세를 부르시고 그에게 말씀하여 이르시되

여기 회막 문 앞이란 말은 성막 문을 말하는 것이 아닙니다. 성막은 주로 성막의 울타리까지를 포함하는 말입니다. 그러나 회막은 성막 안의 성소를 말합니다. 즉, 울타리 안에 텐트를 쳐놓은 곳입니다.

그 앞에 무엇이 있습니까? 제사를 드리는 번제단이 있습니다. 하나님께서 바로 그곳에서 모세를 부르셨습니다. 거기서 제사의 중요성을 잘 가르쳐 주시기 위해서였습니다.

[그림 2] 하나님께서 모세를 부르신 곳(회막 문 앞, 번제단 사이)

성막

하나님이 회막 문 앞에서 모세를 불러 제사법을 가르쳐주셨으니 얼마나 잘 이해했겠습니까? 그리고 하나님도 얼마나 자상하게 가르쳐 주셨겠습니까? 다 이스라엘 백성들이 제사를 통해 하나님께 나오게 하기 위해서였습니다. 하나님께 복을 받도록 하기 위해서였습니다. 마찬가지로 우리도 제사를 통하여 하나님께 나아가고, 하나님과 가까워집니다. 이 제사법을 통해 더 큰 은혜와 복을 주십니다. 그러므로 레위기에 나타난 제사법을 잘 공부해야 언제나 하나님을 가까이할 수 있습니다. 제사를 통해 하나님께 나아가 큰 은혜와 축복을 받을 수 있습니다. 날마다 더 좋은 날을 만들 수 있습니다.

제물의 조건

구약의 제사에는 언제나 제물이 있어야 했습니다. 오늘날의 예배도 마찬가지입니다. 항상 제물이 있어야 했는데, 절대로 부정한 짐승이 제물이 되어선 안 됩니다. 깨끗한 짐승, 정결한 짐승만 드려야 했습니다. 또 사나운 맹수도 제물로 드릴 수 없었습니다. 날카로운 발톱과 사나운 이빨을 가지고 다른 짐승을 잡아먹는 동물은, 절대로 하나님께 제물로 드릴 수 없었습니다. 그래서 호랑이나 사자, 늑대 같은 경우는 절대로 하나님의 제물이 될 수 없었습니다.

양이나 염소, 소 같은 온순하고 정결한 짐승만 제물로 드려야 했습니다. 독수리나 솔개나 까마귀 같은 경우도 드려질 수 없었습니다. 비둘기같이 온순하고 정결한 새만 제물로 드려졌습니다. 그러므로 우리도 살면서 절대로 사나워지면 안 됩니다. 어떤 경우에도 불평하거나 혈기 내면 안 됩니다. 무슨 일이 있어도 불평하고 원망하면 안 됩니다. 그런 사람에게 하나님께서 더 큰 은혜를 주십니다. 그런 사람에게 하나님이 더 가까이하시고, 엄청난 기도 응답과 문제 해결과 기적이 일어나는 은혜와 축복이 임합니다.

다음 장에서부터 번제를 공부하고, 계속해서 소제, 화목제, 속죄제, 속건제를 다룹니다. 그냥 일반적인 말씀이 아닙니다. 틀림없이 궁금했던 부분들이 시원하게 이해될 것입니다. 저는 모든 제사를 먼저 구원사와 기독론적 관점에서 분석하고 풀어낼 것입니다. 그러면서 동시에 우리의 구원도정과 교회론적인 틀 안에서, 어떻게 오늘날의 신앙생활에 교훈이 되고 적용을 할 것인가 설명해 갈 것입니다.

구약 시대에 대부분의 이스라엘 백성들은 제사의 궁극적 의미를 몰랐을 수도 있습니다. 왜냐하면 그들에게 제사의 주인 되시는 예수 그리스도가 오시지 않았기 때문입니다. 그러나 예수 그리스도가 이 땅에 오셔서 모든 레위기의 제사법을 성취하셨습니다.

우리는 예수 그리스도 안에서, 레위기 제사법의 의미를 다 알 수 있습니다. 그러나 당시로서는 최선을 다해 그 제사를 드리는 것만이, 하나님을 가까이하고 하나님께 나아가는 길이었습니다. 그러나 우리는 더 이상 레위기에 소개된 제사법을 지킬 필요가 없습니다. 왜냐하면 예수님께서 모든 제사법을 성취하시고, 이제 우리는 신령과 진정으로, 다시 말해 '영과 진리'로 하나님께 예배를 드리기 때문입니다.

그러나 레위기는 제사를 통해 우리가 어떻게 하나님을 더 잘 섬기고, 하나님을 가까이 하며, 하나님께 나아갈 것인가에 대해 잘 교훈해 주고 있습니다. 그것을 우리가 교훈 받고, 그 교훈을 우리 신앙에 잘 적용해서 하나님께 더 가까이 나아가고, 또 하나님을 더 잘 섬기자는 말입니다. 그러므로 다음 장의 말씀을 더 기대하시기 바랍니다.

2장

번제로 하나님께 나아가라

"여호와께서 회막에서 모세를 부르시고 그에게 말씀하여 이르시되 이스라엘 자손에게 말하여 이르라 너희 중에 누구든지 여호와께 예물을 드리려거든 가축 중에서 소나 양으로 예물을 드릴지니라 그 예물이 소의 번제이면 흠 없는 수컷으로 회막 문에서 여호와 앞에 기쁘게 받으시도록 드릴지니라 그는 번제물의 머리에 안수할지니 그를 위하여 기쁘게 받으심이 되어 그를 위하여 속죄가 될 것이라"(레 1:1-4).

용사이신 하나님

우리 하나님은 정말 위대하고 무시무시한 분이었습니다. 이스라엘 백성들을 구원하기 위하여 애굽에서 얼마나 큰 재앙을 일으키셨습니까? 당신만이 참 하나님이요 유일하신 신이란 사실을 보여주기 위해서 애굽의 그 모든 신들을 얼마나 벌하시고 꾸짖으셨습니까?

출 12:12 내가 그 밤에 애굽 땅에 두루 다니며 사람이나 짐승을 막론하고 애굽 땅에 있는 모든 처음 난 것을 다 치고 애굽의 모든 신을 내가 심판하리라 나는 여호와라

민 33:4 애굽인은 여호와께서 그들 중에 치신 그 모든 장자를 장사하는 때라 여호와께서 그들의 신들에게도 벌을 주셨더라

애굽 재앙의 절정은 장자 재앙이었습니다. 나일 강 수호신들에서부터 애굽의 모든 신들을 벌하신 후에 마지막 오리시스와 호루스를 심판하셨습니다. 바로 그것이 장자를 죽이는 재앙이었습니다. 그래서 애굽의 황제 바로 왕이 아주 납작코가 되어 앞발 뒷발 다 들며 하나님께 항복을 하지 않았습니까? 이렇게 해서 하나님은 출애굽을 시키셨습니다.

그런데 바로 왕에게 다시 마귀가 틈을 타 바로가 이스라엘 백성들을 추격하지 않습니까? 그럴 때 하나님께서 홍해 바다를 갈라주셔서

이스라엘 백성들을 기적으로 건너가게 하셨습니다. 그리고 뒤따라오는 바로의 군병들을 홍해 바다에 빠져 죽게 하셨습니다. 아니, 애굽의 신들까지 홍해 바다에 수장시켜 버리고 말았습니다. 그때 물에 빠져 죽던 애굽 군사들은 얼마나 고통스러웠을까요?

바로 그 모습을 모세가 바라보고 눈에 눈물을 대롱대롱 흘리면서 하나님을 찬양하지 않습니까? "하나님, 당신은 그냥 여호와 하나님이 아니십니다. 당신은 용사이신 하나님이십니다. 이스라엘의 하나님, 만군의 여호와 하나님이야말로 전쟁에 능하신 하나님이요, 용사이신 하나님이요, 우리의 사령관이신 하나님이십니다."

출 15:3 **여호와는 용사시니 여호와는 그의 이름이시로다**

이렇게 모세가 찬양을 하자 미리암을 비롯하여 이스라엘의 여자들이 소고를 치며 엉덩이를 흔들고 춤을 추면서 하나님을 찬양했습니다.

♪ 당신은 영광의 전사 / 당신은 거룩한 전사
영광의 승리를 노래하나이다(×2)
애굽의 병거와 말 탄 자들을 / 홍해바다에 잠기게 하셨나이다
옛뱀 붉은 용을 지옥의 무저갱에 / 영원히 잡아 넣으시리이다
당신은 영광의 전사 / 당신은 거룩한 전사
영광의 승리를 내게도 주소서

시내산, 불로 임재하신 하나님

바로 그 하나님께서 이스라엘 백성들을 시내산으로 안전하게 인도하셨습니다. 그리고 거기서 언약을 체결하십니다. "너희는 내 백성이 되고 나는 너희 하나님이 될 것이다"라고 말입니다. 그런데 그때 하나님이 불로 나타나셨습니다. 얼마나 위대하고 웅장한 불로 나타나셨던지 온 시내산 전체를 불붙게 할 정도였습니다.

하나님이 시내산에 임재하실 때 온 시내산 전체에 불이 가득하고 연기가 빽빽하게 들어찼습니다. 그러면서 웅장하고 요란한 나팔소리가 시내산 골짜기 골짜기마다 가득가득 메아리를 쳤습니다. 뿐만 아니라 우레와 천둥소리, 번개소리가 온 산을 울려 퍼졌습니다. 그 소리를 듣자 온 이스라엘 백성들이 두려워 떨지 않았습니까?

출 19:16 셋째 날 아침에 우레와 번개와 빽빽한 구름이 산 위에 있고 나팔 소리가 매우 크게 들리니 진중에 있는 모든 백성이 다 떨더라

출 19:18 시내 산에 연기가 자욱하니 여호와께서 불 가운데서 거기 강림하심이라 그 연기가 옹기 가마 연기 같이 떠오르고 온 산이 크게 진동하며

우리 하나님이 이렇게 불로 임재하신 위대한 하나님이셨습니다. 불로 임재하셔서 당신의 언약백성들에겐 거룩하고, 광대하며, 가장 강력한 힘을 보여주셨습니다. 그러나 하나님은 애굽에서는 소멸하는 불

로 역사를 하셨습니다. 그 하나님은 질투하시는 하나님이었습니다. 그러므로 하나님은 진노하시면 온 세상을 불로 소멸시켜 버리고 태워 버릴 수가 있는 분입니다. 우리 하나님은 소멸하는 불이라고 말씀하지 않았습니까? 그 불로 애굽의 신들을 소멸시켜 버렸기 때문입니다.

신 4:24 네 하나님 여호와는 소멸하는 불이시요 질투하시는 하나님이시니라

그 소멸하는 불이신 하나님께서 애굽을 벌하시고 이스라엘을 구원하셨습니다. 참으로 위대한 역사요, 위대한 구원이었습니다. 이 일은 오직 하나님만이 하실 수 있었습니다. 그래서 모세는 하나님의 역사를 이렇게 표현하고 있습니다.

신 4:32-35 네가 있기 전 하나님이 사람을 세상에 창조하신 날부터 지금까지 지나간 날을 상고하여 보라 하늘 이 끝에서 저 끝까지 이런 큰 일이 있었느냐 이런 일을 들은 적이 있었느냐 어떤 국민이 불 가운데에서 말씀하시는 하나님의 음성을 너처럼 듣고 생존하였느냐 어떤 신이 와서 시험과 이적과 기사와 전쟁과 강한 손과 편 팔과 크게 두려운 일로 한 민족을 다른 민족에게서 인도하여 낸 일이 있느냐 이는 다 너희의 하나님 여호와께서 애굽에서 너희를 위하여 너희의 목전에서 행하신 일이라 이것을 네게 나타내심은 여호와는 하나님이시요 그 외에는 다른 신이 없음을 네게 알게 하려 하심이니라

이 하나님께서 시내산에서 이스라엘 백성과 언약을 맺으셨단 말입니다. 그러나 언약 체결시 이스라엘 백성들은 하나님께 직접적으로 나아가지 못했습니다. 모세와 70인 장로만 하나님께 나아갔습니다. 하나님이 매우 위대하시고 광대하시고 두려워서 모두가 나아갈 수는 없었습니다. 모세와 70인의 장로들도 번제와 화목제로만 하나님께 나아갈 수가 있었습니다(출 24:4-11).

인간이 어떻게 하나님께 나아갈 수 있는가

하나님은 모든 이스라엘 백성들이 하나님께 나아갈 수 있는 길을 열어 놓았습니다. 바로 그 길이 제사였습니다. 하나님께서 제사를 통해 인간이 하나님께 나아갈 수 있는 길을 열어 주셨단 말입니다. 그래서 하나님은 하나님께 나아가는 그 길을 안내하고 가르쳐 주시기 위해 회막에서 모세를 불러 주셨습니다.

레 1:1 **여호와께서 회막에서 모세를 부르시고 그에게 말씀하여 이르시되**

레위기 1장 1절은 이렇게 시작합니다. 히브리말로 '와 이크라', 직역하면 "그리고 그가 부르시고……"라는 뜻입니다. 무슨 말입니까? 하나님께서 시내산에서 모세를 부르시고 성막 건축을 비롯하여 여러 가지 하나님을 섬기는 율법을 명령해 주셨습니다. 그리고 나서 이제 회막에서 레위기 말씀을 주시기 위해 하나님이 모세를 부르셨습니다.

시내산에서 부르시던 하나님께서 이제는 회막에서 모세를 부르셨습니다. 무엇 때문에 부르셨다는 말입니까? 바로 인간이 하나님께 나아갈 수 있는 합법적인 길을 가르쳐주기 위해서 모세를 부르셨습니다. 바로 그 합법적인 길이 무엇입니까? 제사였습니다. 제사는 인간이 하나님께 나아갈 수 있는 정상적이고 합법적인 방법이었습니다. 하나님과 의사소통을 하고 하나님과 교제를 나누는 유일한 방법이고 길이었습니다. 또 하나님께 은혜 받고 복을 받는 유일한 길이었습니다. 그러므로 제사는 얼마나 우리에게 축복의 길이고, 귀한 선물이었는지 모릅니다. 하나님이 우리에게 주신 가장 큰 축복이고 귀한 선물이 바로 제사였단 말입니다.

그러므로 언제나 하나님께 드리는 제사에 목숨을 걸어야 합니다. 오늘날로 말하면 예배에 목숨을 걸어야 합니다. "하나님께 어떻게 하면 산 제사를 드릴 수 있을 것인가, 어떻게 영적 예배를 드릴 수 있는가, 어떻게 하면 하나님께 기뻐하는 예물을 드릴 수 있는가" 여기에 올인을 하고 목숨을 걸어야 합니다. 그래서 우리가 하나님과 가장 깊은 교제를 나누고 가장 큰 은혜를 받고 가장 큰 복을 받아야 합니다.

♪ 하늘에 가득 찬 영광의 하나님 온 땅에 충만한 존귀하신 하나님
생명과 빛으로 지혜와 권능으로 언제나 우리를 지키시는 하나님
성부와 성자와 성령 삼위의 하나님 우리 예배를 받아주시옵소서

그 복된 제사법의 매뉴얼이 레위기에 소개되어 있습니다. 레위기에

나오는 제사법은 우리가 어떻게 하나님께 나아가고 어떻게 하나님을 섬길까에 대한 안내서요, 지침서입니다. 그러므로 레위기가 얼마나 귀한 말씀이고 복된 말씀인지 모릅니다. 그래서 이스라엘에서는 맨 먼저 어린이들에게 레위기를 가르친 것이 아니겠습니까?

제사의 기본, 번제

레위기에 소개된 여러 가지 제사 중에 제일 기본이 되는 제사가 바로 번제였습니다. 그러나 하나님은 그런 가장 기본적인 제사였음에도 불구하고 "왜 번제를 드려야 하는가?", 이런 번제의 목적을 밝히지 않았습니다. 왜냐면 이유가 너무나 당연하였기 때문입니다. 이유가 당연하면 설명할 필요가 없지 않겠습니까?

그러므로 우리는 하나님 앞에 왜 번제를 드리느냐고 물어볼 필요 없이 오직 순종만 하면 됩니다. 우리가 물건을 사면 물건 속에 제품 설명서가 있지 않습니까? 그 설명서대로 하면 되는 겁니다. 이어폰과 선풍기를 샀는데 왜 선풍기를 켜고 왜 이어폰을 사용하느냐고 물어볼 필요가 없습니다. 그거야 당연히 더울 때 시원하기 위해서 선풍기를 켜는 것이 아닙니까? 그냥 사용설명서대로 제품을 사용하면 됩니다.

번제도 마찬가지입니다. "번제를 왜 드리느냐?" 물어볼 필요가 없습니다. 그냥 레위기 말씀대로 순종하며 하나님께 나아가면 하나님을 잘 섬길 수가 있습니다. 그리고 하나님의 큰 은혜와 복을 받습니다.

그러나 성경에서 번제의 이유와 목적을 명시해 주지 않았다 하더라도 단어의 뜻을 통해서, 그리고 성경 전반적인 내용을 통해서 우리는 번제를 드리는 목적과 이유를 알 수가 있습니다.

번제는 히브리말로 '올라'라고 합니다. 우리말로도 '올라간다'는 뜻입니다. 번제는 짐승 전부를 태워서 드리는 전적 헌신의 제사인데, 하나님이 이 제사를 기쁘게 받으시고 향기롭게 받으신다는 것입니다. 그렇게 받으시면 하나님과 우리 사이에 온전하고 아름다운 관계를 이루게 되고 하나님께서 큰 은혜와 복을 주십니다.

번제의 의미와 목적

창세기 8장을 보면 노아도 방주에서 맨 먼저 나와서 하나님께 번제를 드리지 않았습니까? 그 번제를 향기롭게 받으시고 이 땅에서 다시는 노아 홍수와 같은 재앙과 저주를 내리지 않겠다고 하나님이 약속해 주셨습니다.

아브라함도 모리아 산에 가서 이삭을 번제로 드렸을 때 여호와 이레의 하나님께서 예비하신 놀라운 축복과 자손 만대 복을 주리라는 약속을 해 주시지 않았습니까? 엘리야가 갈멜 산상에서 하나님께 간절한 번제를 드렸을 때 하나님께서 하늘에서 불덩이가 떨어지게 하였고, 3년 6개월 동안 내리지 않았던 비를 내려 주시지 않았습니까?

그러므로 번제란 하나님과의 정상적이고 온전한 관계를 위하여 스스로 자원해서 하나님께 온전한 헌신과 희생을 드리는 제사라고 말할 수 있습니다. 참 감사해서 자원하는 마음으로 온전한 헌신과 희생을 드리는 제사입니다. 그러면 하나님께서 덤으로 복을 주십니다. 번제는 특별한 죄를 짓고 그 죄를 용서받기 위하여 드리는 제사가 아닙니다. 그러한 제사는 다음에 우리가 공부하겠지만, 속죄제나 속건제입니다.

그런데 하나님이 너무 좋아서 스스로 자원하는 마음으로 하나님께 온전한 헌신과 희생의 번제를 드리면 부지중에 지은 죄도 용서받고 속죄된다는 말씀을 하고 있습니다. 즉, 모르고 지을 뿐만 아니라 생각 나지도 않고, 깨닫지도 못한 죄까지 속죄가 되고 용서를 받게 된다는 것입니다. 속죄제나 속건제는 부지중에 지은 죄가 깨달아지거나 생각날 때 속죄를 목적으로 드렸던 제사인데, 번제는 온전한 헌신과 희생을 위해 드렸습니다. 주목적이 헌신과 희생이었다는 말입니다.

부수적으로 생각나지도 않고, 깨닫지도 못한 죄까지 속죄가 된다는 것입니다. 그렇게 해서 번제는 하나님과의 온전한 관계를 이루어 줄 뿐만 아니라 하나님께서 덤으로 놀라운 은혜와 축복을 주신다는 것입니다. 이것이 바로 번제의 목적이기도 하고 결과이기도 하고 또 번제를 드리는 이유라고도 할 수 있습니다.

레 1:4 **그는 번제물의 머리에 안수할지니 그를 위하여 기쁘게 받으심이 되어 그를 위하여 속죄가 될 것이라**

그러므로 여러분도 신앙생활하면서 언제나 먼저 하나님과 나와의 정상적이고 온전한 관계를 우선순위로 두어야 합니다. 그러기 위해서 먼저 스스로 자원하는 마음으로 하나님께 온전한 헌신과 희생의 예배를 드려야 합니다. 그런 예물을 드리고 그런 삶을 살아야 합니다. 그럴 때 하나님께서 여러분이 부지중에 짓거나 생각도 못한 죄와 허물을 용서해 주시고 또 하나님과의 온전한 관계를 이루어주시며 우리에게 특별한 은혜와 축복을 허락해 주십니다.

번제는 어떤 제물을 드리는가

번제의 제물로는 절대로 부정한 짐승을 드릴 수 없었습니다. 물론 번제의 제물뿐만 아니라 모든 제사의 제물로는 부정한 제물을 드릴 수가 없었습니다. 다시 말하면 레위기 11장에 나오는 부정한 짐승은 절대로 드릴 수가 없었습니다. 돼지라든지 토끼라든지 낙타, 까마귀, 독수리 이런 것을 제물로 드릴 수가 없었단 말입니다.

또 거기에 열거되지 않았다 하더라도 다른 짐승을 잡아먹는 맹수들은 절대로 제물이 될 수가 없었습니다. 사나운 이빨이나 날카로운 발톱을 가지고 있으며 피를 좋아하는 짐승은 절대로 제물로 드릴 수가 없었습니다. 호랑이나 사자나 곰이나 늑대, 승냥이, 이리, 이런 짐승은 절대로 하나님께 번제의 제물로 드려질 수 없었습니다.

주로 초식동물이 하나님께 제물로 드려졌습니다. 그러면서도 사람이 키우는 온순한 가축이었습니다. 혹은 사람이 키우지 않아도 사람 주변에 있거나 포악하지 않은 온순한 동물이어야 했단 말입니다. 그래서 산 양이나 산 염소는 제물로 드릴 수 있었습니다.[2] 그 이유는 대부분의 야생 동물은 전혀 길들여지지 않을 뿐만 아니라 거칠어서 절대로 산 채로 하나님의 성막에 자발적으로 데려갈 수가 없었기 때문입니다.

더구나 사자나 호랑이 같은 경우 어떻게 산 채로 데려갈 수 있겠습니까? 물론 그들은 되새김질도 안 하고 레위기에서 말하는 것처럼 굽이 갈라지지 않은 이유도 있기 때문입니다. 이렇게 볼 때 특별히 하나님께서 좋아하시는 제물의 기준은 두 가지로 정의할 수 있는 것 같습니다.

1. 순결하고 정결한 제물이어야 했습니다.

결코 부정한 짐승은 안 되었습니다. 그 부정하느냐, 정결하느냐에 대한 기준은 레위기 11장에 나와 있습니다. 물론 레위기 11장에 나와 있는 정결한 짐승이 하나님께 드리는 제물의 기준은 아니고 우리 인간이 먹어야 할 것과 먹지 말아야 할 것을 구별해 놓고 있는데, 그것은 두 가지 기준을 갖추어야 합니다.

짐승이라도 되새김질을 하는 짐승이어야 하고 또 굽이 갈라져 있어야 했습니다. 그런데 토끼 같은 경우는 되새김질을 하지만 굽이 안 갈

---

2) 학자에 따라서는 야생 초식 동물을 제물로 드리지 못했다는 주장도 있습니다. 하지만 전통적으로 랍비들은 산양과 산염소는 온순하기에 하나님께 드려질 수 있다고 말한다.

라져 있습니다. 또 낙타 같은 경우도 되새김질을 하지만 굽이 안 갈라져 있습니다. 그런 고기는 먹지 말라고 하였습니다. 돼지 같은 경우도 굽은 갈라졌지만 되새김질을 안 합니다. 그러나 양이나 소, 염소 같은 경우는 굽도 갈라졌고 되새김질도 합니다. 이런 고기를 먹으라는 것입니다. 그러므로 하나님께도 그런 정결한 제물을 드리라고 하셨습니다.

2. 온순하고 온유한 가축이어야 했습니다.

모든 번제물은 산 채로 하나님의 성막까지 끌고 와야 했습니다. 절대로 죽은 짐승은 하나님 앞에 제물이 될 수가 없었습니다. 그런데 야생 동물 같은 경우는 전혀 길들여지지 않았기 때문에 거칠어서 산 채로 하나님의 장막에 데려올 수가 없었습니다. 그래서 하나님께서는 정결하고 순결한 짐승 가운데도 소나 양이나 염소를 제물로 지목하여 정해 주셨습니다. 그 이유는 소나 양은 주인을 철저하게 신뢰하기 때문에 주인이 어느 곳으로 데려가더라도 순순히 자발적으로 따라갔기 때문입니다. 하나님께 바쳐지는 제물은 자기 발로 걸어서 데려가야 했습니다.

옛날 돼지를 잡는 것처럼 네 발을 밧줄로 묶어서 작대기에 매어 들고 하나님의 성막 앞으로 가져가는 것이 아닙니다. 바로 온유하고 온순한 산 짐승을 끌고 와야 했습니다. 주인의 말에 그대로 순종하는 그런 짐승을 말입니다. 이것은 당시 이스라엘 백성들에게도 "제물은 자원하는 마음으로 드려야 한다, 그리고 순종하는 마음으로 드려야 한다, 절대로 억지로 드려서는 안 된다", 이런 교훈을 주시기 위해서였을 것입니다.

그런데 결국 지내놓고 보니까 예수님이 하나님 앞에 그런 제물이셨습니다. 우리 예수님이 하나님 보시기에 정말 정결한 번제물이셨고 또 순종하고 온순하고 온유한 번제물이셨습니다. 다시 말하면 구원사적이고 기독론적인 의미에서 볼 때는 예수 그리스도가 향기로운 번제의 제물로 오셔서 십자가에서 죽으셨던 것입니다. 그래서 사도 바울은 예수 그리스도가 정말 향기로운 번제의 제물로 십자가에 죽으셨다고 표현했지 않습니까?

엡 5:2 그리스도께서 너희를 사랑하신 것같이 너희도 사랑 가운데서 행하라 그는 우리를 위하여 자신을 버리사 향기로운 제물과 희생제물로 하나님께 드리셨느니라

그러므로 오늘 우리도 예수 그리스도 안에서 하나님께 이런 향기로운 제물로 드려져야 합니다. 그리고 그런 정신으로 우리는 하나님을 섬기고 하나님께 예물을 드리며 헌신하는 삶을 살아야 합니다. 정말 깨끗한 마음과 순결한 삶을 살면서 무조건 하나님께 순종하고 헌신하는 삶을 살아야 한단 말입니다.

절대로 어떤 경우에도 불평하거나 따지지 말고 헌신하는 삶을 살아야 합니다. 어떤 경우에도 우리는 하나님께 사납게 굴어서는 안 됩니다. 참으로 온순하고 온유한 마음으로 하나님께 순결한 삶을 살고

진실된 평화의 사람이 되어야 합니다. 하나님 앞에서도 그렇고, 사람 앞에서도 그래야 합니다. 그러므로 우리는 신앙생활하면서 소리 좀 지르지 맙시다. 교회생활하면서 사납게 굴지 맙시다. 교회에서 헌신 좀 했다고 발언권을 높이지 맙시다. 또 하나님 앞에 헌신했는데 금방 축복이 안 온다고 소리 좀 지르지 맙시다.

오늘날 교회마다 얼마나 소리 지르는 사람이 많습니까? 또 노회와 총회를 가더라도 소리를 지르는 지도자들이 참 많이 있습니다. 그런 사람들 때문에 교회가 시끄럽고 교단이 시끄럽지 않습니까? 당시에도 하나님의 성전에서 돼지나 개를 번제로 드릴 수 있었다면 돼지 한 마리만 잡아도 온 성전이 떠나가도록 시끄러웠을 것입니다.

동네에서 돼지를 잡던 날

옛날 우리가 어린 시절에 동네에서 돼지를 잡던 일을 기억하십니까? 그때 돼지 한 마리만 잡아도 온 동네가 떠나갈 정도로 돼지 소리가 시끄럽게 들렸습니다. 돼지가 안 죽으려고, "꽤액, 꽤액, 꽤액~" 얼마나 발광을 했습니까? 그 돼지를 동네에서 잡으면 소리가 금방 사라졌습니다. 그런데 그 돼지를 네 다리를 꽁꽁 묶어 가지고 짐발이 자전거에 싣습니다. 그리고 읍내에 나가 팔아서 죽이려고 하면, 하여간 30분이고, 한 시간이고 동네를 떠나는 순간까지 얼마나 돼지 소리가 시끄럽게 들렸는지 모릅니다.

하나님의 성전이 이렇게 시끄러우면 어떻게 되겠습니까? 오늘날도 마찬가지입니다. 우리는 하나님을 사랑한다고 하면서 소리를 내서는 안 됩니다. 제발 하나님 앞에서, 교회에서, 사납게 굴지 말고 성질 좀 내지 맙시다. 오직 순결하고 정결한 마음으로 하나님께 헌신의 삶을 살고 언제나 온전하고 온유한 마음으로 순결한 삶을 살아야 합니다.

하나님은 바로 이런 기준으로 제물을 정해 주셨습니다. 그리고 하나님께서는 제물까지 지정해주셨습니다. 그 제물은 소와 양, 염소, 비둘기였습니다.

[그림 3]

제물이 될 수 있는 짐승

사람과 가까이 있는 가축 - 레 1:2

레11장

부정한 짐승은

제물이 될 수 없음

3. 항상 수컷으로 드려야 했습니다.

소를 드리려면 흠 없는 수소로 드리라고 했습니다.

레 1:3 그 예물이 소의 번제이면 흠 없는 수컷으로 회막 문에서 여호와 앞에 기쁘게 받으시도록 드릴지니라

또 양이나 염소를 드리려면 흠 없는 숫양이나 숫염소를 드리라고 했습니다.

레 1:10 만일 그 예물이 가축 떼의 양이나 염소의 번제이면 흠 없는 수컷으로 드릴지니

비둘기를 드리려면 정결한 숫비둘기나 집비둘기를 드리라고 했습니다.

레 1:14 만일 여호와께 드리는 예물이 새의 번제이면 산비둘기나 집비둘기 새끼로 예물을 드릴 것이요

그런데 여기서 소나 양을 바칠 때는 반드시 수컷을 드려야 한다고 했습니다. 왜 수컷을 드리라고 했느냐면, 대표성의 원리 때문입니다. 고대 근동에서는 안컷은 당연히 수컷에 속해 있고 수컷은 안컷까지를 대표하는 문화였습니다.[3)]

3) 수컷은 히브리어로 זָכָר(자카르)이다. 필로(Philo)는 수컷이 "더 흠이 없고, 암컷보다 더 지배적"이기 때문에 수컷을 드리라고 언급했고, 밀그롬(Milgrom)은 수컷이 암컷보다 경제적으로 더 소모하기 좋기 때문이라고 한다. 왜냐하면 암컷은 새끼와 우유를 제공하기 때문이다." Jacob Milgrom, Leviticus 1-16: A New Translation with Introduction and Commentary (New Haven: Yale University Press, 1991), 147.

고대 근동에서는 인구 조사를 할 때 여자의 인구는 조사하지 않았습니다. 남자들의 인구만 조사하였고 남자들의 숫자만 셌습니다. 왜냐면 여자들의 존재는 남자들에게 다 포함되었기 때문입니다. 그래서 당시는 남자가 신앙생활의 모든 주도권을 갖고 있었습니다. 지금은 세상이 거꾸로 되어서 여자가 신앙의 주도권을 많이 갖는 것을 보지 않습니까? 가령 헌신하는 것도 여자가 먼저 하자, 또 교회 다니고 하나님께 열심을 내는 것도 여자가 먼저 하자는 경우가 많습니다. 여자가 신앙심이 깊고 기도를 많이 하기 때문입니다. 기도를 많이 하면 성령의 감동을 받을 것이 아니겠습니까? 그래서 지금은 여자가 신앙생활의 주도권을 잡는 시대입니다.

그러나 구약 시대는 그렇지 않았습니다. 모든 신앙의 주도권이 남자에게 있었습니다. "야, 우리 가족이 번제의 제물을 드리자, 소제의 제물을 드리자, 이렇게 하나님 앞에 헌신하자", 그러면 당연히 가족들은 따라가는 문화였습니다.

대표성의 원리를 회복해야

오늘날도 이 남자의 대표성이 좀 회복되었으면 좋겠습니다. 남자가 먼저 "우리 오늘 밤 집회 나가자, 오늘 새벽기도 나가자, 오늘 하나님 앞에 헌신하자, 목사님 좀 우리 가정에 모시자" 이렇게 남자가 주도하면 온 가족이 따라오는 그런 남자 중심의 신앙생활을 했으면 좋겠습니다. 여자가 먼저 하는 것보다 남자가 먼저 하자고 하는 대표성의 원리가 오늘 이 시대에도 회복이 되었으면 좋겠다는 말입니다. 오늘 이 시대의 남자 성도들이 이런 신앙을 회복해야 합니다. 남자가 대표성의 원리를 가지고 좀 가부장적이고 신앙의 주도권을 갖고 온 가족을 끌어나가는 그런 성도들이 되어야 합니다.

어쨌든 하나님께서는 그 당시에도 이스라엘 백성들에게 이런 대표성의 원리를 교훈해 주고자 하셨습니다. 즉, 하나님께서는 모든 이스라엘 백성들의 죄를 일일이 보시지 않고 대표 한 사람만 합격하면 다른 사람들도 다 통과되는 그런 원리를 가르쳐주고 싶으셨단 말입니다. 그래서 예수님도 이 땅에 여자로 오시지 않고 남자로 오셨습니다. 바로 이 대표성의 원리를 이루어 주시기 위해서였습니다. 하나님은 예수님 한 분만 죄가 없으면 예수님을 믿는 모든 사람을 다 죄가 없다고 선언하시고자 했습니다. 왜냐면 이미 예수님은 십자가의 죽음을 통하여 예수 믿는 사람들과 하나가 되었기 때문입니다.

물론 예수님을 믿지 않는 사람에게는 예수님의 대표성의 원리가 적용되지 않습니다. 오직 예수님을 믿는 사람만 대표성의 원리가 적용됩니다. 그런데 이것을 또 오해해서는 안 됩니다. 대표성의 원리를 오해하게 되면 '여자들이 교회를 나갈 필요가 있을까, 또 마누라가 열심히 나가고 남편이 교회를 열심히 나가면, 우리 가족이 구원을 받지 않을까?'라고 생각할 수 있습니다. 그러나 천만의 말씀입니다. 이런 성도를 가리켜서 국회의원 성도라고 하는데 이러다가 지옥 갈 수가 있습니다.

대표성의 원리는 우리가 예수님 때문에 하나님의 자녀가 되는 그 자체로서만 대표성의 원리가 적용된다는 사실을 알아야 합니다. 그래서 사도 바울은 이 대표성의 원리를 아담 안에서, 그리스도 안에서, 라고 표현하기도 했습니다.

롬 5:17 한 사람의 범죄로 말미암아 사망이 그 한 사람을 통하여 왕 노릇 하였은즉 더욱 은혜와 의의 선물을 넘치게 받는 자들은 한 분 예수 그리스도를 통하여 생명 안에서 왕 노릇 하리로다

고전 15:22 아담 안에서 모든 사람이 죽은 것 같이 그리스도 안에서 모든 사람이 삶을 얻으리라

이처럼 대표성의 원리는 예수님 한 분 때문에 우리가 구원을 받고 하나님 자녀가 되는 것에만 적용됩니다. 왜냐면 예수님 한 분만이 하나님 앞에 영원하고 완전한 번제물로 죽으셨기 때문입니다. 그래서 오직 예수님만이 인류의 구원자요, 메시아가 되십니다.

♪ 천지에 있는 이름 중 귀하고 높은 이름
주 나시기 전 지으신 구주의 이름 예수
주 앞에 내가 엎드려 그 이름 찬송함은
내 귀에 들린 말씀 중 귀하신 이름 예수

어떻게 번제를 드리는가

1. 먼저 제물을 하나님께 가져와야 합니다.

하나님께 드릴 제물이 소가 되었든지 양이나 염소가 되었든지 아니면 비둘기가 되었든지 반드시 그 제물을 하나님께 가져와야 했습니다. 자기 형편대로 제물을 드리는데 부자는 소를 드리고, 중산층은 양이나 염소를 드리고, 가난한 사람은 비둘기를 드립니다.

그런데 어떤 예물이 되었든지 간에 그 제물을 살아 있는 채로 가지고 오라는 말입니다. 절대로 하나님 앞에 꽁수로 오면 안 됩니다. 맨몸이나 맨입으로 와서는 안 된다는 말입니다. 그리고 죽은 짐승이나 사냥하는 짐승도 가져올 수 없습니다. 예컨대 노루나 사슴을 사냥해서 잡았다고 해서 그런 죽은 짐승을 가져올 수가 없단 말입니다. 반드시 소가 되었든 염소가 되었든 비둘기가 되었든 회막문 앞으로 가져와야 했습니다.

레 1:3 그 예물이 소의 번제이면 흠 없는 수컷으로 회막 문에서 여호와 앞에 기쁘게 받으시도록 드릴지니라

레 1:10-11 만일 그 예물이 가축 떼의 양이나 염소의 번제이면 흠 없는 수컷으로 드릴지니 그가 제단 북쪽 여호와 앞에서 그것을 잡을 것이요 아론의 자손 제사장들은 그것의 피를 제단 사방에 뿌릴 것이며

레 1:14-15 만일 여호와께 드리는 예물이 새의 번제이면 산비둘기나 집비둘기 새끼로 예물을 드릴 것이요 제사장은 그것을 제단으로 가져다가 그것의 머리를 비틀어 끊고 제단 위에서 불사르고 피는 제단 곁에 흘릴 것이며

소가 되었든 양이나 염소가 되었든 비둘기가 되었든 반드시 회막 문 앞으로 가져와야 했습니다. 그리고 그것을 제단에서 잡지 않습니까? 그런데 제례자는 하나님께 제물을 드리는 데 있어서는 최상의 법칙과 최선의 법칙으로 드려야 했습니다. 다시 말하면 짐승 중에서도 제일 좋은 짐승으로 드려야 하고 또 자기 형편보다 더 귀한 것으로 드려야 했단 말입니다.

성경을 보면 짐승을 제물로 드릴 때 아무리 빨리 드려도 난 지 8일 이상은 되어야 한다고 했습니다.

레 22:26-28 여호와께서 모세에게 말씀하여 이르시되 수소나 양이나 염소가 나거든 이레 동안 그것의 어미와 같이 있게 하라 여덟째 날 이후로는 여호와께 화제로 예물을 드리면 기쁘게 받으심이 되리라 암소나 암양을 막론하고 어미와 새끼를 같은 날에 잡지 말지니라

이렇게 짐승이 태어난 지 8일 이상 되는 것을 제물로 드리라고 하는 데는 먼저 생명과 삶을 존중하는 의미가 있습니다. 태어났으면 그래도 8일이라도 살게 하고 하나님께 제물로 드려야 합니다. 그러나 그런 의미와 더불어서 또 하나의 교훈이 있습니다. 절대로 하나님 앞에

비실비실하고 또 흠이 있는 것을 드려서는 안 됩니다. 왜냐면 태어난 지 며칠 만에 비리비리한 짐승도 있기 때문입니다.

더구나 유대인들은 소가 소다워지고, 양이 양다워지기 위해서는 적어도 8일은 지나야 한다고 생각했습니다. 즉, 8일 이상이 되어야 하나님께 드릴 제물의 자격이 있다고 생각했단 말입니다. 그래서 8일 이상 키워보고 하나님께 최상의 것, 즉 가장 좋은 것으로 제물을 드립니다. 하나님께는 육체적으로 흠이 없고 반점이나 애꾸눈 이런 것을 드려서는 안 됩니다. 그리고 절름발이를 드려서는 안 됩니다. 이것을 위해서는 적어도 8일 이상 지켜봐야 합니다.

뿐만 아니라 최선을 다해서 드리는 것이 좋습니다. 가난한 사람도 할 수만 있으면 비둘기보다는 양을 드리는 것이 좋고, 중산층도 양이나 염소를 드리는 것보다 수소를 드리는 것이 좋습니다. 왜냐면 이 제물은 제례자 자신과 동일시되었기 때문입니다. 그러니까 하나님을 존중히 여기고 하나님을 경외하는 고백으로써 짐승 중에서 최상의 것으로 드리고, 최선을 다하여 좋은 것을 드립니다. 이것이 얼마나 중요한 교훈을 주는지 모릅니다.

우리도 하나님께 예물을 드릴 때 최상의 것으로 드려야 합니다. 또한 최선을 다하여 드려야 합니다. 힘을 다하여 드려야 합니다. 최상의 법칙과 최선의 법칙을 적용하여 하나님을 존중하고 경외하는 마음으로 가장 귀한 것을 드려야 합니다.

♪ 내게 있는 모든 것을 아낌 없이 드리네
사랑하고 의지하며 주만 따라 살리라
주께 드리네 주께 드리네
사랑하는 구주 앞에 모두 드리네

2. 제례자가 제물에 안수해야 합니다

레 1:4 그는 번제물의 머리에 안수할지니 그를 위하여 기쁘게 받으심이 되어 그를 위하여 속죄가 될 것이라

[그림 4]
안수하는 모습

왜 제례자가 제물에게 안수를 했을까요? 그것은 제례자와 제물의 하나 됨과 동일시(Identitication), 또는 연합과 일치를 이루는 거룩한 의식이었습니다.[4] 뿐만 아니라 제례자의 모든 허물과 죄, 또 모든 연약함을 전가시키는 거룩한 의식이었습니다.[5]

4) Herbert S. Godlstein, D.D, Between (Crown Publishers. New york, 1959), 63-64. 제례자가 제물의 머리에 안수한다는 것은 동일시와 전가의 의미를 가지고 있다.

5) 레위기 16장 21절에서는 두 손으로 안수하여 죄를 전가하는 의미를 다음과 같이 언급한다. "아론은 그의 두 손으로 살아 있는 염소의 머리에 안수하여 이스라엘 자손의 모든 불의와 그 범한 모든 죄를 아뢰고 그 죄를 염소의 머리에 두어 미리 정한 사람에게 맡겨 광야로 보낼지니." 두 손으로 안수하여 전가할 때에는 몇 마디의 언어를 통해 무엇이 전가되는지를 언급하였다. 참조. John W. Kleinig, Leviticus: A Theological Exposition of Sacred Scripture (Saint Louis: Concordia Publishing House, 2003), 53.

"하나님, 제가 하나님께 제물로 죽어야 하는데, 제가 제물로 하나님께 드려져야 하는데, 이 짐승이 저를 대신하여 제물로 죽습니다. 그러므로 혹이라도 내가 알지 못하는 허물과 잘못과 죄가 있으면 지금 이 시간 나의 그 모든 것들이 이 짐승에게 전가되기 원합니다. 뿐만 아니라 부족하지만 저의 헌신과 희생의 마음, 하나님을 향한 간절한 정성과 사랑을 전가시키고 싶습니다. 그러니 이 짐승을 기쁘게 받으시고 향기로운 제물로 흠향하여 주옵소서."

이렇게 제례자가 제물에게 안수할 때에 제례자의 모든 허물과 죄가 짐승에게 이월되고 전가됩니다. 그래서 그 제물이 죽고 하나님께 번제로 드려질 때에 그 제례자의 모든 죄가 속죄되고 그 모든 허물이 덮어지게 됩니다. 뿐만 아니라 그의 헌신과 희생의 마음이 하나님께 드려지게 됩니다.

레 1:4 **그는 번제물의 머리에 안수할지니 그를 위하여 기쁘게 받으심이 되어 그를 위하여 속죄가 될 것이라**

레 16:21 **아론은 그의 두 손으로 살아 있는 염소의 머리에 안수하여 이스라엘 자손의 모든 불의와 그 범한 모든 죄를 아뢰고 그 죄를 염소의 머리에 두어 미리 정한 사람에게 맡겨 광야로 보낼지니**

물론 제물에 안수하는 것은 번제뿐만 아닙니다. 화목제와 속죄제, 속건제 때도 안수를 했습니다. 속죄제와 속건제물에 안수할 때는 자신의 죄를 비통하게 고백하고, 화목제물과 감사제물에 안수할 때는 감사의 고백과 화평의 고백을 해야 했습니다. 그런데 제례자가 제물에게 안수할 때에 그냥 보통으로 안수해서는 안 됩니다. 아주 힘을 다해서 눌러 버리거나 온몸을 기대듯이 힘을 다해서 안수를 해야 했습니다. 여기 '안수를 한다'는 말은 히브리말로 '사마크'인데, "기대다, 누르다, 꽉꽉 누르다"라는 뜻입니다.[6]

제례자는 짐승에게 안수할 때에 자신의 마음과 사랑과 정성과 충성과 희생과 회개하는 마음을 다 담아서, 아주 온 힘을 다해서 짐승의 머리를 누르고 안수해야 했습니다. 다시 말하면 제물을 드리는 자의 진정성이 담기도록 하기 위해서 힘을 다해 눌러서 안수를 해야 합니다.[7] 즉, 제례자의 모든 죄와 허물을 이 제물에 의지하고 전달한다는 말입니다. 그래야 제례자의 정성과 사랑의 마음이 짐승에게 전이되고 제례자의 죄까지 짐승에게 전가됩니다. 이렇게 안수를 통해서 제례자와 제물 간의 일치를 이루게 되었습니다.

마찬가지로 오늘 우리도 하나님 앞에 예배드리고 헌신할 때, 온 마음과 정성과 힘을 다해 드려야 합니다. 그래서 예수님도 하나님을 어떻게 사랑하라고 하셨습니까? 마음을 다하고 정성을 다하고 힘을 다

---

6) "그는 안수할지니"는 히브리어로 סָמַךְ יָדוֹ(싸마크 야도) 이다. 제사에 있어서 안수하는 행위는 단지 손을 얹는다는 의미 이외에서도 손으로 누른다는 의미도 포함하고 있다.

7) Mark F. Rooker, Leviticus(Nashville: Broadman & Holman, 2000), 87. '안수하다'에는 '누르다'와 영어로 'press down'의 의미가 있다. 즉 안수자가 힘을 다해 안수하여 자신의 진심을 담아 죄를 전가시키는 행위이다.

하여 하나님을 사랑하고 섬기라고 하시지 않습니까?

따라서 우리는 예배 시간에 절대로 졸아서는 안 됩니다. 예배 시간에 좀 노릇하고 올인하는 정신으로 예배를 드려야 됩니다. 그런 마음으로 헌금을 하고, 그런 정성으로 예물을 드려야 됩니다. 정말 힘과 정성을 다해서 예물을 마련하고 봉투에 정성껏 기도 제목을 쓰고 하나님께 힘을 다하여 예물을 드려야 된단 말입니다. 그러므로 이제부터 하나님을 섬길 때 힘을 다하여 섬겨야 합니다. 예배도 목숨을 걸고 드려야 합니다. 헌신과 충성을 하는데도 힘을 다하고 정성을 다하고 목숨을 다해야 합니다.

♪ 주여 나의 생명 나의 정성 드립니다
이 작은 나의 생명 나의 정성 다해
주님만을 위하여서 살기 원하오니
주여 잡아주소서 나를 잡으소서
주님만을 위하여 살게 하소서
아 불 같은 성령으로 충만케 하옵소서
환난이 와도 핍박이 와도 주님만 위해 살게 하소서

3. 제물을 잔인하게 도살해야 합니다

다시 강조하지만 죽은 짐승, 사냥한 짐승을 가져오면 안 됩니다. 반드시 산 짐승, 그것도 온순한 가축을 하나님 앞에 데리고 와서 여호와의 이름으로 도살해야 합니다. 올 때는 반드시 산 채로 제례자를 따라서 제 발로 걸어와야 하고 여호와 하나님 앞에서, 곧 회막문 앞에서 죽여야 했습니다.

누가 죽였습니까? 번제는 반드시 제례자가 죽여야 했습니다. 왜냐면 번제는 전적인 헌신의 제사이기 때문입니다. 그러므로 헌신자, 곧 제물을 드리는 자가 자기 손으로 죽여야 했습니다. 하나님께 제사를 드리는 과정에 있어서 제례자가 짐승을 죽인다고 하는 것이 얼마나 중요한 일이고 거룩한 일인 줄 아십니까? 그래서 제물은 여호와 앞에서 죽이라고 했습니다.

레 1:5 **그는 여호와 앞에서 그 수송아지를 잡을 것이요 아론의 자손 제사장들은 그 피를 가져다가 회막 문 앞 제단 사방에 뿌릴 것이며**

여기서 "여호와 앞에서"라는 말은 회막, 곧 성소 앞을 말합니다. 구체적으로 말하면 번제단 북편을 말합니다.

레 1:11 **그가 제단 북쪽 여호와 앞에서 그것을 잡을 것이요 아론의 자손 제사장들은 그것의 피를 제단 사방에 뿌릴 것이며**

번제단 북편에서 제물을 죽이라고 하지 않았습니까? 여기가 짐승을 잡기에 제일 적합한 장소였기 때문입니다. 왜냐면 번제단 동편은 재를 버리는 장소로 사용되었고, 번제단 서편 곧 회막문 바로 앞에는

[그림 5] 제물이 도살되는 장소

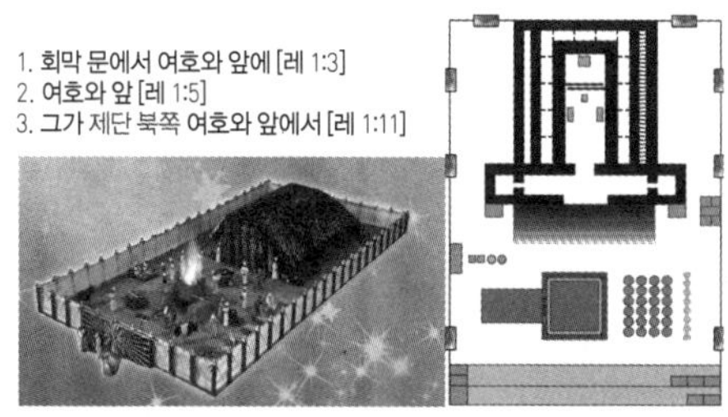

물두멍이 있어서 짐승의 도살 장소로는 적합하지 못했습니다. 그리고 번제단 남쪽에는 제단에 오를 때 필요한 경사면이 있었습니다. 그래서 제단 북편이 계속되는 희생 제물을 도살하기에 가장 적합하고 편리한 장소였습니다.

[그림 6] 제물을 도살했던 칼

그러면 제례자가 어떻게 짐승을 죽입니까? 제례자는 사시미 칼 같은 날카로운 칼로 짐승의 목을 땁니다. 자기가 그렇게 애지중지 키웠던 소나 양이라도 인정사정 보지 않고 칼로 따버립니다. 또 절대로 아까운 마음 없이 망설이지 않고, 숨통을 자르고 정맥줄을 잘라버립니다. 그러면 제아무리 큰 황소라도 탁 하고 피를 토하고 쓰러져 버립니다.

제례자는 절대로 제물을 불쌍히 여겨서는 안 됩니다. 절대로 인정

[그림 7]
제물을 도살하는 모습

사정 봐줘서는 안 됩니다. 그 시퍼런 칼로 힘을 다해 목을 따야 합니다. 숨통을 끊고 동맥을 잘라 버려야 합니다. 마치 자기가 죽어야 하는 심정으로, 그 각오로 목을 따 버려야 합니다.

그런데 먼 훗날 우리 하나님께서도 자기의 독생 성자 예수님을 그렇게 잔인하게 십자가에 죽게 하시지 않습니까? 얼마나 예수님이 십자가에서 비참하게 죽도록 내버려 두셨습니까? 바로 예수 그리스도가 하나님 앞에 우리를 대신하는 거룩한 번제물이 되도록 하기 위해서였습니다. 그때 주님은 얼마나 아프셨겠습니까? 얼마나 고통스러웠겠습니까?

♪ 얼마나 아프셨나 못 박힌 그 손과 발
죄 없이 십자가에 매달리신 예수님
하늘도 모든 땅도 초목들도 다 울고
해조차 힘을 잃고 온누리 비치잖네
아아 끝없어라 주의 사랑 언제나
아아 영원토록 구원의 강물 흐르네

온전한 번제, 십자가의 죽음

마찬가지로 오늘 우리도 예수 그리스도 안에서 내가 하나님께 그런 번제물이 되어야 합니다. 내가 그런 번제물이 되기 위해서는 먼저 내가 십자가에서 죽는 경험을 해야 합니다. 나의 옛 사람, 나의 옛 정욕, 나의 모든 옛 사람의 소욕이 죽어야 됩니다. 그렇지 않고는 내가 절대로 하나님께 제물이 될 수 없기 때문입니다.

사도 바울은 얼마나 우리에게 십자가의 죽음을 강조했는지 모릅니다. 우리도 예수 그리스도와 함께 십자가에서 죽어야 한다는 사실을 말입니다.

> 갈 2:20 내가 그리스도와 함께 십자가에 못 박혔나니 그런즉 이제는 내가 사는 것이 아니요 오직 내 안에 그리스도께서 사시는 것이라 이제 내가 육체 가운데 사는 것은 나를 사랑하사 나를 위하여 자기 자신을 버리신 하나님의 아들을 믿는 믿음 안에서 사는 것이라

> 갈 5:24 그리스도 예수의 사람들은 육체와 함께 그 정욕과 탐심을 십자가에 못 박았느니라

> 고전 15:31 형제들아 내가 그리스도 예수 우리 주 안에서 가진 바 너희에 대한 나의 자랑을 두고 단언하노니 나는 날마다 죽노라

우리도 하나님께 온전한 번제물로 드려지기 위해서는 우리가 십자가에서 죽는 경험을 해야 합니다. 옛 사람의 죽음을 철저히 경험해야 합니다. 원리적으로 이미 죽었지만 실제적으로 매일매일 죽는 경험을

해야 합니다. 날마다 우리를 십자가에 눕혀 놓고 우리 스스로 못질을 해야 합니다. 우리 옛 사람의 숨통을 끊고 동맥줄을 잘라 버려야 합니다. 우리의 육신의 숨통을 끊고 동맥 줄을 자르라는 말이 아닙니다. 우리 옛 사람의 정욕, 옛 사람의 소욕과 생각의 숨통, 그 동맥 줄을 끊어 버려야 한단 말입니다. 그래야 우리가 하나님을 기쁘게 하는 거룩한 제물로 드려지게 됩니다.

그런데 왜 우리는 이렇게 여전히 양다리를 걸치며 신앙생활을 하려고 합니까? 왜 여전히 우리 안에서 옛 사람의 소욕과 육체의 소욕이 서로 대적하며 갈등을 하며 살아야 한단 말입니까? 왜 우리는 온전한 영적 그리스도인으로 살아가지 못합니까? 예수를 믿는다 하면서도 왜 그렇게 선악과를 선택하며 온갖 원망과 불평과 똑똑함으로 살아가고 있단 말입니까?

왜 우리는 여전히 성령의 감동을 따라 살아가지 못합니까? 왜 우리는 영을 따라 살지 못하고 끊임없이 육을 따라 사느냔 말입니다. 그러니까 우리가 여전히 선악의 지식으로 삽니다. 날마다 원망하고 불평하며 자기 똑똑함으로 삽니다. 그렇게 이성적이고 계산적이며 때로는 인색함으로 살아갑니다.

예수를 믿으면서 평생 한 번도 참된 헌신과 희생을 드리지 못한 이유가 어디에 있는지 아십니까? 그것은 바로 우리 옛 사람이 죽지 못했기 때문입니다. 평생 하나님이 기뻐하시는 영적 번제 한 번 드리지 못한 이유가 바로 우리 안에 있는 옛 사람이 죽지를 못했기 때문입니다. 그러므로 우리는 그리스도 안에서 십자가를 경험해야 합니다. 그 십자가에서 옛 사람을 죽여 벌해야 합니다. 옛 사람의 정욕과 소욕을 다 못 박아 버려야 합니다.

♪ 내가 그리스도와 함께 / 십자가에 못 박혔나니
그런즉 이제 / 내가 산 것 아니요
오직 내 안에 / 예수께서 사신 것이라
이제 내가 육체 가운데 / 사는 것은
나를 사랑하사 / 자기 몸 버리신 / 예수 위해 산 것이라

4. 제사장이 제물의 피를 받아 번제단 사방에 뿌려야 했습니다.

레 1:5 그는 여호와 앞에서 그 수송아지를 잡을 것이요 아론의 자손 제사장들은 그 피를 가져다가 회막 문 앞 제단 사방에 뿌릴 것이며

이처럼 제례자가 제물을 도살하면 제사장은 제물의 피를 받습니다. 제물의 피를 번제단 사방에 뿌리기 위해서였습니다.

제사장은 제물의 피를 왜 번제단 사방에 뿌렸을까요? 피라고 하는 것은 하나님 보시기에도 생명의 원천이고 근원입니다. 그래서 이 생명의 근원인 피를 제사장으로 하여금 제단 사방에 뿌리도록 했습니다. 왜냐하면 속죄의 의미로 뿌려졌기 때문입니다.

레 17:11 육체의 생명은 피에 있음이라 내가 이 피를 너희에게 주어 제단에 뿌려 너희의 생명을 위하여 속죄하게 하였나니 생명이 피에 있으므로 피가 죄를 속하느니라

레 17:14 모든 생물은 그 피가 생명과 일체라 그러므로 내가 이스라엘 자손에게 이르기를 너희는 어떤 육체의 피든지 먹지 말라 하였나니 모든 육체의 생명은 그것의 피인즉 그 피를 먹는 모든 자는 끊어지리라

[그림 8]
도살과 피받음(쉐키타와 까발라)

[그림 9]
번제단으로 이동(올라카)

[그림 10]
피를 뿌림(즈리카트 하 담)

이 피는 하나님께 잘 보여지기 위해서 사방에 뿌렸습니다. 이 피는 구속사적으로 볼 때 예수님의 속죄의 피를 예표하였습니다. 동시에 당시 제례자에게는 하나님 앞에 자신의 헌신의 극치요, 희생의 절정을 드리는 표현이기도 했습니다. 그래서 예수님도 이 땅에 오셔서 십자가에서 하나님께 희생의 번제물로 드려지지 않았습니까?

그때 예수님은 당신의 물과 피를 다 쏟아 내셨습니다. 그렇게 함으로써 하나님께 희생과 헌신의 절정을 드렸던 것입니다. 그래서 그 피를 단번에 하나님 앞에 쏟으심으로써, 우리의 죄가 단번에 속죄되고 우리가 용서받아 구원을 받게 된 것이 아닙니까?

요 19:30 예수께서 신 포도주를 받으신 후에 이르시되 다 이루었다 하시고 머리를 숙이니 영혼이 떠나가시니라

히 10:10 이 뜻을 따라 예수 그리스도의 몸을 단번에 드리심으로 말미암아 우리가 거룩함을 얻었노라

유대 랍비들에 의하면 제물의 피는 제단 사방 모서리에 뿌렸다고 합니다. 북동쪽 모서리에 뿌려서 북쪽과 동쪽이 함께 피가 묻도록 하고, 남서쪽 모서리에 뿌려서 남쪽과 서쪽이 함께 피가 묻게 했다고 합니다. 그런데 이때 제사장은 이 제물의 피를 뿌릴 때에 정확하게도 뿌려야 했지만, 세게, 아주 사정없이 쏟아 부어 버렸다고 합니다. 이것은 먼 훗날 신약에 와서 예수 그리스도의 피 뿌림으로 인하여 우리가 단

번에 완전한 속죄를 받고 예수님의 그 넉넉한 은혜와 은총으로 완전한 구원을 받게 될 것을 미리 보여주었던 것입니다.

예수 그리스도의 피 뿌림으로 인하여

> 히 9:12 염소와 송아지의 피로 하지 아니하고 오직 자기의 피로 영원한 속죄를 이루사 단번에 성소에 들어가셨느니라

구약에서 속죄라는 말은 '카파르'라는 말로 표현했습니다. "덮어주다, 가려 주다"라는 뜻입니다. 물론 "대속하다"라는 의미도 있습니다.[8] 그러나 이것은 어디까지나 일시적인 속죄였습니다. 다시 말하면 짐승의 피로 말미암아 일시적인 속죄의 은총을 주었습니다. 그러나 예수님께서 이 땅에 완전한 번제의 희생자로 오셔서 십자가에서 완전한 번제물로 죽으셨습니다. 그래서 십자가에서 희생의 피를 쏟아 주심으로 말미암아 우리가 완전하고 영원한 속죄를 얻게 되었습니다.

> 히 9:25-26 대제사장이 해마다 다른 것의 피로써 성소에 들어가는 것 같이 자주 자기를 드리려고 아니하실지니 그리하면 그가 세상을 창조한 때부터 자주 고난을 받았어야 할 것이로되 이제 자기를 단번에 제물로 드려 죄를 없이 하시려고 세상 끝에 나타나셨느니라

---

8) 카파르는 히브리어로 כפר이다. 카파르는 '덮어주다(cover)', '배상하다(ransom)', '대속하다(expiate, atone)'란 의미가 그 안에 포함되어 있다. 구약의 어떤 본문에는 '씻어내다'라는 의미를 포함하는 본문도 있다. 참조. Sklar, J. Sin, Impurity, Sacrifice, Atonement: Their Priestly Conceptions (Sheffield: Sheffield Phoenix Press, 2005).

신약에 와서는 이 속죄라는 말이 더 적극적인 의미로 표현되었습니다. 속죄란 일시적으로 덮어주는 것이 아니라 깨끗이 씻어주고, 없애버리고, 도말시켜 버린다는 말입니다.

사람들이 너무 급해서 남의 집 뒤안이나 대문간 옆에다가 똥을 싸 버릴 수 있습니다. 똥을 싸 놓고 급한 마음에 신문지로 덮어 놓았습니다. 그런데 신문지로 덮어 놓았다고 똥을 안 싼 겁니까? 5분도 안 되어서 금방 쇠파리들이 나오고 온갖 악취가 나고 그 똥냄새가 얼마나 사방으로 풍깁니까?

또 어떤 사람은 자기가 똥을 안 싼 것처럼 하면서 똥 냄새를 막으려고 그 똥 옆에 향수까지 뿌려 놓았습니다. 향수도 한두 시간이지 똥 냄새는 계속 나지만 향수는 한두 시간이면 끝납니다. 그런데도 자기가 계속 똥을 안 싼 것처럼 신문지나 덮어놓고 향수나 뿌리면서 시치미를 떼고 있으면 되겠습니까? 그렇다고 그 사람이 깨끗해지고 똥이 청결해지는 겁니까? 아닙니다. 똥을 쌌으면 빨리 삽으로 치워야 됩니다. 그 똥을 저 변소에 던져 버려야 합니다.

그렇습니다. 우리 죄는 물로 씻는다고 되는 것이 아닙니다. 비누나 양잿물로 씻는다고 되는 게 아닙니다. 울어도 되지 않습니다. 참아도 되지 않습니다. 고행을 해도 되지 않습니다. 수행을 해도 되지 않습니다. 참선을 해도 되지 않습니다. 오직 우리의 죄는 예수 그리스도의 피로만 씻어집니다. 예수 그리스도의 보혈로만 속죄가 된다는 말입니다. 그러니 얼마나 감사합니까? 예수의 피로 우리의 죄를 씻어주고 완전히 도말해 버리셨으니 얼마나 감사합니까? 그래서 우리가 항상 주님의 십자가와 보혈의 은혜를 찬송하지 않습니까?

♪ 나의 죄를 씻기는 예수의 피밖에 없네
다시 정케 하기도 예수의 피밖에 없네
예수의 흘린 피 날 희게 하오니
귀하고 귀하다 예수의 피밖에 없네

피 뿌림의 구원 도정적 차원의 교훈

이렇게 기독론적이고 구원사적으로 볼 때는 짐승의 피가 이런 모형과 예표적 교훈이 있지만 동시에 우리의 구원의 도정적 차원에서는 또 다른 교훈도 있습니다. 우리가 하나님께 진정한, 그리고 온전한 번제물로 드려지기 위해서는 우리의 피를 드려야 합니다.

우리의 생명의 본질, 우리의 생명의 원천을 하나님 앞에 드려야 한다는 말입니다. 우리가 하나님께 예배하고 헌신하고 희생의 제물을 드릴 때는 적어도 우리의 생명의 절정을 드려야 합니다. 우리가 드리는 예배에 우리의 피가 쏟아져야 합니다. 우리의 충성, 우리의 헌신, 우리의 희생, 우리의 예물에 우리 생명의 결정체가 쏟아져야 합니다.

마음을 다하고 힘을 다하고 성품을 다하여 하나님을 섬기고 사랑하라는 말입니다. 그래서 순교자 주기철 목사님은 순교 직전에 일사각오라는 설교를 하지 않았습니까? 그 내용 중에 주 목사님이 이렇게 설교를 했다고 합니다. "나는 하나님께 나의 피를 바치겠습니다. 나의 하나밖에 없는 생명을 바치겠습니다." 그래서 어떤 분이 주기철 목사님의 일대기를 쓸 때에 그 책 제목이 바로 "피를 바치련다"였습니다.

그러므로 우리도 하나님을 섬길 때 우리의 피를 드려야 할 때가 있습니다. 정말 하나님이 원하실 때 우리 나름대로 헌신과 충성, 희생을 하다가 때로는 생명도 드릴 수 있어야 합니다. 그것이 바로 주님께 드리는 순교의 영광이고 제물입니다. 하나님을 사랑하는 사람들은 우리의 시간을 드리고 건강을 드리며 몸을 드립니다. 아니 우리의 물질을 드리고 소욕을 드립니다. 그런데도 하나님은 너무 욕심이 많으신지 때로는 우리의 생명을 요구하실 때가 있습니다. 우리가 드리고 또 드리고 다 드린 후에 나중에는 순교까지 해야 할 때가 있단 말입니다.

바로 우리 믿음의 선배들이 그랬지 않습니까? 진정한 하나님의 사람들이 다 그랬습니다. 그들이라고 하나님께 물질을 안 드렸겠습니까? 자신이 가진 소유를 안 드렸겠습니까? 자신의 시간과 건강을 왜 안 드렸겠습니까? 다 드리고 났는데 하나님이 나중에는 그들로부터 순교의 영광을 받고자 할 때도 있었단 말입니다. 그랬을 때 그들은 하나밖에 없는 생명마저 내어 드렸습니다. 자신의 피를 바치고 몸을 바치고 생명을 바쳤습니다. 그러나 너무 걱정할 필요는 없습니다. 지금은 주님께서 여러분의 피를 받지 않으십니다. 이 시대는 순교가 사라져 버린 시대입니다. 순교하고 싶어도 순교할 수 없는 시대입니다.

순교를 꿈꾸며 광주 금남로를 걷던 청년의 눈물

제가 광주신학교에 다니던 시절, 5·18 광주민주화운동이 일어났습니다. 그런데 공수부대가 광주를 점령할 때는 금남로에 개미 새끼 한 마리도 기어 다니지 않았습니다. 그러나 저는 수요예배를 드린다고 그 금남로 거리를 지나갔습니다. 저 전일빌딩, 도청, 광주은행, 이런 건물에 공수부대들이 M16 총에 실탄을 장전하고 젊은 놈들이 지나가면 쏴 버리고도 남았을 때입니다.

그때 저는 찬송을 부르며 갔습니다. "♪ 저 높은 곳을 향하여 날마다 나아갑니다~" 그 노래는 주기철 목사님이 자신의 피를 바치며 불렀던 찬송이 아닙니까? 저는 그때 순교의 각오를 하고 갔습니다. "하나님, 저도 피를 바치겠습니다. 저의 피를 바치고 생명을 바치겠습니다. 까짓것 남자가 하나님의 종으로 태어나서 한 번 죽지 두 번 죽습니까? 까짓것 저는 죽어도 좋습니다." 그러면서 찬송을 부르며 갔습니다.

♪ 저 높은 곳을 향하여 날마다 나아갑니다
내 뜻과 정성 모아서 날마다 기도합니다
내 주여 내 맘 붙드사 그곳에 있게 하소서
그곳은 빛과 사랑이 언제나 넘치옵니다

그때 그렇게 순교하고 싶어도 저는 순교를 하지 못했습니다. 왜냐면 누가 쏴 주는 놈이 없었습니다. 만약에 나를 향하여 누가 총을 쏴 버렸으면 나는 하나님 앞에 순교의 제물이 되고 말았을 겁니다. 그러면 지금의 저는 없었지 않겠습니까?

우리가 대한민국 땅에 살면서 순교의 기회는 없습니다. 그러나 우리는 죽음으로써 순교하는 것이 아니라 살아서 순교할 수 있습니다. 바로 그것은 우리가 죽지 않아도 하나님께 피를 드리는 심정으로, 나의 생명을 바치는 심정으로 하나님께 충성하고 헌신하는 겁니다. 예배를 드릴 때 피를 드리는 마음으로 예배드리면 됩니다. 말씀을 듣고 찬양하고 기도할 때 피를 드리는 심정으로 하면 됩니다. 예물을 드릴 때도 피를 쏟고 피를 드리는 마음으로 드리면 됩니다.

여러분, 절대로 하나님께 충성할 때 우물쭈물하면 안 됩니다. 나의 피를 쏟을까 말까, 나의 사랑의 헌신, 희생의 예물을 드릴까 말까, 우물쭈물해서는 안 됩니다. 하나님 앞에 팍 쏟아 버려야 합니다. 하나님께 잘 보이라고 제단 사면에 확 쏟아 버려야 합니다. 그럴 때 하나님께서 우리의 피를 받으시고 헌신을 받으시고 기뻐하십니다. 그리고 하나님께서 엄청난 은혜를 주십니다. 생각할 수 없는 복을 주십니다. 그 축복과 은혜는 주는 자와 받는 자만 아는 복입니다. 너무너무 신비스럽고 또 비밀스러운 축복입니다. 우리 모두 이런 번제자들이 되어야 합니다.

"주여, 우리가 이 저녁 번제물이 되게 하소서, 주님이 우리를 위하여 하나님 앞에 번제물이 되셨으니 우리도 주님 앞에 그런 번제물이 되게 하여 주옵소서. 주님이 우리를 위하여 십자가에서 피를 쏟아 주셨으니 우리도 주님 앞에 우리의 피를 드리게 하옵소서. 우리의 생명의 원천이 묻어 있는 헌신의 제물을 드리게 하옵소서."

♪ 주여 나의 생명 나의 정성 드립니다
이 작은 나의 생명 나의 정성 다해
주님만을 위하여서 살기 원하오니
주여 잡아주소서 나를 잡으소서
주님만을 위하여 살게 하소서
아 불 같은 성령으로 충만케 하옵소서
환난이 와도 핍박이 와도 주님만 위해 살게 하소서

3장

번제로 하나님께 헌신하라

"그는 여호와 앞에서 그 수송아지를 잡을 것이요 아론의 자손 제사장들은 그 피를 가져다가 회막 문 앞 제단 사방에 뿌릴 것이며 그는 또 그 번제물의 가죽을 벗기고 각을 뜰 것이요 제사장 아론의 자손들은 제단 위에 불을 붙이고 불 위에 나무를 벌여 놓고"(레 1:5-7).

왜 제물의 가죽을 벗겨야 하는가

제사 중에서 가장 기본적인 제사가 번제입니다. 그런데 번제를 하나님께 온전히 드리기 위해서는 먼저 제물을 하나님 앞으로 가져와야 합니다. 그리고 제례자가 제물에 안수를 해야 합니다. 그리고 제례자가 제물을 처참하게 죽여야 합니다. 그러면 제사장이 제물의 피를 받아서 번제단 사방에 뿌립니다. 그리고 나서 제례자가 두어 가지 더 해야 할 것이 있습니다.

5. 제물의 가죽을 벗겨야 합니다.

레 1:6 그는 또 그 번제물의 가죽을 벗기고 각을 뜰 것이요

[그림 11]
제물의 가죽을 벗기는 모습

왜 제물의 가죽을 벗겼습니까? 그것도 제사장이 아니고 제례자가 말입니다. 유대 랍비들의 견해에 의하면, 일반적으로 가죽은 사람이 먹지 않았기 때문입니다. 하나님 앞에 드리는 제물도 사람이 먹을 수 있는 범위 내에서 드렸습니다. 그래서 이 가죽과 똥은 하나님께 드리지 않았습니다. 그러니까 제례자가 가죽을 벗겨야 했습니다.

어떻게 사람이 먹지도 못할 것을 하나님께 제물로 드릴 수가 있겠

습니까? 그러나 이것으로는 완전한 설명이 될 수가 없습니다. 구약 시대에 그들은 사실 번제의 진정한 의미와 또 본질을 다 알지 못할 가능성이 많다고 할 수 있습니다. 그들은 다만 그렇게 순종하고 제사를 드렸습니다.

그러니까 번제의 주인 되시는 예수 그리스도가 오셨어도 유대인들은 예수님을 몰라본 것이 아니겠습니까? 그들이 번제의 영적인 의미와 본질을 제대로 몰랐기 때문입니다. 그러므로 번제의 영적 의미에서 볼 때 우리는 왜 하나님께서 제례자가 가죽을 벗겨야 했는가를 살펴볼 필요가 있습니다. 호크마 주석과 카리스 주석은 두 가지로 설명하고 있습니다.[9)]

(1) 성결의식의 한 행위입니다.

제례자가 직접 짐승의 가죽을 벗긴다는 것은 제례자의 후패한 겉 모습을 완전히 제거하고 오직 진실한 내면적 부분만을 드린다는 의미였다는 말입니다. 왜냐면 이미 제례자와 제물은 안수를 통해서 일체가 되었기 때문입니다.

9) 강병도, 『호크마 종합 주석: 레위기』 (서울: 기독지혜사, 1989), 38; 강병도, 『카리스 종합 주석: 레위기 1-10장』 (서울: 기독지혜사, 2003), 90.

(2) 완전한 자기 희생의 제물이 되기 위한 행위였습니다.

비록 제례자가 짐승을 완전히 죽여 피를 흘리게 했다 할지라도 그 모습은 여전히 살아 있을 때의 형태를 유지하게 됩니다. 따라서 완전한 자기 희생을 드리는 번제 정신에 맞도록 하나님 앞에 그 짐승의 형태를 완전히 없애 버려서 전적 헌신과 희생 제물이 되도록 하기 위해서 가죽을 벗겼다는 것입니다. 그러니 가죽을 벗긴 제물은 완전히 알몸으로 드려지게 됩니다.

저는 이 해석이 번제의 영적 정신에 맞는 가장 정확한 해석이라고 봅니다. 비근한 예로 사도 바울이 구약의 할례를 그런 영적 정신으로 해석을 하였기 때문입니다. 구약에서는 언약 백성의 표식으로써 할례를 행하지 않았습니까? 할례란 남자 생식기의 표피, 즉 생식기의 껍데기를 잘라 버리는 의식이 아닙니까? 요즘이야 마취를 해서 아주 예쁘게 포경 수술을 하지만, 옛날에는 마취도 안 하고 부싯돌로 남자의 생식기 껍데기를 무식하게 잘라 버렸습니다.

부싯돌이 뭔지 아십니까? 옛날 시골에서 차돌이라고 했습니다. 이 차돌을 주워 가지고 큰 돌에다 사정없이 던져 버리면 깨지면서 날카로운 칼이 됩니다. 그 칼로 남자의 생식기 표피를 꽉 집어서 싹둑 잘라버린다는 겁니다. 그러면 얼마나 아프겠습니까? 그래도 구약 시대는 할례를 행하지 않으면 언약 백성이 될 수 없습니다. 그래서 할례를 받기 위해서 남자들은 줄을 서야 했을 것입니다. 그리고 아랫도리를 내리면, 모세나 아론이 차돌로 남자의 생식기 껍데기를 쑥 잘라 버립니다. 그러면 피가 줄줄줄 흘러내리지 않겠습니까? 그때 거기서 피가 안 나오도록 쑥 같은 것을 찧어가지고 생식기를 꽉 쥐어 잡고 한두 시간은 있어야 했을 것입니다.

할례의 진정한 의미

왜 남자의 생식기 표피를 잘라야 했습니까? 남자의 생식기는 생명을 상징하는 것입니다. 고대 근동에서 남자의 생식기는 여자의 생식기와 더불어 생명을 번식시키는 번성의 수단으로 생각했습니다. 그러므로 그것에 칼을 댄다는 것은 곧 죽음을 의미합니다. 다시 말하면 육신의 가죽을 벗기는 것을 의미합니다. 남자의 생식기에서 나오는 생명의 껍데기를 벗겨서 완전히 죽여 버리는 것을 의미합니다. 그렇게 해서 육체의 생각과 정욕을 벗어버리라는 말입니다. 왜냐면 육신의 생각과 정욕은 하나님의 원수가 되기 때문입니다(롬 8:7). 이것이 구약에서 할례를 행한 진정한 의미와 목적이었습니다.

> 골 2:11-12 또 그 안에서 너희가 손으로 하지 아니한 할례를 받았으니 곧 육의 몸을 벗는 것이요 그리스도의 할례니라 너희가 세례로 그리스도와 함께 장사되고 또 죽은 자들 가운데서 그를 일으키신 하나님의 역사를 믿음으로 말미암아 그 안에서 함께 일으키심을 받았느니라

할례의 진정한 의미가 육의 몸을 벗는 것이라고 하지 않습니까? 그

런데 사도 바울은 구약의 육신적 할례를 마음의 할례로 승화시키고 있습니다.

롬 2:28-29 무릇 표면적 유대인이 유대인이 아니요 표면적 육신의 할례가 할례가 아니니라 오직 이면적 유대인이 유대인이며 할례는 마음에 할지니 영에 있고 율법 조문에 있지 아니한 것이라 그 칭찬이 사람에게서가 아니요 다만 하나님에게서니라

갈 6:15 할례나 무할례가 아무 것도 아니로되 오직 새로 지으심을 받는 것만이 중요하니라

진정한 할례는 마음의 할례이며 그 마음의 할례는 그리스도 안에서 새로 지음을 받는 것이라고 하지 않았습니까? 즉 옛 사람의 마음의 가죽, 육신의 정욕과 생각의 껍데기를 벗겨버리고 우리 마음이 새 사람의 생각과 생명으로 덧입으라는 말입니다. 사실 이것은 사도 바울뿐만 아니라 구약에서 이미 모세와 예레미야 선지자가 밝혀 준 말씀이기도 합니다.

신 10:16 그러므로 너희는 마음에 할례를 행하고 다시는 목을 곧게 하지 말라

렘 4:4 유다인과 예루살렘 주민들아 너희는 스스로 할례를 행하여 너희 마음 가죽을 베고 나 여호와께 속하라 그리하지 아니하면 너희 악행으로

말미암아 나의 분노가 불같이 일어나 사르리니 그것을 끌 자가 없으리라

렘 9:26 곧 애굽과 유다와 에돔과 암몬 자손과 모압과 및 광야에 살면서 살쩍을 깎은 자들에게라 무릇 모든 민족은 할례를 받지 못하였고 이스라엘은 마음에 할례를 받지 못하였느니라 하셨느니라

무슨 말씀입니까? 모세도 할례의 근본과 본질은 생식기의 표피를 자르는 것에 있는 것이 아니라 마음의 할례를 받아야 된다고 말합니다. 그래서 예레미야도 이스라엘이 진정한 할례를 받아야 된다고 강조하는 것 아닙니까? 즉, 마음의 가죽을 베라는 것입니다. 이방의 모든 족속들은 육신의 할례를 못 받았지만 이스라엘 민족은 그래도 할례를 받은 민족이었습니다. 그러나 육신의 할례를 받았을 뿐, 이스라엘 백성들은 진정한 할례의 본질인 마음의 할례를 못 받았다는 것입니다. 육신의 할례는 형식적으로 받았지만 마음의 할례를 못 받았다는 말입니다. 그러니 이제는 마음의 가죽을 베는 할례를 받으라는 말입니다.

그러므로 이런 바울의 성경 해석의 원리로 볼 때 제례자가 번제물의 가죽을 벗겼던 것은 성결 의식의 한 행위였을 뿐만 아니라 완전한 자기 희생의 제물이 되기 위한 상징적 행위였다고 해석할 수 있습니다. 따라서 제례자가 이러한 번제의 본질적 정신을 알았다면 제례자는 자신의 육신의 껍데기를 벗기는 마음으로 짐승의 가죽을 벗겨야 했을 것입니다.

할례의 신약적 의미

신약으로 말하면 옛 사람의 껍데기, 곧 육신의 정욕과 소욕의 껍데기를 벗기는 마음으로 그런 의식을 해야 했단 말입니다. 아니, 마음의 할례를 받는다는 생각으로 제물의 껍데기를 벗겨야 했단 말입니다. 왜냐면 이미 제례자는 안수를 통해서 제물과 일치가 되었기 때문입니다. 다시 말하면 제례자의 안수를 통해 제물과 동일시되었기 때문입니다.

레 1:4(상) 그는 번제물의 머리에 안수할지니……

이렇게 제례자는 안수를 통해 제물과 동일시를 이루었습니다. 그러니까 제물의 죽음은 곧 제례자의 죽음과 같고, 제물의 가죽을 벗기는 것은 제례자의 가죽을 벗기는 것과 영적으로는 일치한 사건이라고 할 수 있습니다.

예수님도 십자가 위에서 이런 제물로 드려지지 않았습니까? 십자가에 달려 있는 예수님의 모습은 얼마나 비참했던지 더 이상 사람의 모습이 아니었습니다. 이사야가 미리 본 십자가에 달린 예수님의 모습은 사람이라고 할 수도 없었고 또 다윗이 본 예수님의 모습 역시 사람의 모습이 아니라 벌레와 같은 모습이었습니다.

사 52:14 전에는 그의 모양이 타인보다 상하였고 그의 모습이 사람들보다 상하였으므로 많은 사람이 그에 대하여 놀랐거니와

시 22:6 나는 벌레요 사람이 아니라 사람의 비방거리요 백성의 조롱거리니이다

그러므로 구약 시대에도 번제의 진정한 영적 의미와 본질을 아는 제례자였다면 하나님 앞에 이런 마음으로 가죽을 벗겨야 했을 것입니다. "하나님, 제가 제물이 되고 제가 죽어야 하는데 대신 이 제물이 죽습니다. 그리고 제 피가 쏟아지고 저의 육신의 가죽이 벗겨져야 하는데 대신에 제가 이 짐승의 가죽을 벗깁니다. 그러니 하나님께서는 이 짐승을 통해 제가 죽는 것처럼 여겨 주시고 제 가죽이 벗겨지는 것으로 여겨 주시기를 원합니다. 그리하여 이 번제가 하나님 앞에 저의 온전한 헌신으로 드려지게 하옵소서."

♪ 나의 맘 속에 온전히 주님만 모셔놓고
나의 정성을 다하여 주를 섬기리
기쁘나 슬프나 오직 한 맘 주 위해
한 평생 주만 모시고 찬송하며 살리라
주는 나의 큰 능력 주는 나의 큰 소망
내가 항상 영원히 주님만을 섬기리

개가 설 죽고 미쳐 날뛰면

실제로 있었던 일인데, 한 번은 여주휴게소가 발칵 뒤집힌 일이 있었다고 합니다. 갑자기 여주휴게소에 새까맣게 그을리다 타 버린 미

친 개 한 마리가 느닷없이 튀어나와 막 뛰어 다니는 겁니다. 그 미친 개는 눈이 발칵 뒤집혀서 앞뒤를 가리지 않고 몸부림을 치면서 뛰어 다니고 닥치는 대로 사람을 물었습니다. 그러니 어린애도 놀라고 임산부도 놀라고 휴게소가 완전히 뒤집혀 버렸습니다.

왜 그런 일이 일어난 줄 아십니까? 그 옆 동네에서 여름에 복날이어서 보신탕을 해 먹으려고 개를 목 졸라서 죽였습니다. 개가 다 죽은 줄 알고 개털을 태우려고 개를 불 위에 올려 놓고 그슬렸습니다. 그런데 개가 설 죽었던 것입니다. 개가 죽은 것이 아니라 잠시 기절을 했습니다. 이 기절한 개가 갑자기 뜨거우니까 깨갱하더니 불에 그슬린 채로 줄행랑을 쳐서 휴게소까지 뛰어 왔습니다. 그래서 여주휴게소가 그 미친 개 한 마리 때문에 난리가 났단 말입니다. 그 개가 불에 타다 갑자기 살아났으니 앞뒤가 보이겠습니까? 그러니 완전히 헛가닥해서 미친 짓을 하고 다녔던 것입니다.

그러므로 하나님도 왜 제물의 가죽을 벗기라고 하셨겠습니까? 만약에 소가죽, 염소 가죽을 벗기지 않고 번제단 불 위에 잘못 올려 놓았다가 꿈틀거리기라도 한다고 합시다. 만에 하나 미친 개 같은 행동을 한다고 합시다. 그러면 미친 개보다 미친 소가 더 무섭습니다. 뿔로 번제단을 받고 제사장도 받아 버릴 것이 아닙니까? 그러면 제사장이 갈비가 나가 버리고 엉덩이도 나가 버리고 맙니다. 또 심장이 터지고 창자가 터져 버립니다. 그러면 온 성전과 회막과 성소가 난리법석이 될 것이 아니겠습니까?

오늘날 교회도 마찬가지입니다. 왜 그렇게 교회가 시끄럽습니까? 언제 시끄러운지 아세요? 각종 회의를 할 때 시끄럽습니다. 무슨 의사 결정을 할 때 왜 그렇게 난리 피우는 사람도 많고 말썽을 피우고 막 소리를 지르는 사람이 많습니까? 노사 분규(?) 때문에 그런다는 것이 아닙니까? 장로 노, 목사 사, 노사 분규가 일어나서 교회마다 이렇게 시끄럽다는 것입니다. 목사들이 모인 곳에는 안 그런 줄 아십니까? 교회는 당회나 제직회 때만 시끄러운 것이 아닙니다. 노회나 총회를 가도 마찬가지입니다. 목사님들도 소리 지르는 사람, 막 몸싸움을 하는 사람, 얼마나 난리인지 모릅니다. 그런 것을 보면 하나님 생각은 전혀 안 하는 것 같습니다. 좀 하나님 생각도 하고 성령님 감동을 따르면 얼마나 좋겠습니까?

그런데 하나님 생각, 교회 체면 이런 것은 생각도 안 합니다. 자기 자신의 기득권을 위해서 막 소리를 지르고 그것을 관철시키려고 몸싸움을 하다가 그게 안 되면 결국 언론에 제보를 합니다. 그래 가지고 교회 체면을 떨어트리고 온갖 교단과 총회, 교계의 위신을 보통 떨어트린 것이 아닙니다. 그러다가도 안 되면 결국 법정 고소로 갑니다. 왜 그런 줄 아십니까? 다 자기가 덜 죽었기 때문입니다.

예배시간에는 다 죽은 사람처럼 보입니다. 성찬식을 할 때는 더 죽은 사람처럼 보입니다. 그러나 죽은 것이 아니었습니다. 죽은 체할 뿐이었습니다. 잠시 기절한 것처럼 보일 뿐이었습니다. 왜냐하면 아직도 가죽이 안 벗겨져서 그렇습니다. 그래서 갑자기 회의 때만 되면 부활하고 갑자기 싸움을 할 때가 되면 살아나서 난리를 피웁니다. 몸싸움을 하며 소리를 지르고 난리를 칩니다.

우리 성도들도 보통 때는 죽은 것처럼 보입니다. 죽은 체합니다. 그리고 예배 시간에는 완전히 기절해 버렸습니다. 그런데 우리의 삶의 현장에서 성령의 감동이 옵니다. "사명을 감당해라, 헌신을 해라, 너도 희생의 제물을 드려라, 번제를 드려라" 그럴 때 갑자기 옛 사람이 살아나는 겁니다. 갑자기 옛 사람이 부활해서 헌신을 할까 말까 주저하게 되고, 그러다가 스스로 시험에 들 때가 있지 않습니까? 스스로 시험에 들어 꼴갑을 떨고 육갑을 떨지 않습니까?

어느 신앙이 경건하고 인품이 고매하기로 유명한 장로님 한 분이 담임목사님의 회갑연에서 예배 사회를 맡았습니다. 그런데 워낙 많은 사람들이 모이고 중요한 자리여서 긴장을 너무 많이 한 것입니다. 기도를 하는데 갑자기 회갑이라는 말이 생각나지 않아서 이렇게 시작했다고 합니다. "존경하는 담임목사님의 육갑을 맞이해서……." 그러므로 우리는 절대로 영적으로 육갑을 떨지 맙시다.

이렇게 제례자가 제물의 가죽을 벗깁니다. 그러면 그 가죽은 어떻게 처리가 됩니까? 그 가죽은 어디에 쓰여지고 또 누가 그것을 갖게 되느냐 말입니다. 그것은 바로 제사장의 몫이 되었습니다.

레 7:8 사람을 위하여 번제를 드리는 제사장 곧 그 제사장은 그 드린 번

제물의 가죽을 자기가 가질 것이며

번제는 모든 제물을 하나님께 태워 드리는 제사입니다. 소제나 화목제나 속죄제나 속건제는 제사장이 일부를 먹거나 다 먹습니다. 화목제 같은 경우는 제례자도 함께 먹습니다. 그러나 번제는 절대로 그렇지 않습니다. 온전히 모든 제물을 다 태우고, 모든 제물을 다 불살라서 하나님 앞에 향기로운 제사로 드립니다. 그러니까 이 번제에서는 제사장이 얻어먹을 것이 하나도 없습니다. 백성들이 번제만 드리면 제사장은 하나도 얻어먹을 것이 없습니다. 번제는 하나님 앞에 전적으로 다 드려야 했기 때문입니다.

가죽은 제사장의 몫

그러나 하나님은 번제에도 당신의 사랑하는 종, 제사장들을 배려해 주시는 부분이 있었습니다. 그 배려는 바로 제물의 가죽을 제사장에게 주는 것입니다. 소가죽이 되었든지 양가죽이 되었든지 염소 가죽이 되었든지 그 가죽을 제사장이 갖도록 했습니다. 그걸 팔아서 생계수단으로 삼으라고 말입니다. 요즘도 소가죽, 양가죽이 얼마나 비쌉니까? 당시에는 더 가난한 시대니까 소가죽, 양가죽이 그리 싸지는 않았을 것입니다. 그 소가죽, 양가죽을 팔아서 제사장은 생계수단을 삼았습니다. 사랑하는 자녀들 교육도 시키고 또 제사장의 아내가 살림을 하는 데 요긴하게 썼을 것입니다.

얼마나 감사한 일입니까? 하나님은 제사장이 번제에서까지도 수고의 대가를 차지하도록 했습니다. 아무리 번제가 전적으로 하나님께 드려지고 모든 제물을 하나님께 태워 드렸다 하더라도 가죽만큼은 제사장의 몫이 되도록 하나님께서 배려해 주셨습니다. 저는 이 말씀이 얼마나 은혜가 되고 또 큰 위로가 되는지 모릅니다.

제가 집회를 가면 사례비를 받는 때가 가장 부담스럽고 어색했습니다. 특별히 연합집회나 신학교 같은 곳에 집회 가서 거의 사례비를 받아온 적이 없는 것 같습니다. 오히려 교회에 돈을 갖다 주고 설교했습니다. 또 우리 교회에서 헌신예배를 드릴 때도 기관에서 은혜 받았다고 사례비를 주지 않습니까? 그런데 그것 받는 게 그렇게도 어색할 수가 없습니다. 그래서 간혹 받을 때도 조금 있었지만 거의 못 받았습니다. 우리 장로님들이 주는 거야, 서로 허물이 없으니까 그냥 고맙습니다, 하고 받기도 합니다.

그런데 제가 이 말씀을 연구하면서 '이제는 받아야 되겠구나, 연합집회를 가서도 받아야 되겠구나, 신학교 가서도 받아야 되겠다'라고 생각했습니다. 그리고 '우리 교회 헌신예배 때도 각 기관에서 주는 것 받아야 되겠다'라고 생각했습니다. 그래야 저도 가난하지 않게 살 것이 아닙니까? 저도 우리 마누라 갖다 주면 대우 받고 살 것이 아니겠습니까? 하나님이 모든 제물을 받으시고 모든 고기를 향기로운 제물로 받으시지만 그러나 가죽만큼은 하나님이 제사장에게 주셨다는 것을 알아야 합니다.

"가죽은 제사장의 것이라……" 제가 이 말씀 가지고 얼마나 은혜를 받았는지 모릅니다. 성도들도 이 말씀이 은혜가 되어야 합니다. 그런 의미에서 진짜 살아 있는 목회자는 성도들의 가죽을 잘 벗겨야 하는 것 같습니다. 그런 의미에서는 성도들로 하여금 진짜 번제물이 되도록 하는 목회를 해야 합니다.

가죽을 벗기는 목회

목회가 무엇입니까? 제가 보니까 진짜 목회는 말씀의 칼로 또 성령의 검으로 성도들을 하나님께 온전한 제물로 드려야 합니다. 다시 말하면 말씀의 칼과 성령의 검으로 성도들 속에 있는 옛 사람을 도살해야 합니다. 그래서 하나님께 온전한 제물로 드려야 합니다. 그러기 위해서 목사는 성도들의 옛 사람의 가죽을 잘 벗겨야 합니다. 마음의 할례를 잘 행해야 합니다. 그래야 성도들이 온전한 번제의 제물로 하나님께 드려지게 되고 또 성도들 역시 하나님이 기뻐하시는 영적 제사를 드리게 됩니다. 그래서 사도 바울은 이렇게 말하지 않았습니까?

> 롬 12:1 그러므로 형제들아 내가 하나님의 모든 자비하심으로 너희를 권하노니 너희 몸을 하나님이 기뻐하시는 거룩한 산 제물로 드리라 이는 너희가 드릴 영적 예배니라

이런 목회자가 행복한 목회를 할 수 있습니다. 또 소신껏 목회를 할 수 있습니다. 그러나 목사가 말씀의 칼과 성령의 검은 사용하지 않고

맨날 옛 사람의 마음이나 비위만 맞춥니다. 그러면 어떻게 됩니까? 맨날 성도들 눈치나 보고 성도들이 하자는 대로 따라하게 됩니다. 세상의 트렌드와 성도들의 요구대로 목회를 할 수밖에 없고 설교도 그런 마음과 비위를 맞추는 식으로 하게 됩니다. 그러다가 나중에 성도들과 비위장이 뒤틀리면 교회에서 쫓겨나 버리는 것이 아닙니까?

얼마나 목회가 아슬아슬하고 초조하겠습니까? 그리고 얼마나 그 목회자의 마음은 여유가 없고 두려움으로 가득하겠습니까? 그러나 목회자가 가죽 벗기는 목회를 잘 할 때, 목회자는 아주 행복합니다. 소신껏 목회할 수 있습니다. 힘있게 목회할 수 있습니다. 가죽을 잘 벗기는 목회자는 언제나 목회가 평안하고 행복하고 풍요롭게 됩니다.

그러므로 평생 하나님 앞에 거룩한 산 제물이 되어야 합니다. 그래서 언제나 하나님께 영적 제사를 잘 드려야 합니다. 그러기 위해서 옛 사람의 가죽을 잘 벗겨야 합니다. 옛 사람의 정욕과 생각의 껍데기를 잘 벗겨야 합니다. 정말 흉물 중의 흉물인 뱀도 허물을 잘 벗어야 알도 베고 새끼도 낳지 않습니까? 하물며 우리가 옛 사람의 허물을 벗지 않고 옛 사람의 껍데기를 벗지 않고 어떻게 온전한 하나님의 제물이 될 수 있겠습니까? 어떻게 하나님께 향기로운 제사로 드려질 수 있겠습니까? 그러므로 마음의 가죽, 옛 사람의 가죽을 잘 벗겨야 합니다.

6. 제례자는 제물을 부위별로 각을 떠야 했습니다.

레 1:6 그는 또 그 번제물의 가죽을 벗기고 각을 뜰 것이요

레 1:12(상) 그는 그것의 각을 뜨고……

제물의 가죽만 벗겼다고 되는 것이 아닙니다. 제례자는 가죽을 벗긴 후에 제물을 부위별로 토막을 내야 했습니다. 왜 제례자가 각을 떠야 했는지 아십니까? 그 이유는 제물이 번제단의 장작불에 잘 태워지기 위해서였습니다. 그래서 그 번제물이 하나님께 온전히 드려질 수 있었습니다. 제물이 부위별로 잘 쪼개져서 번제단에 태워져야 온전히 잘 탈 것이 아닙니까? 만약에 각을 뜨지 않고 통째로 번제단에 올려놓으면 아무리 장작불이 잘 타도 제물이 온전히 타지 못하고 연기만 날 가능성이 많습니다. 그래서 제물을 부위별로 각을 떴습니다.

[그림 12]
조각을 냄(니투아흐)

옛날 화장터를 가보신 적이 있습니까? 요즘이야 화장 시설이 잘 되어 있어서 2시간이면 다 태웁니다. 그러나 옛날에는 기름으로 태웠다 하더라도 시설이 발달되지 않아서 도중에 화장장이가 시체를 넣어놓은 문을 열어놓고 갈고리로 막 시체를 쑤셔 가지고 이리 젖고 저리 젓고

그랬습니다. 왜냐면 빨리 안 타기 때문이었습니다.

그런데 구약의 번제는 기름으로 태우는 것도 아니었습니다. 장작불로 번제물을 태웠습니다. 그러니까 각을 떠서 부위별로 번제단 위에 올려놓았던 것입니다. 그래야 그 번제물이 장작불에 잘 태워져서 하나님께 향기로운 냄새로 드려질 수 있었습니다.

레 1:9(하) ……제사장은 그 전부를 제단 위에서 불살라 번제를 드릴지니 이는 화제라 여호와께 향기로운 냄새니라

번제물로 죽으신 예수님

예수님께서 바로 십자가에서 이렇게 온전한 번제물로 죽으셨습니다. 온 부위가 각을 떠서 태워졌던 것처럼, 하나님께 온전한 번제의 희생 제물로 죽으셨단 말입니다. 그러므로 예수님께서 우리 구원을 위하여 십자가에서 온전한 번제물로 드려졌다면 우리도 예수 그리스도 안에서 이런 영적인 번제물처럼 하나님께 헌신의 제물로 드려져야 하지 않겠습니까? 그러기 위해서는 우리도 반드시 영적인 각을 떠야 합니다. 아마 구약의 제례자가 번제의 영적인 의미와 정신을 알았더라면 이런 심정으로 제물의 각을 떴을 것입니다.

"하나님, 사실은 제가 제물이 되어 죽어야 하고 각이 떠져야 하는데, 제가 이렇게 살아 있어서 죄송합니다. 그러나 제가 죽고 각을 뜨

는 마음으로 번제의 제사를 드립니다. 제 마음의 각을 뜨고 제 정욕의 각을 뜨는 마음으로 제물의 각을 뜨오니 이 각 뜬 제물이 번제단에서 하나도 남김없이 타서 하나님께 드려지기를 원합니다. 그리고 하나님은 이 번제의 제물을 향기로운 제사로 흠향하시고 받아 주시기를 원합니다. 제가 그런 심정으로 번제를 드리오니 하나님께서 정말로 기쁘게 흠향하시고 영광을 받아 주옵소서."

♪ 주여 나의 정성 나의 생명 드립니다
이 작은 나의 생명 나의 정성 다해
주님만을 위하여서 살기 원하오니
주여 잡아주소서 나를 잡으소서
주님만을 위하여 살게 하소서
아- 아- 불 같은 성령으로 충만케 하옵소서
환난이 와도 핍박이 와도 내 주만 위해 내가 살리라

오늘 우리도 예수 그리스도 안에서 하나님 앞에 스스로 각을 뜨는 제물로 드려져야 합니다. 누가 누구의 각을 뜬단 말입니까? 자기가 자기 제물의 각을 떠야 합니다. 우리 스스로 옛 사람이라고 하는 존재를 사정없이 죽여야 합니다. 죽일 뿐만 아니라 가죽도 벗겨야 합니다. 아니 가죽만 벗길 뿐만 아니라 토막까지 내야 합니다.

우리 옛 사람을 죽였으면 그걸로 끝나는 것이 아닙니다. 확인 사살까지 해야 합니다. 아니, 시체 부검까지 해야 합니다. 왜냐면 이놈의 옛 사람의 정욕과 정신이 언제나 하나님께 온전한 헌신을 못하게 하기 때문입니다. 이놈이 살아 있으니까 우리가 얼마나 하나님께 원망과 불평과 짜증을 냅니까? 아니 얼마나 교회에서 소리를 지르고 난리를 피웁니까? 얼마나 사역 현장에서 혼란케 하고 야단법석을 떱니까? 그래서 사도 바울은 이렇게 권면하지 않습니까?

롬 8:13-14 너희가 육신대로 살면 반드시 죽을 것이로되 영으로써 몸의 행실을 죽이면 살리니 무릇 하나님의 영으로 인도함을 받는 사람은 곧 하나님의 아들이라

그러기 때문에 사도 바울도 항상 날마다 죽는 경험을 했습니다. 날마다 십자가에서 자신의 옛 사람을 못 박고 껍데기를 벗기고 각을 뜨는 일을 반복하고 반복했습니다.

고전 15:31 형제들아 내가 그리스도 예수 우리 주 안에서 가진 바 너희에 대한 나의 자랑을 두고 단언하노니 나는 날마다 죽노라

그러므로 여러분도 언제나 하나님 앞에 스스로 각을 떠야 합니다. 하나님께 온전한 헌신의 제물로 드려져야 합니다. 우리의 예배와 삶, 모두가 향기로운 제물이 되어야 합니다.

♪ 내 마음에 주를 향한 사랑이
나의 말엔 주가 주신 진리로

나의 눈에 주의 눈물 채워주소서
내 입술에 찬양의 향기가
두 손에는 주를 닮은 섬김이
나의 삶에 주의 흔적 남게 하소서
하나님의 은혜가 영원히 함께 하리
십자가의 길을 걷는 자에게
조롱하는 소리와 세상 유혹 속에도
주의 순결한 신부가 되리라
내 생명 주님께 드리리

제례자가 하는 일은 바로 여기까지입니다. 그것도 번제의 경우에만 그렇습니다. 번제는 전적인 헌신의 제사이기 때문에 제례자가 여기까지 수고를 해야 합니다. 다른 제사에서 가죽을 벗기고 각을 뜨는 일은 제례자가 하지 않습니다. 반드시 제사장이 했습니다. 그러나 번제에서는 제례자가 해야 했습니다. 제례자가 자신의 온 마음과 헌신을 드리는 의미에서 말입니다. 그러면 이후에 어떻게 번제가 계속해서 드려집니까?

7. 제사장이 각을 뜬 제물 위에 소금을 뿌립니다.

모든 제사에는 제물 위에 반드시 소금을 의무적으로 뿌려 주어야 했습니다. 일반적으로 소금은 소제에만 뿌리는 걸로 알고 있는데 소금은 모든 제사의 제물 위에 뿌렸습니다. 이것은 유대 랍비들의 증언

일 뿐만 아니라 성경이 그렇게 말합니다. 그러므로 소금은 소제에만 뿌리는 것이 아닙니다. 모든 제물에 뿌립니다.

겔 43:24 나 여호와 앞에 받들어다가 제사장은 그 위에 소금을 쳐서 나 여호와께 번제로 드릴 것이며

유대 전통에 의하면 번제물을 번제단의 경사면 위에 올려놓고 소금을 뿌렸다고 합니다.[10]

[그림 13] 경사면에 올려놓고 소금을 뿌림(멜라흐)

이 소금은 언약의 소금을 의미한다

레 2:13 네 모든 소제물에 소금을 치라 네 하나님의 언약의 소금을 네 소제에 빼지 못할지니 네 모든 예물에 소금을 드릴지니라

10) Mishinah, Kodahim, Tamid 4:3.

언약의 소금은 무엇을 말합니까? 소금은 부패를 방지하는 재료입니다. 또한 음식의 맛을 계속 지속시키는 재료이기도 합니다. 그래서 고대 근동에서는 쌍방간에 계약을 체결하고 나서 그 체결한 계약을 확증할 때 계약 당사자들이 반드시 소금을 먹었다고 합니다. 또 쪼갠 짐승 위로 소금을 뿌렸다고 합니다.[11]

이렇게 함으로써 계약의 신실성, 불변성, 지속성을 고백하고 나타냅니다. 그러므로 제사장이 번제물에 소금을 뿌린 의미는 하나님과 언약 백성 사이에 언약은 정말로 불변하다는 사실을 나타내기 위한 것이었습니다. 그런 의미에서 모든 제물 위에 뿌렸던 소금을 언약의 소금이라고 했습니다.

민 18:19 이스라엘 자손이 여호와께 거제로 드리는 모든 성물은 내가 영구한 몫의 음식으로 너와 네 자녀에게 주노니 이는 여호와 앞에 너와 네 후손에게 영원한 소금 언약이니라

대하 13:5 이스라엘 하나님 여호와께서 소금 언약으로 이스라엘 나라를 영원히 다윗과 그의 자손에게 주신 것을 너희가 알 것 아니냐

그러므로 제사장이 당시 진짜 번제의 진정한 의미와 정신을 알고 소금을 뿌렸다면 이런 마음으로 뿌려야 했을 것입니다.

11) Rooker, Leviticus, 98. 민수기 18장 19절은 시내산 언약의 관점이고 역대하 13장 5절은 다윗 언약의 관점에서 설명한다.

"하나님, 이 제물 위에 언약의 소금을 뿌립니다. 왜냐면 당신은 언약의 하나님이시기 때문입니다. 그러므로 하나님은 반드시 제물의 주인 되시는 메시야를 보내겠다는 약속을 이뤄주실 줄로 믿습니다. 우리는 지금도 그 약속을 믿고 제물을 드리며 이 제물 위에 언약의 소금을 뿌립니다. 뿐만 아니라 당신은 언약의 하나님이시기 때문에 이 제사를 통하여 하나님과 언약 백성 사이에 언약관계가 더 돈독하게 될 줄로 믿습니다. 그리고 언약의 하나님께서 이 번제를 드리는 제례자에게 반드시 약속하신 복을 주실 줄로 믿습니다. 이렇게 비싼 수소를 드리고 숫양을 제물로 드리는 이 제례자에게 언약의 하나님께서 반드시 복을 주실 줄로 믿습니다."

언약의 소금을 치는 헌신

우리 하나님은 언약의 하나님이십니다. 그리고 그 언약의 하나님은 오늘도 우리가 드리는 예배와 모든 제물을 받으시고 언약관계를 돈독하게 해 주시는 분입니다. 그리고 우리에게 반드시 복을 주시는 분입니다. 그러므로 우리는 예배를 드리고 제물을 드리며 우리의 몸과 마음을 드릴 때마다 스스로 언약의 소금을 쳐야 합니다.

"아, 우리 하나님은 언약의 하나님이시다, 반드시 심은 대로 거두게 하시는 하나님이시다, 눈물로 씨를 뿌리면 반드시 기쁨으로 단을 거두게 하시는 하나님이시다. 결코 우리 하나님은 거짓말하시는 분이 아니다, 어떤 경우에도 만홀히 여김을 받거나 업신여김을 받는 분이 아니다. 하나님은 반드시 나의 헌신, 나의 희생, 나의 눈물을 받으시고 우리에게 모른 체하시는 분이 절대로 아니다. 하나님은 반드시 갚아 주신다, 반드시 보상해 주신다. 어떤 일이 있어도 하나님은 사기를 치시는 분이 아니다. 그러므로 나는 오늘도 하나님을 믿고 예배를 드린다. 나는 이 하나님의 신실하심과 선하심을 믿고 하나님께 헌신을 하고 제물을 드리고 있는 것이다."

진정으로 영적인 번제를 드리는 사람이라면 이런 고백을 하며 사명을 감당해야 합니다. 바로 이것이 오늘날 우리 모두가 하나님께 언약의 소금을 치는 행위이기 때문입니다.

우리가 드리는 예배, 하나님께 드리는 예물, 눈물겨운 헌신과 충성과 희생은 결코 사라지지 않습니다. 그냥 헛되게 여겨지지 않습니다. 하나님은 우리의 헌신과 희생의 예물을 받으시고 반드시 복을 주시는 분입니다. 당신의 언약을 더 신실하게 이루어주시고 역사해 주시는 하나님이십니다.

시 126:5-6 눈물을 흘리며 씨를 뿌리는 자는 기쁨으로 거두리로다 울며 씨를 뿌리러 나가는 자는 반드시 기쁨으로 그 곡식 단을 가지고 돌아오리로다

갈 6:7-9 스스로 속이지 말라 하나님은 업신여김을 받지 아니하시나니 사람이 무엇으로 심든지 그대로 거두리라 자기의 육체를 위하여 심는 자

는 육체로부터 썩어질 것을 거두고 성령을 위하여 심는 자는 성령으로부터 영생을 거두리라 우리가 선을 행하되 낙심하지 말지니 포기하지 아니하면 때가 이르매 거두리라

그러므로 언제나 하나님께 헌신할 때 그냥 하지 말고 언약의 소금을 치며 헌신해야 합니다. 우리가 충성을 하고 사명을 감당하고 희생할 때 그냥 하면 안 됩니다. 선한 마음으로만 하면 안 됩니다. 그냥 하나님을 사랑한다고, 또 교회가 어려우니까, 목사가 불쌍해서 연민의 마음으로 봉사하면 안 됩니다. 우리가 하나님께 봉사하고 충성하고 헌신할 때 입버릇처럼 하나님의 신실하심을 고백해야 합니다. 언약의 소금을 치면서 하나님께 헌신하고 충성해야 합니다. 언약의 소금을 뿌리며 사명을 감당해야 합니다.

"우리 하나님은 언약의 하나님이시다. 우리 하나님은 심는 대로 거두게 하시는 분이다. 눈물로 씨를 뿌리면 기쁨으로 단을 거두게 하시는 분이다. 우리 하나님은 어떤 경우도 거짓말을 하거나 만홀히 여김을 받는 하나님이 아니다. 어떤 경우도 업신여김을 받는 하나님이 아니다. 하나님은 오늘 이 시간도 나의 헌신, 나의 희생, 나의 눈물을 받으시고 반드시 갚아주신다. 반드시 보상해 주신다. 어떤 일이 있어도 하나님은 나에게 축복을 주실 것이다. 왜냐면 우리 하나님은 언약의 하나님이고, 신실하신 하나님이시기 때문에……."

♪ 하나님 한 번도 나를 실망시킨 적 없으시고

언제나 공평과 은혜로 나를 지키셨네
지나온 모든 세월들 돌아보아도
그 어느 것 하나 주의 손길 안 미친 것 전혀 없네
오 신실하신 주 오 신실하신 주
내 너를 떠나지도 않으리라
내 너를 버리지도 않으리라
약속하셨던 주님 그 약속을 지키사
이후로도 영원토록 나를 지키시리라 확신하네

그러면 이렇게 해서 번제가 끝납니까? 아닙니다. 그 다음은 어떻게 합니까? 다음 장에서 계속됩니다.

4장

번제로 하나님께 희생하라

"제사장 아론의 자손들은 제단 위에 불을 붙이고 불 위에 나무를 벌여 놓고 아론의 자손 제사장들은 그 뜬 각과 머리와 기름을 제단 위의 불 위에 있는 나무에 벌여 놓을 것이며 그 내장과 정강이를 물로 씻을 것이요 제사장은 그 전부를 제단 위에서 불살라 번제를 드릴지니 이는 화제라 여호와께 향기로운 냄새니라"(레 1:7-9)

모든 것에는 기본이 있습니다. 학문이건 운동이건 기술이건, 뭐든지 기본기가 있어야 합니다. 신앙생활은 더 그렇습니다. 그러므로 제사도 번제에 대해 잘 알아야 합니다. 왜냐하면 번제가 가장 기본적인 제사이기 때문입니다. 번제를 잘 알아야 다른 제사를 잘 이해할 수 있습니다. 번제를 잘 드리기 위해서는 흠 없는 온전한 제물을 하나님께 가져와야 합니다. 그리고 제물에 힘껏 안수하고, 그 제물을 처참하게 죽여야 합니다.

제사장은 제물의 피를 받아 번제단 사방에 뿌려야 했습니다. 그리고 나서 제례자는 제물의 가죽을 벗기고, 부위별로 각을 떠야 했습니다. 그런 후에 제사장이 각을 뜬 제물 위에 소금을 뿌렸습니다. 이제 그 다음으로 계속해서 할 일은 무엇입니까?

8. 제사장은 제단 위에 불을 붙이고, 나무를 잘 쌓아 놓아야 했습니다.

레 1:7 제사장 아론의 자손들은 제단 위에 불을 붙이고 불 위에 나무를 벌여 놓고

아론의 자손들, 곧 제사장은 제단 위에 불을 붙이고, 나무를 잘 벌여 놓으라고 했습니다. 아무리 짐승을 잘 잡아서 가죽을 벗기고, 각을 뜬다 할지라도, 각 뜬 제물을 잘 태워드리지 못하면 향기로운 제사가 될 수 없기 때문입니다.

그러므로 제사장은 이제 불을 붙이고, 나무를 잘 쌓아야 했습니다. 여기에서부터 반드시 제사장이 해야 합니다. 제사장이 그렇게 해야 제물이 잘 타기 때문입니다. 이때 제사장은 나무를 박스 형태의 격자로 쌓아야 했다고 합니다.[12] 그래야 나무에 불이 잘 붙고, 제물이 잘 타기 때문입니다.

[그림 14] 번제단의 나무 쌓는 방법

이 나무는 이스라엘 백성들이 바치는 반 세겔의 성전세로 충당했습니다. 이스라엘의 백성들 중, 20-50세의 성인들은 항상 의무적으로 반 세겔 성전세를 내야 했습니다.

출 30:11-16 여호와께서 모세에게 말씀하여 이르시되 네가 이스라엘 자손의 수효를 조사할 때에 조사 받은 각 사람은 그들을 계수할 때에 자기의 생명의 속전을 여호와께 드릴지니 이는 그것을 계수할 때에 그들 중에 질병이 없게 하려 함이라 무릇 계수 중에 드는 자마다 성소의 세겔로 반 세겔을 낼지니 한 세겔은 이십 게라라 그 반 세겔을 여호와께 드릴지며 계수 중에 드는 모든 자 곧 스무 살 이상 된 자가 여호와께 드리되 너희의 생명을 대속하기 위하여 여호와께 드릴 때에 부자라고 반 세겔에서 더 내지 말고 가난한 자라고 덜 내지 말지며 너는 이스라엘 자손에게서 속전

12) Mishinah, Kodahim, Tamid 2:4.

을 취하여 회막 봉사에 쓰라 이것이 여호와 앞에서 이스라엘 자손의 기념이 되어서 너희의 생명을 대속하리라

반 세겔은 얼마의 가치가 있는 것일까요? 예수님 당시 반 세겔은 헬라 화폐 두 드라크마에 해당되었다고 합니다. 당시 한 드라크마를 가지고 양 한 마리를 샀다고 하니까 두 드라크마로는 양 두 마리를 살 수 있었던 것입니다. 그리고 다섯 드라크마를 주면, 황소 한 마리를 샀다고 합니다. 그러므로 반 세겔은 양 두 마리 값이었습니다. 이스라엘 백성들 중 남자 성인이라면 의무적으로 반 세겔의 성전세를 냈습니다. 이것을 가지고 상번제의 제물, 나무, 기름, 포도주 등을 구입하고, 성전 건물 관리까지 했습니다.

상번제를 드리지 않으면

이스라엘에서는 성전에서 매일 상번제를 드렸습니다. 오전에 한 번, 오후에 한 번 드렸습니다. 이것은 성도가 자발적으로 제물을 드리지 않아도, 당직 제사장이 늘 오전과 오후에, 양 한 마리씩 번제로 드렸습니다.[13] 만약 상번제를 드리지 않으면 큰일 납니다. 그렇게 되면 제사장이 저주를 받는 것은 물론이요, 나라 전체도 저주를 받게 되어 있습니다. 하나님이 이 상번제를 받으시고, 이스라엘에 복을 주시기 때문입니다.

---

13) 출 29:38-42.

한편으로 생각해 보면, 솔직히 얼마나 아깝겠습니까? 매일 양 두 마리가 죽어 나가는 것입니다. 누가 와서 헌신하고 제물을 드리지도 않는데, 매일 양 두 마리가 상번제로 드려진단 말입니다. 이스라엘에 가난한 사람이 얼마나 많았겠습니까? 구제받을 사람이 얼마나 많았겠습니까? 그냥 그 양을 그 가난한 사람에게 주면 얼마나 좋겠습니까? 밥도 못 먹는 사람이 있는데, 그들에게 양 한 마리를 주면 그 가족이 며칠을 먹고 살 수 있지 않겠습니까?

그러나 하나님은 상번제를 끊지 말라고 하셨습니다. 후대에 그 상번제가 끊어지는 날, 이스라엘이 바벨론에 의해 멸망을 당했습니다. 하나님은 이 상번제를 통해, 하나님께서 얼마나 번제의 제사를 기뻐하시는가를 교훈해 주셨습니다. 그렇습니다. 우리 하나님은 제사를 가장 기뻐하셨습니다. 우리 하나님의 관심은 제단에 있었습니다.

오늘날도 우리 하나님이 우리를 통해 가장 기뻐 받으시는 것이 예배이고 예물이며, 헌신이라는 사실을 알아야 합니다. 오늘날, 교회에서 예배를 위해 투자하는 어떤 것도 아깝지 않음을 알아야 합니다. 어떤 목사님은 성가대를 운영하면 돈만 많이 든다고 성가대를 세우지 않습니다. 대신 그 돈으로 구제하고, 가난한 사람을 도와줍니다. 그러나 저는 절대로 그렇게 생각하지 않습니다. 정말 예배를 위해 투자하는 그 어떤 것도, 하나님이 기뻐하시는 찬양을 위해 투자하는 그 어떤 것도, 하나님 앞에서 아깝게 생각해서는 안 된다고 생각합니다.

어떤 사람은 예배당을 크고 화려하며 웅장하게 짓는 것을 비판합니다. 그런데 그 예배당을 자신의 목회 업적과 과시를 위해 짓는다면 문제가 있지만, 하나님께 영광 돌리고, 예배 잘 드리기 위해서 화려하고 웅장하게 짓는다면, 그것은 절대 비판받아서는 안 됩니다.

성전을 위한 헌신의 땀과 눈물

어떤 분은 교회 안에 꽃꽂이를 하고, 영상시설을 최신식으로 하며, 음향시설을 잘 하는 것을 비판합니다. 그것은 잘못된 생각입니다. 우리가 하나님께 예배 잘 드리고, 찬양 잘하며, 좋은 시설에서 예배드리는 것이 뭐가 잘못되었습니까? 설교가 잘 전달이 되고, 좋은 분위기에서 예배드리는 것이 뭐가 문제란 말입니까?

꼭 나쁜 시설에서 예배를 드려야 합니까? 아니, 에어컨 틀고, 좋은 실내 인테리어와 멋진 음향 속에서 예배드리는 것이 꼭 나쁜 것입니까? 이렇게 시원한 분위기에서, 더 신령과 진정으로 예배드리면 좋지 않을까요? 꼭 우리가 깡통 교회와 비닐하우스 같은 데서, 땀을 뻘뻘 흘리며 예배를 드려야 하나님이 기뻐하시겠습니까? 저는 예배당 지을 돈도 하나님이 따로 주시고, 선교할 돈도 따로 주신다고 믿습니다. 구제할 돈도 따로 주시고, 예배드리는 데 써야 할 돈도 따로 주신다고 생각합니다.

이스라엘 백성이 그랬습니다. 이스라엘 백성 중, 성인이라면 누구나 반 세겔의 성전세를 내야 했습니다. 그 성전세로 이런 상번제의 양을 구입했고, 번제에 쓸 나무와 마지막 전제로 드릴 기름을 구입했습니다. 그리고 포도주와 곡식가루 등을 구입했습니다. 이 모든 것을 바로 반 세겔의 성전세로 충당했습니다.

예수님도 이 땅에 계셨을 때, 반 세겔의 성전세를 내지 않았습니까? 돈이 없어서, 베드로에게 물고기를 잡아서 반 세겔을 내라고 하셨습니다.

> 마 17:27 그러나 우리가 그들이 실족하지 않게 하기 위하여 네가 바다에 가서 낚시를 던져 먼저 오르는 고기를 가져 입을 열면 돈 한 세겔을 얻을 것이니 가져다가 나와 너를 위하여 주라 하시니라

반 세겔을 드렸다고 해서 다 끝나는 것은 아닙니다. 하나님의 은혜가 감사하고, 주님을 더 사랑하는 사람들은, 온 가족이 '가족 헌신의 날'을 정해서 헌신했습니다. 그래서 온 가족이 산에 올라가 나무를 베고, 그것을 상번제를 드리는 데 사용하라고 헌납했습니다.

하나님과 성전을 위해, 그리고 거룩한 제사를 위해, 온 가족이 하루를 헌신했습니다. 이때도 남자가 대표성의 원리를 발휘해서, 온 가족들에게 권면을 합니다. "오늘 우리, 온 가족이 헌신해서 나무를 한 짐씩 하자! 그래서 이 나무를 하나님의 성전에 바치자!" 온 가족이 산으로 나무를 하러 갑니다. 한마디로 온 가족이 하나님의 성전을 위해

하루를 헌신합니다. 땀 흘려 열심히 나무를 해서, 성전에 바칩니다. 여러분, 얼마나 아름다운 모습입니까?

저는 이런 것을 목회에도 적용하고 싶습니다. 우리 교회도 '온 가족 헌신의 날'을 만드는 것입니다. 그래서 온 가족이 교회에 나와서, 화장실 청소도 하고, 교회 청소도 하고, 식당 봉사도 합니다. 교회 바닥을 닦기도 하고, 유리창을 닦기도 합니다. 아니면, 온 가족이 하루 날을 잡아서 아르바이트를 합니다. 그래서 그 수입을 하나님께 드립니다. 아니면, 온 가족이 교회에 나와서 '기도의 날'로 지키는 것입니다. 금식을 하면서 기도하든지, 아니면 몸을 드리면서 정결하게, 나실인의 헌신을 합니다.

그것도 아니면, 금요일에 기도원에 들어가서 철야기도를 하면서, 하루를 하나님께 기도하고 찬송하는, 헌신하는 날로 삼는 것입니다. 아니면, 기도원에 일할 것이 없나 보고, 오전에는 기도하고 오후에는 노동으로 봉사합니다. 얼마나 아름다운 모습입니까? 얼마나 아름다운 날입니까? 여러분도 이 책을 읽고 1년에 하루는 '온 가족 헌신의 날'로 정해 보시기 바랍니다. 하루를 하나님 앞에, '온 가족의 헌신의 날'로 드려보시기 바랍니다.

부정한 나무와 살아 있는 나무

나무를 할 때, 정말 조심해야 할 것이 있습니다. 절대로 부정한 나무를 베어서 성전에 갖다 바쳐서는 안 됩니다. 부정한 나무가 어떤 나무입니까? 나무에 벌레가 구멍을 파고 들어가 있다든지, 송충이 같은 벌레가 기어 다니는 나무입니다. 그리고 제례자가 나무를 벨 때 뱀이 나무 위에 있거나 까마귀나 독수리들이 앉아 있는 나무를 본 것도 안 됩니다. 그리고 죽어 있는 나무나 고자배기 같은 나무도 절대 안 됩니다. 정말 부정한 새나 벌레가 앉아 있지 않는 나무여야 되고, 살아 있는 싱싱한 나무여야 했습니다.[14] 그래서 벌레가 생기는 우기(아브월 15일째부터) 때는 나무를 베지 않았습니다.[15]

왜냐하면 이 나무는 하나님께 거룩한 제사를 드리는 데 사용되었기 때문입니다. 하나님은 정결하신 분이기에 나무도 정결해야 했습니다. 정말 모든 인간은 그 정결을 통해서만 하나님을 만나고, 에덴의 축복을 누릴 수 있기 때문입니다. 그래서 온 가족이 헌신하는 날을 할 때도, 정결한 나무를 베어다가 하나님의 성전에 드려야 했습니다. 그만큼 그들은 정결을 중요하게 생각했습니다.

우리 하나님은 참으로 정결을 기뻐하십니다. 그래서 어떤 경우도 부정한 사람은 하나님께 나아갈 수 없습니다. 정결을 통해서만 모든 인간이 하나님께 나아갈 수 있습니다. 그리고 그 정결의 유일한 방법

14) 하나님께 제사드릴 때 사용하는 나무를 이렇게 흠이 없고 부정함이 없는 것으로 사용한다. 따라서 신약의 성도들은 자신을 성결하게 하여 날마다 하나님께 거룩한 산 제사를 드리는 참된 제사자로 살아가야 한다.

15) Eliyahu Kitov, The Book of Our Heritage III (Feldheim Publishers. Jerusalem, 1997), 1029-1030.

이 하나님께 드리는 제사요, 제물이었습니다. 그런 의미에서, 우리 예수님이 이 땅에 오셔서 정결한 삶을 사셨고, 하나님께 정결한 제물로 드려지지 않았습니까?

우리도 예수 그리스도 안에서 언제나 정결한 삶을 살아야 합니다. 정결한 제물로 드려져야 합니다. 그러기 위해서는 먼저, 우리 마음이 성결해야 합니다. 우리 삶이 순결해야 합니다. 우리 자신이 깨끗한 그릇이 되고, 깨끗한 손과 발이 되어야 합니다. 그럴 때 우리가 정결한 제물을 드릴 수가 있습니다. 하나님 앞에 깨끗한 제물을 드릴 수 있단 말입니다. 그러므로 예수 그리스도 안에서 하나님의 은혜로 정결한 삶을 살아야 합니다. 우리의 삶이 깨끗해야 합니다. 우리의 마음과 몸이 정결해야 합니다. 그래서 우리 모두가 하나님 앞에 정결한 제물로 드려져야 합니다.

레 1:8 아론의 자손 제사장들은 그 뜬 각과 머리와 기름을 제단 위의 불 위에 있는 나무에 벌여 놓을 것이며

이처럼 제사장은 각을 뜬 제물과 머리를 번제단 위에 던져 불태웁니다. 유대 전통에 의하면, 이때 각을 뜬 제물도 아무렇게 놓지 않고, 짐승이 살았을 때의 모습대로 맞추어서 나무 위에 벌려 놓았다고 합니다. 그럴 때 하나님께 산 제물이 된다고 믿었기 때문입니다.

그런데 시편을 보면 이런 표현도 있습니다.

시 118:27 여호와는 하나님이시라 그 가 우리에게 빛을 비추셨으니 밧줄로 절기 제물을 제단 뿔에 맬지어다

[그림 15]
제물을 던져 넣음(아리카)

이 말씀의 의미는 밧줄로 제단의 제물을 묶어 놓으라는 말입니다. 왜냐하면 제물이 타다 밖으로 튀어 나갈 수 있기 때문입니다. 그러나 실제로 그런 제사제도나 실례는 없었습니다. 이것은 문학적 표현, 시적 표현이라고 할 수 있습니다. 그러므로 이 말씀의 교훈은 "제물은 하나님께 온전히 드려져야 한다, 성도는 언제나 제단 중심으로 살아야 한다, 목회자는 항상 성도를 제단 줄로 묶어놓아야 한다"는 의미로 해석할 수 있습니다. 주의 은혜가 항상 사슬이 되어 지켜줄 수 있도록 우리가 제단 줄에 꽁꽁 묶인 삶을 살아야 한다는 말입니다.

♪ 주의 귀한 은혜 받고 일생 빚진 자 되네
주의 은혜 사슬 되사 나를 주께 매소서
우리 맘은 연약하여 범죄하기 쉬우니
하나님이 받으시고 천국 인을 치소서

이때 반드시 각 뜬 제물과 함께, 내장에 덮인 기름도 제단 불에 던져야 했습니다. 왜냐하면 모든 제사에서 하나님은, 짐승의 제물의 기름을 아주 중요시했기 때문입니다. 우리 하나님은 제물의 기름을 매

우 중요하고 기쁘게 여기셨습니다. 왜 그러셨을까요?

하나님이 짐승의 기름을 좋아하신 이유

(1) 기름은 생명을 윤택하게 하는 에너지였기 때문입니다.

피가 생명의 근원이요 원천이라면, 기름은 생명의 에너지이고 생명을 윤택하게 하는 요소였습니다. 그래서 기름이 없으면, 짐승이 빼짝 말라 버립니다. 기름기가 있어야 기름지고 살도 찌며, 통통한 가축이 됩니다.

요즘은 우리는 잘 먹고 살기에, 대부분 몸이 기름집니다. 그래서 기름을 별로 중요하게 생각하지 않습니다. 그러나 옛날에는 기름이 얼마나 귀했는지 모릅니다. 제가 어릴 때만 해도, 워낙 고기를 못 먹으니, 읍내에 가서 짐승의 기름만 사다가 국을 끓여 먹었습니다. 그것도 가난한 집에서는 꿈도 못 꾸고, 부잣집에서 그랬습니다. 그 소고기 기름 사다가 무국을 끓여 먹으면 얼마나 맛있었습니까?

(2) 기름은 모든 생명에 있어서, 감정의 원천이라고 생각했기 때입니다.

고대 근동에서는, 기름을 감정의 원천으로 생각했습니다. 기름이 어디에 덮여 있습니까? 대부분 내장에 덮여 있습니다. 또 간이나 콩팥에 덮여 있었습니다. 특별히 간이나 신장 같은 기관 주변에, 기름이 끼어 있습니다. 그런데 고대 근동 사람들은, 내장이나 간, 콩팥 등이 감정의 원천이라고 생각했습니다.[16] 또한 내장 등에 붙어 있는 기름이 감정을 생기게 하고, 감정을 전달하는 하나의 기관이고 통로라고 생각했습니다. 우리나라에서도 속을 끓이고 신경을 쓸 때, 애간장을 태운다고 하지 않습니까? 우리가 속이 상하고 스트레스를 받을 때, 간장이 녹아나기 때문입니다. 그런데 바로 기름이 내장이나 간장, 콩팥 등에 많이 붙어 있었습니다. 그래서 하나님은 기름을 중요하게 여기고, 기름을 기쁘게 받으셨다는 것입니다.

가만히 보면 예수님도 이 땅에 오셔서, 하나님께 자신의 몸과 피를 다 드리셨습니다. 아니, 십자가에서 자신의 기름까지 다 드리셨습니다. 십자가에 죽으실 때, 얼마나 하나님께 애달픈 고백을 했습니까? "엘리 엘리 라마 사박다니……" "나의 하나님이여 나의 하나님이여, 어찌하여 나를 버리셨나이까?"

그러더니 우리 주님께서 피와 눈물을 다 쏟으셨습니다. 그리고 나서 주님께서 "내가 다 이루었다!" 하고, 죽으시지 않았습니까? 그뿐 아니라, 주님은 자신의 내장과 기름까지 다 쏟으셨습니다. 즉, 예수님의 행복한 감정까지 드렸습니다. "내가 다 이루었다." 이처럼 예수님은 너무나 행복하게 죽으셨습니다. 왜냐하면 하나님의 번제의 제물이 되어

---

16) 히브리어 כִּלְיָה(킬야)는 콩팥을 의미하며 인간의 감정과 애정의 처소라는 의미로 사용되기도 한다.

죽으셨기 때문입니다. 그리고 그 번제의 제물이 되어 우리 죄를 용서하시고, 당신의 백성들을 다 구원하셨기 때문입니다. 그래서 우리 예수님은, 육신은 고통스러웠지만 나중에는 가장 행복한 모습으로 죽으셨습니다. 자신의 행복한 감정을 주님 앞에 드렸습니다.

그러므로 오늘 우리도 내장과 기름까지 바쳐야 합니다. 예수 안에서 나 자신이 번제물로 헌신되고, 나의 피가 바쳐지고 가죽이 벗겨지며, 각을 떠서 번제단에 던져졌을지라도, 우리의 내장과 기름까지 따로 바쳐야 합니다. 생명의 근원이요 원천인 피를 하나님께 드렸다면, 동시에 우리는 하나님을 향한 사랑의 정열과 에너지를 드려야 합니다.

진실한 감정을 드려야 합니다. 우리의 사랑의 감정을 드리고, 애틋함을 드려야 합니다. 무조건 목숨 걸고 충성하며 헌신하는 것도 중요하지만, 우리의 정열과 에너지, 그리고 사랑의 애틋한 감정도 드리면서 하나님께 충성해야 합니다. 우리는 언제나 하나님이 기뻐하시는 사랑의 정열과 눈물도 드릴 수 있어야 합니다.

♪ 주 예수보다 더 귀한 것은 없네
이 세상 부귀와 바꿀 수 없네
영 죽을 내 대신 돌아가신
그 놀라운 사랑 잊지 못해
세상 즐거움 다 버리고 세상 자랑 다 버렸네
주 예수보다 더 귀한 것은 없네

예수밖에는 없네

10. 내장과 정강이는 반드시 물로 씻어서 드려야 했습니다.

레 1:9 그 내장과 정강이를 물로 씻을 것이요 제사장은 그 전부를 제단 위에서 불살라 번제를 드릴지니 이는 화제라 여호와께 향기로운 냄새니라

내장과 기름을 드리라고 했는데, 내장을 그냥 드리면 안 됩니다. 반드시 물로 씻어야 했습니다.

왜 내장을 씻어야 했습니까? 그곳에는 소화되지 못한 내용물이 있고, 더러운 배설물이 있기 때문입니다. 그래서 내장을 씻어서 드리라고 하였습니다. 하나님도 배설물을 싫어하시는 것 같습니다. 또한 정강이도 씻어 드리라고 했습니다. 왜냐하면 여기저기 돌아다니다 보면, 지저분한 것들이 묻어 있을 수 있기 때문입니다. 그래서 깨끗이 씻어서 깨끗한 제물로 드립니다. 이렇게 해서 불살라 드리면, 그것은 하나님께 향기로운 냄새로 드려집니다. 하나님께서 향기로운 제물로 기쁘게 흠향하십니다.

특히 여기에서 '내장'이라는 말은 히브리어로 '케레브'인데, 동물에게 쓰일 때는 '내장'으로 번역되지만, 사람에게 쓰일 때는 내장이 아니라 '속 마음', '속 중심'으로 번역되었습니다. 하나님께서 "사람은 외모를 보거니와 나는 중심을 본다!"고 하시지 않았습니까? 그때, '중심'이

[그림 16]
내장과 정강이를 씻음(히드하)

라는 말이 바로 '케레브'입니다 (삼상 16:7).

이 내장을 물로 깨끗하게 씻어서 하나님께 드리라고 하셨습니다. 깨끗한 제물로 드려야 하나님이 향기롭고 기뻐하는 제사로 받으시기 때문입니다. 그래서 먼 훗날 예수님께서도 이 땅에 오셔서, 십자가에서 하나님께 깨끗하고 순결한 제물로 드려지게 됩니다. 그리고 하나님께 모든 중심을 다 드리지 않았습니까? 즉, 예수님께서도 십자가 위에서도 하나님을 사랑하는 행복한 마음으로 제물이 되어 죽으셨습니다.

마찬가지로 우리도, 예수 그리스도 안에서 하나님께 깨끗한 제물로 드려져야 합니다. 그러기 위해 항상, 우리의 중심을 씻어내야 합니다. 하나님의 말씀의 물과 성령의 거룩한 물로, 항상 우리 중심을 씻고 씻어야 합니다. 번제물의 내장을 깨끗한 물로 씻어서 하나님께 드린 것처럼 항상 물을 가지고 우리 중심을 씻고, 또한 성령의 불로 우리 중심을 태워야 합니다. 아니, 우리의 감정도 그냥 드리지 말고, 거룩한 물로 씻어 드려야 합니다. 거룩한 말씀과 성령으로 씻은 정결하고 깨끗한 감정을 하나님께 드려야 한다는 말입니다.

뿐만 아니라, 짐승의 정강이도 씻어야 했습니다. 왜냐하면 이리저리 발로 뛰어다니다 보면 정강이에 온갖 더러운 것이 묻어 있을 수 있기 때문입니다. 마찬가지로, 우리도 정강이를 씻어야 합니다. 다시 말해 우리가 죄를 가장 빨리 짓는 손과 발을 항상 씻어야 한다는 말입니다. 또한 우리의 행위를 씻으란 말입니다. 그래서 우리의 몸과 마음을 하나님의 말씀과 성령으로 씻어서, 하나님께 산 제물로 드려야 합니다. 그래야 하나님께서 우리의 제사와 헌신을 기쁘게 받으시고 영광을 받으십니다. 항상, 주님의 말씀의 물과 성령의 생수로 중심을 씻어야 합니다. 날마다 우리의 마음을 씻고, 행위를 씻어야 합니다. 우리의 손과 발을 씻어야 합니다.

♪ 나 행한 것 죄뿐이니 주 예수께 비옵기는
나의 몸과 나의 맘을 깨끗하게 하옵소서
물 가지고 날 씻든지 불 가지고 태우든지
내 안과 밖 다 닦으사 내 모든 죄 멸하소서

하나님이 흠향하시는 향기로운 냄새

이렇게 제물을 제단불 위에 태워 드릴 때 하나님께서 향기롭게 흠향하십니다. 숯불 갈비집에서 고기를 구워 먹다가 고기가 숯불 위에 떨어지면, 고기 타는 냄새가 얼마나 고소하고 향기롭습니까? 그런데 번제단에서 황소나 염소 등이 각이 떠져서 통째로 불에 탄다면, 얼마나 그 냄새가 고소하겠습니까? 온 성전 일대가 고소한 냄새로 가득하게 될 것입니다. 그런데 하나님께서 그 냄새를 기가 막히게 여기셨습니다. 하나님께서 향기롭게 흠향하셨습니다. 그래서 성경은 말합니다. "이는 향기로운 냄새니라……."

레 1:9(하) ……제사장은 그 전부를 제단 위에서 불살라 번제를 드릴지니 이는 화제라 여호와께 향기로운 냄새니라

레 1:13(하) ……제사장은 그 전부를 가져다가 제단 위에서 불살라 번제를 드릴지니 이는 화제라 여호와께 향기로운 냄새니라

심지어는 조그마한 비둘기 예물을 하나님께 태워 드려도 향기로운 냄새라고 하셨습니다.

레 1:17 또 그 날개 자리에서 그 몸을 찢되 아주 찢지 말고 제사장이 그것을 제단 위의 불 위에 있는 나무 위에서 불살라 번제를 드릴지니 이는 화제라 여호와께 향기로운 냄새니라

물론 우리 하나님께서 고기 탄 냄새를 향기롭게 맡으신다는 것은 아닐 것입니다. 그러면 오늘날도 계속해서 짐승 제사를 드리라고 할 것이 아니겠습니까? 그것은 하나의 문학적인 표현입니다. 고기 타는 냄새가 향기롭고 고소한 것처럼, 하나님은 구약 시대 백성들이 정말 하나님을 사랑하고 순종하며 순결한 마음으로 제사를 드렸을 때, 그들의 순결한 마음과 신앙을 받고 기뻐하셨다는 것입니다. 그러니 언약 백성들의 순결한 신앙과 마음 자체를 향기로운 냄새로 받으셨다고

우리는 이해해야 합니다.

여기에서 향기롭다는 말은 히브리어로, '니호아흐'라는 말인데, "달래다, 진정시키다"라는 뜻을 가지고 있습니다. 무슨 말입니까? 바로 이 향기가 하나님의 진노를 진정시켜 주었다는 말입니다. 원래 우리가 어떤 존재였습니까? 하나님께 악취 나는 존재이지 않았습니까? 하나님을 매우 역겹게 하는 존재였습니다. 그래서 사도 바울은 우리를 하나님의 진노의 자녀요, 원수였다고 말했습니다.

엡 2:3 전에는 우리도 다 그 가운데서 우리 육체의 욕심을 따라 지내며 육체와 마음의 원하는 것을 하여 다른 이들과 같이 본질상 진노의 자녀이었더니

향기로운 제물이 되어

이런 이야기를 하기가 좀 뭐합니다만, 제가 가끔 서울역이나 영등포역에 노숙자들을 섬기러 갑니다. 거기서 설교도 하고, 방한복도 가져가며, 밥도 가져갑니다. 저희 교회가 그런 일을 가끔 했습니다. 그런데 솔직히 아무리 사랑하는 마음으로 그들 앞에 가더라도, 냄새나는 것은 좀처럼 참을 수가 없습니다. 아무리 좋은 마음으로 가도, 제 코는 진돗개 못지않게 냄새 맡는 능력을 갖고 있기에, 옆에 가면 냄새가 많이 납니다. 더구나 옆에 와서 반갑다고 인사를 하는데, 입 냄새가 얼마나 나는지 모릅니다. 더구나 옆에 와서, 침을 튀기면서 안아 달라

는 사람도 있습니다. 안아 주면 정말 냄새가 지독합니다.

제가 사랑하는 마음으로 끌어 안아 주는 거지, 인간적인 마음으로는 그렇게 하기가 쉽지 않습니다. 그런 사람을 계속해서 30명만 안아 주다 보면, 악취에 못 이겨서 토하게 될지도 모릅니다. 그런데 노숙자는 그만두고라도, 우리 가운데 그런 사람이 많습니다. 분명히 아침에 양치질을 했을 텐데, 왜 그렇게 냄새가 지독한지 모르겠습니다. 그 사람이 제 입에다 침을 튀기면서 말을 하면, 얼마나 역겨운지 모릅니다. 제가 멀리 피하면, 그것도 모르고 자꾸 가까이 다가오는 사람이 있습니다.

그래서 저는 혹시라도 남에게 그런 역겨움을 줄까봐, 양치질을 하루에 세 번씩 합니다. 그리고 항상 은단을 가지고 다닙니다. 누구에게 이야기할 일이 있으면, 꼭 은단을 서너 개씩 씹고 가서 이야기를 합니다. 왜냐하면, 그런 실례를 범하지 않기 위해서입니다. 여자와 데이트하는데 여자 몸에서 향수 냄새가 나야지, 더러운 악취가 나면 누가 그 여자에게 가까이 가겠습니까? 여자도 냄새 나면 가까이 안 갑니다. 하나님도 마찬가지입니다. 하나님께 드린 번제물이 더럽거나 거기서 악취가 나면, 하나님이 어떻게 받으시겠습니까?

우리의 예배와 헌신이 그렇습니다. 우리의 삶이 더럽고 예배에 악취가 나면, 하나님이 어떻게 받으시겠습니까? 오히려 역겨워하시고 토하시며 실망하십니다. 그래서 예수님도 언제나 하나님께 향기 나는 삶을 살았고, 향기 나는 제물로 십자가에서 죽으셨습니다.

> 엡 5:2 그리스도께서 너희를 사랑하신 것같이 너희도 사랑 가운데서 행하라 그는 우리를 위하여 자신을 버리사 향기로운 제물과 희생제물로 하나님께 드리셨느니라

예수님이 이 땅에 오셔서 역겨워하시고, 멀미날 정도로 싫어하셨던 사람들이 있었습니다. 그 사람들은 바로 바리새인들과 서기관들이었습니다. 그래서 예수님은 이 땅에 오셔서 그들을 가장 많이 비판하시고 공격하셨습니다. 그런데 오늘 우리가, 바리새인들과 서기관 같은 삶을 살아서야 되겠습니까? 우리의 예배와 기도와 헌신이, 바리새인들의 그것과 같아서야 되겠습니까? 오늘날 하나님을 여전히 멀미나게 하고, 역겹게 하는 사람에 불과합니다.

우리도 하나님께 향기로운 제물이 되어야 합니다. 향기 나는 예배를 드려야 하고, 향기 나는 헌신을 드려야 합니다. 우리의 삶이 향기가 넘쳐야 합니다. 그래야 하나님께서 우리의 삶을 영적인 예배로 받으시고, 우리에게 은혜를 베풀어 주십니다. 아니, 하나님의 진노와 격노를 푸시고, 당신의 재앙을 돌이키시며, 우리에게 복을 주십니다. 하늘 문을 여시고 우리에게 복을 주십니다.

노아의 번제의 향기가 진노를 그치다

하나님은 이 세상 사람들이 죄를 많이 지어서, 이 땅에 홍수의 심판을 내렸습니다. 그 중에서 노아와 그의 가족들만 긍휼함을 입고 방주에 들어갈 수 있었습니다. 그런데 방주에서 나와서 맨 먼저 한 일이 무엇이었습니까? 번제를 드린 것이었습니다. 그래서 하나님이 그 번제의 향기를 받으시고, 진노를 푸셨습니다. 그 번제를 통해 하나님이 노아와 그의 후손들에게 긍휼을 베푸시고, 재앙을 물리치셨습니다.

창 8:21 여호와께서 그 향기를 받으시고 그 중심에 이르시되 내가 다시는 사람으로 말미암아 땅을 저주하지 아니하리니 이는 사람의 마음이 계획하는 바가 어려서부터 악함이라 내가 전에 행한 것같이 모든 생물을 다시 멸하지 아니하리니

하나님께 드리는 번제는, 하나님의 진노를 진정시키고, 하나님의 긍휼을 일으켰습니다. 그래서 다시는 홍수 재앙을 주시지 않겠다고 약속하셨습니다. 그러므로 오늘날도 우리가 하나님께 번제를 잘 드리면, 하나님의 진노가 물러갑니다. 하나님의 재앙이 물러갑니다. 혹시라도 우리가 부지중에 잘못하고 범죄해서 하나님의 마음을 진노케 했다 할지라도 하나님께 우리가 온전한 번제를 드리고 순전한 예배를 드리면, 그 하나님의 진노를 사그라들게 할 수 있습니다.

왜냐하면 우리의 예배와 예물이 하나님의 마음을 진정시켜 주기

때문입니다. 하나님께 드리는 제물과 우리의 헌신이 하나님의 긍휼을 일으키기 때문입니다. 그러니 재앙이 물러가고, 하나님의 은혜와 긍휼과 축복이 올 수밖에 없지 않겠습니까? 그래서 우리는 언제나 남은 여생 동안 온전한 번제, 즉 하나님 앞에 전적으로 헌신하는 주인공으로 살아가야 합니다.

♪ 내 죄 속해 주신 주께 힘과 정성 다하니
나의 온갖 언행심사 주를 위한 것일세
내게 있는 모든 것을 주를 위해 바치리
내게 있는 모든 것을 주를 위해 바치리

나의 손과 발을 드려 주의 명령 행하고
오직 주만 바라보며 주만 찬양하겠네
항상 주를 찬송하며 주께 바치오리다
항상 주를 찬송하며 주께 바치오리다

불로 응답하신 하나님

하나님께서 회막문 앞에서 이렇게 모세에게 제사법을 가르쳐 주셨습니다. 그래서 모세가 성막을 건축한 후에 하나님이 가르쳐 준 제사법에 순종해서 제사를 드렸습니다. 그러자 하나님께서 번제단 위에서 하늘의 불로 응답해 주셨습니다. 원래 제사장이 불을 지피긴 지폈을 것입니다. 하나님께서 모세에게 먼저 불을 붙이라고 하셨기 때문입니다.

레 1:9(상) 그 내장과 정강이를 물로 씻을 것이요 제사장은 그 전부를 제단 위에서 불살라 번제를 드릴지니……

그런데 하나님께서 사람이 지핀 불과는 상대가 안 되게, 하늘의 불로 압도해서 모든 제물을 다 태워버리셨습니다. 불이 여호와 앞에 나와 제물을 태워버렸습니다.

레 9:24 불이 여호와 앞에서 나와 제단 위의 번제물과 기름을 사른지라 온 백성이 이를 보고 소리 지르며 엎드렸더라

하나님이 직접 불을 내려서, 즉 회막문 앞에서 불이 나와서 모든 제물을 불살라 버렸습니다. 이 모습을 본 모세와 제사장, 그리고 백성들이 얼마나 제사의 중요성을 깨달았겠습니까? "아, 하나님은 이렇게 제사를 기뻐하시는구나……. 이렇게 제물을 기뻐하시는구나……. 이런 징표를 당신의 불로 보여주셨구나……." 아마 이것을 깨달았을 것입니다.

얼마나 그들의 감격이 넘쳤겠습니까? 얼마나 가슴이 울먹거리고 눈시울이 뜨거웠겠습니까? 불로 응답하시고, 임재하시는 하나님 앞에서 말입니다. 이것은 바로 정성스럽게 제물을 드린 자만이 체험할 수 있는, 감격의 축복입니다. 정성스럽게 제단을 쌓고 제물을 드리며 예배를 드리는 사람만이 가지는 감격의 은총입니다. 우리가 이런 감격, 이런 울먹거리는 축복을 언제나 누리며 살아야 합니다.

그러면 이렇게 번제가 끝나는 것입니까? 아닙니다. 마지막 순서가 또 하나 남아 있습니다.

11. 마지막으로 제사장은 전제를 드립니다.

출 29:40-42 한 어린 양에 고운 밀가루 십분의 일 에바와 찧은 기름 사분의 일 힌을 더하고 또 전제로 포도주 사분의 일 힌을 더할지며 한 어린 양은 저녁 때에 드리되 아침에 한 것처럼 소제와 전제를 그것과 함께 드려 향기로운 냄새가 되게 하여 여호와께 화제로 삼을지니 이는 너희가 대대로 여호와 앞 회막문에서 늘 드릴 번제라 내가 거기서 너희와 만나고 네게 말하리라

'전제'는 히브리어로 '네세크'라고 하는데, '붓다'라는 뜻입니다. 그래서 전제는 "부어드리는 제사"입니다. 짐승이 제단 불 위에서 활활 타고 있습니다. 온 성전 뜰에 얼마나 향기로운 냄새가 가득했겠습니까? 그렇게 해서 제물이 거의 타갈 무렵에, 제단 위에 제사장이 포도주를 붓고 기름 섞은 고운 가루를 뿌리는데, 그것을 '전제'라고 합니다.

그러므로 전제는 독자적인 제사는 아닙니다. 제사가 끝나갈 무렵, 너무나 행복하고 즐겁게 제사를 드렸다는 의미에서, 포도주를 붓고 제물 위에 기름 섞은 고운 가루를 뿌립니다. "하나님, 저는 오늘 제물 드리길 정말 잘 했습니다. 저는 너무 행복하게 제사를 드렸습니다. 그러니 제 마음도 무척 즐겁습니다. 하나님도 이 제사를 기쁘게 받아주

셨으면 좋겠습니다."

이렇게 자신의 헌신이 매우 행복하고 즐겁게 끝났다는 의미에서 포도주를 붓고, 고운 곡식 가루를 소제로 드렸습니다. 그런데 포도주는 어디에 붓습니까? 유대 랍비들에 의하면, 번제단 남쪽 끝에 주전자 모양의 그릇이 부착되어 있었다고 하는데, 그 그릇에 포도주를 부었습니다.[17] 한없는 기쁨과 행복한 마음으로 말입니다. 또 올리브 기름을 섞은 고운 가루를 제물 위에 뿌립니다. 그러면 마지막 향기가 얼마나 진동하겠습니까? 바로 그 냄새를 맡고, 제사장과 제례자는 하나님께 이렇게 고백합니다.

"하나님, 이렇게 헌신하게 해 주셔서 감사드립니다. 오늘 제가 주님의 감동으로 이 제물을 드리게 되었으니 얼마나 행복한지 모릅니다. 오늘 제가 이 번제를 드릴 수 있어서, 너무나 행복하고 즐겁습니다. 저도 행복하고 즐거운데, 하나님은 얼마나 기쁘십니까? 그러니 저는 이 번뿐만 아니라, 다음에도 또 번제를 드리겠습니다. 계속 하나님께 제물을 드리고, 헌신하는 삶을 살겠습니다." 얼마나 아름다운 고백이고, 행복한 고백입니까? 예수님도 십자가에서 하나님께 마지막 전제를 드리셨습니다. 예수님이 처음에는 육신이 심히 고통스러웠지만, 나중에는 정말로 행복하게 죽으셨습니다. "내가 다 이루었다……. 아버지여, 내 영혼을 받으시옵소서……."

---

17) Yosef Israel, Colorful Ceremonies in the Beit Mikdash (Torah umesorah publications. New york, 1997), 52-55.

얼마나 행복한 고백과 마침입니까? 예수님이 이렇게 행복한 전제의 제사를 드리며 십자가에서 죽으셨다면, 오늘 우리도 그리스도 예수 안에서, 이런 전제의 제물을 하나님께 드려야 합니다. 그러니까 우리는 예배가 끝날 때까지 자리를 지켜야 합니다. 광고 시간에 나가면 안 됩니다. 예배 끝날 때까지 자리에 앉아서 이런 마음을 가져야 합니다. "하나님, 오늘 예배 드리기를 참 잘 했습니다. 축도도 받고, 행복하게 돌아갈 것입니다. 참 감사합니다."

우리가 하나님 앞에 큰 헌신을 하고 나서 시험 들어서는 안 됩니다. 아깝게 생각해선 안 됩니다. 전도사님이나 순장이 찔러서 드렸다고, 드리고 나서 속상해 해선 안 됩니다. "하나님, 제가 헌신하기를 매우 잘 했습니다. 제 마음이 너무나 행복합니다. 제 마음이 이렇게 행복한데, 하나님도 행복했으면 좋겠습니다. 하나님, 너무나 고맙습니다." 이런 마음으로 전제를 드려야 합니다.

그뿐 아니라 지금만 이렇게 예배를 드리는 것이 아니라, 하나님 앞에 가는 그날까지, 거룩한 영적 포도주를 따르고 기름 섞은 가루를 주님 제단에 드려야 합니다. "하나님, 예수 믿길 잘 했습니다. 평생 하나님만 섬기길 너무나 잘 했습니다. 저는 이렇게 행복하게 죽습니다. 행복한 마음으로 주님 앞에 갑니다." 이렇게 고백해야 하지 않겠습니까?

그래서 사도 바울은 뭐라고 고백하는가

딤후 4:6-8 전제와 같이 내가 벌써 부어지고 나의 떠날 시각이 가까웠도다 나는 선한 싸움을 싸우고 나의 달려갈 길을 마치고 믿음을 지켰으니 이제 후로는 나를 위하여 의의 면류관이 예비되었으므로 주 곧 의로우신 재판장이 그 날에 내게 주실 것이며 내게만 아니라 주의 나타나심을 사모하는 모든 자에게도니라

사도 바울이 죽을 때가 되었습니다. 그런데 자기가 전제의 제물로 드려졌다고 말합니다. 그러므로 우리도 인생의 끝을 잘 맺어야 합니다. 특별히 번제를 드리고 헌신을 한 다음, 맨 마지막에 전제의 제사를 잘 드려야 합니다. 행복하게 포도주를 부어야 합니다. 너무나 행복한 마음으로 소제의 가루도 드려야 합니다. 너무 행복하고 감사해서 하나님께 헌신할 뿐만 아니라, 주의 종도 잘 공궤하고 기쁨으로 대접해야 합니다. "목사님, 이렇게 헌신하게 해 주셔서, 너무나 감사합니다." 그런 행복한 전제의 성도들이 되어야 합니다.

♪ 내 주 예수 주신 은혜 한없건만
내 주 앞에 이 적은 것 다 드리니
주 예수여 내 정성을 받으소서

주 날 위해 그 귀하신 몸 버리사
이 내 몸을 피 값으로 사셨으니

내 생명도 주 예수께 바칩니다

그러면 이렇게 해서 번제가 다 끝납니까? 마지막으로 처리해야 할 중요한 일이 있습니다.

12. 이튿날 아침 일찍 제사장은 제물이 타고 난 재를 진영 밖으로 내다 버려야 했습니다.

레 6:9-11 아론과 그의 자손에게 명령하여 이르라 번제의 규례는 이러하니라 번제물은 아침까지 제단 위에 있는 석쇠 위에 두고 제단의 불이 그 위에서 꺼지지 않게 할 것이요 제사장은 세마포 긴 옷을 입고 세마포 속바지로 하체를 가리고 제단 위에서 불태운 번제의 재를 가져다가 제단 곁에 두고 그 옷을 벗고 다른 옷을 입고 그 재를 진영 바깥 정결한 곳으로 가져갈 것이요

광야의 회막에서나 예루살렘 성전에서는, 항상 아침 저녁으로 상번제를 드렸다고 하지 않았습니까? 번제의 헌신자가 있든 없든 간에 항상 오전과 오후에, 일 년 된 양 한 마리씩 상번제를 드렸습니다.

출 29:42 이는 너희가 대대로 여호와 앞 회막 문에서 늘 드릴 번제라 내가 거기서 너희와 만나고 네게 말하리라

바로 이 상번제는, 이스라엘이 하나님을 향해 충성과 사랑과 헌신

의 서약을 드리는 고백입니다. 그러나 이 외에도 번제의 헌신자가 오면 항상 상번제 위에 계속 번제물을 올려 태워 드렸습니다. 또 헌신자가 오면, 그 위에 올려 드리고, 또 헌신자가 오면 그 위에 올려 드리고……. 그러므로 예루살렘 성전에서는 제물이 타는 연기가 오르고 또 올랐습니다. 그리고 제물이 타는 고소하고 향기로운 냄새가 가득했습니다. 번제단의 제물은 계속 저녁까지 타고 다음날 아침까지 탔습니다.

이른 아침이 되면 제사장이 다 탄 번제물의 재를 긁어 모읍니다. 나무의 재도 긁어 모으고, 제물의 재도 긁어 모읍니다. 그리고 그 재를 통에 담아서 제단 동편 진영 밖에 버립니다. 이렇게 함으로써 그날의 번제가 다 끝나게 됩니다. 그리고 나서 아침에 새 번제물, 곧 상번제의 제물을 제단 위에 올립니다. 제사장이 제단 위의 재를 치우는 것도 얼마나 중요한 일인지 모릅니다. 만약 제사장이 타고 남은 재를 버리지 않고 성막 안에 그대로 두었다고 합시다. 그러면 어떻게 되겠습니까?

광야에는 바람이 얼마나 세게 부는지 모릅니다. 예루살렘도 얼마나 바람이 세차게 부는 곳인지 아십니까? 재가 이리 날리고 저리 날리지 않겠습니까? 그 재가 제사장의 옷을 더럽게 하고, 제사장의 얼굴에 붙으면 어떻게 되겠습니까? 더구나 그 재가 대제사장의 눈에 들어가 버린다고 생각해 보십시오. 얼마나 쓰리고 고통스럽겠습니까? 또 그 재가 성막 물두멍에도 들어가고, 또 성막 휘장에도 날아 다니다 묻고……. 그러면 어떻게 되겠습니까? 그러므로 재를 잘 처리해야 했습니다. 저 제단 동편 영문 밖으로 나가 멀리멀리 내다버려야 했습니다. 영문 밖이란 말은 이스라엘의 진영 밖이란 말입니다. 즉, 멀리 버렸다는 말입니다.

아무리 하나님이 기뻐하시는 제물도 태우면 재가 남게 되어 있습니다. 오늘날 아무리 우리가 깨끗한 신앙과 순결한 믿음으로 하나님께 헌신과 봉사를 해도 다 재가 남게 되어 있습니다. 육체를 가지고 있는 인간인 이상, 그리고 우리가 물질세계에 사는 이상, 재 찌꺼기가 나오게 되어 있습니다. 아무리 예배를 잘 드려도 타다 남은 재가 남게 되어 있습니다. 아무리 은혜로운 예배나 집회, 또 아무리 은혜로운 봉사와 헌신 후에도 재는 남습니다. 아무리 하나님께 헌신의 열정을 불사르고, 깨끗한 헌신을 해도 다 재가 있습니다.

재 없는 세상은 아무 데도 없습니다. 아무리 은혜로운 교회와 제단에도 재가 있습니다. 그런데 좋을 때는 재를 거기에 둬도 됩니다. 그런데 바람이 불어오면 문제가 됩니다. 환난의 바람, 시련의 바람, 시험의 바람이 불어오면, 그 재가 온 교회에 휘날리고, 온 성도들 사이를 날아다닙니다. 그래서 아무 것도 아닌 것 가지고 짜증을 내고 원망하며 시험 들지 않습니까? 아무 것도 아닌 걸 가지고 싸우고 난리입니다. 그러니까 제사장은 재를 처리해야 합니다.

우리가 신앙생활 할 때도 재를 처리하는 게 얼마나 중요한지 모릅니다. 아무리 은혜스럽게 봉사를 해도 재가 남습니다. 아무리 감동적으로 헌신을 해도 재가 남습니다. 그러니까 이것 가지고 절대 불평하지 마시고, 조용히 그 재를 쓰레기 통에 담아서 교회 밖에 버리는 게 얼마나 아름다운지 모릅니다. 앞장서서 남들이 칭찬하고 알아주는 봉사만 하는 것이 아니라 뒤에서 이름도 없이 빛도 없이, 재도 처리할 수 있어야 합니다. 교회를 섬기다 보면 이런 일들이 얼마나 많이 있습니까? 하나님이 아십니다. 기뻐하십니다. 위로하시고 복을 주십니다.

삶의 형편에 따라 다른 번제물

바로 여기까지 소의 번제를 드리는 방법을 말씀드렸습니다. 그러나 염소를 드리는 방법도 같습니다. 다만 비둘기를 드리는 방법만 조금 다릅니다. 그런 의미에서 우리 하나님은 좋으신 하나님입니다. 누구나 소나 양을 드리라고 하지 않으셨습니다. 경제적 형편에 따라서 상류층은 소를 드리고, 중산층은 염소나 양을, 가난한 자들은 비둘기를 드리도록 했습니다. 그래서 가난한 자들은 비둘기를 드렸습니다. 가난한 자도 번제를 통해 하나님 앞에 나오고, 하나님을 만날 수 있도록 배려해 주셨습니다.

그러나 제물을 드리는 데 있어서, 최상의 법칙과 최선의 법칙으로 드려야 한다고 했습니다. 부자가 소를 드려야 하는데 염소를 드리면 안 됩니다. 중산층이 양을 드려야 하는데 비둘기를 드려서도 안 됩니다. 최상의 법칙과 최선의 법칙으로 하나님께 나아가야 합니다. 오늘 우리도 하나님께 드리는 데 있어서 최선의 법칙으로 드려야 합니다. 최상의 법칙으로 드려야 합니다. 그래서 마게도냐 성도들도 힘에 지나도록 하나님께 드리지 않았습니까?

고후 8:1-3 형제들아 하나님께서 마게도냐 교회들에게 주신 은혜를 우리가 너희에게 알리노니 환난의 많은 시련 가운데서 그들의 넘치는 기쁨과 극심한 가난이 그들의 풍성한 연보를 넘치도록 하게 하였느니라 내가 증언하노니 그들이 힘대로 할 뿐 아니라 힘에 지나도록 자원하여

비둘기는 어떻게 번제로 드렸습니까? 비둘기를 여호와 앞에 가져오면 제사장이 목을 비틀어 죽였습니다. 그렇다고 해서 우리가 옛날 닭 모가지를 비트는 방법으로 비트는 것이 아니라 제사장이 오른손 엄지 손톱으로 비둘기의 목 뒤쪽에서부터 밀어서 끊어 죽였습니다. 그리고 나서 피는 제단 곁에 흘리고, 제물은 번제단 위에서 불살랐습니다. 아무리 가난한 사람이라도, 또 아무리 제물이 적다고 할지라도, 피는 번제단에 쏟아야 했습니다. 그래야 속죄가 되기 때문입니다.

레 1:15 제사장은 그것을 제단으로 가져다가 그것의 머리를 비틀어 끊고 제단 위에서 불사르고 피는 제단 곁에 흘릴 것이며

그런데 비둘기의 먹이 주머니와 내장, 그리고 똥집 같은 것들은 태우지 않고 재 버리는 통에 버려야 했습니다. 왜냐하면 비둘기가 뭘 먹었는지 모르기 때문입니다. 만약 콩이나 보리 같은 것을 먹었으면 괜

찮겠지만, 호리라도 부정한 벌레를 먹었을 수도 있기 때문입니다. 그래서 혹시 부정한 벌레나 더러운 것을 먹었을까봐, 그런 것들은 하나님께 드리지 않고 버렸습니다. 왜냐하면 하나님께 깨끗한 제물로 드려지기 위해서였습니다.

레 1:16 그것의 모이주머니와 그 더러운 것은 제거하여 제단 동쪽 재 버리는 곳에 던지고

비둘기는 몸집이 너무 작아서 각을 뜨지 않아도 되었습니다. 그리고 가죽을 벗기지 않아도 되었습니다. 대신 날갯죽지는 찢어야 했습니다. 완전히 다 찢진 않았지만, 그래도 찢어야 했습니다.

레 1:17 또 그 날개 자리에서 그 몸을 찢되 아주 찢지 말고 제사장이 그것을 제단 위의 불 위에 있는 나무 위에서 불살라 번제를 드릴지니 이는 화제라 여호와께 향기로운 냄새니라

왜 날개를 찢었을까요? 제물이 완전히 죽었음을 나타내기 위해서였습니다. 소나 양은 가죽을 벗기고, 각을 뜨지 않습니까? 그런 것처럼 비둘기도 완전한 죽음의 모습을 보여야 했습니다. 비둘기의 목을 비틀었다고 하더라도, 만에 하나 제단 위에서 푸드득거릴 수 있습니다.

만일 제물이 푸드득거리다 날아가 버리면 어떻게 되겠습니까? 아니, 날아가려고 하는 모양만 보여도, 그것은 하나님께 진정한 제물이

될 수 없습니다. 그래서 아예 날갯죽지를 찢어 버렸습니다. 새의 힘은 날개에 있습니다. 그러므로 날개를 찢어 버리면 아무것도 못합니다. 그래서 날개를 찢어서, 하나님께 온전한 희생 제물로 드리라고 했습니다.

온전한 제물이 되신 예수님

먼 훗날 예수님도 십자가 위에서 두 손과 발이 못 박혀 옴짝달싹을 못하고 죽지 않습니까? 날갯죽지가 찢어진 비둘기처럼, 우리 예수님도 온전한 제물로 하나님께 드려졌습니다. 마찬가지로 우리도 하나님께 온전히 죽어야 산 제물이 될 수 있습니다. 우리가 온전히 죽어야 하나님이 기뻐하시고, 하나님의 선하신 뜻이 드러나게 되어 있단 말입니다. 결코 우리의 수단과 능력으로 하나님을 섬기는 것이 아닙니다. 먼저 우리가 하나님께 죽어서 온전한 헌신의 제물이 될 때 하나님이 우리의 헌신을 받으시고, 우리를 통해 역사하십니다. 그렇게 될 때 우리를 능력 있게 사용하십니다.

오늘 우리도 하나님을 섬기면서, 우리의 날갯죽지를 찢을 필요가 있습니다. 우리의 날갯죽지를 찢어야 우리가 하나님 앞에서 까불지 않습니다. 우리는 하나님의 제단 앞에서, 절대로 까불어선 안 됩니다. 자기 능력을 자랑해서도 안 됩니다. 하나님은 교만한 자를 대적하시고, 겸손한 자에게 은혜를 주십니다.

그러므로 먼저 우리의 날갯죽지를 찢어야 합니다. 그리고 우리 자체를 하나님 앞에 거룩한 제물로 드려야 합니다. 절대로, 어떤 일이 있더라도, 하나님 앞에서 까불면 안 됩니다. 교만하면 안 됩니다. 자신의 능력을 과신하면 안 됩니다. "나는 못한다……하나님이 하셔야 한다……그리고 모든 영광을 하나님이 받으셔야 한다……." 그런 마음으로 나아가야 합니다. 하나님이 그 제물을 위대하게 받으시고 우리를 통해 하나님의 능력이 나타나고, 축복이 흘러가게 해 주십니다. 그래서 우리의 가정과 직장과 사업장에서 축복의 통로자가 됩니다.

♪ 너는 담장 너머로 뻗은 나무 가지의 푸른 열매처럼
하나님의 귀한 축복이 삶에 가득히 넘쳐날거야
너는 어떤 시련이 와도 능히 이겨낼 강한 팔이 있어
전능하신 하나님께서 너와 언제나 함께 하시니
너는 하나님의 사람 아름다운 하나님의 사람
나는 널 위해 기도하며 네 길을 축복할거야
너는 하나님의 선물 사랑스런 하나님의 열매
주의 품에 꽃 피운 나무가 되어줘

우리가 이렇게 온전한 번제를 드리면 어떻게 될까요? 먼저 하나님이 영광을 받으십니다. 그리고 매우 기뻐하십니다. 그래서 재앙과 저주가 물러가고, 우리에게 놀라운 축복이 옵니다. 노아의 번제를 통해 하나님은 그런 축복의 모델을 보여주셨습니다(창 8:21). 뿐만 아니라 하나님께서 여호와 이레의 축복을 주십니다. 아브라함이 모리아 산에서 이삭을 번제로 드리려고 할 때, 하나님께서 여호와 이레의 복을 주시지 않았습니까?

창 22:13-14 아브라함이 눈을 들어 살펴본즉 한 숫양이 뒤에 있는데 뿔이 수풀에 걸려 있는지라 아브라함이 가서 그 숫양을 가져다가 아들을 대신하여 번제로 드렸더라 아브라함이 그 땅 이름을 여호와 이레라 하였으므로 오늘날까지 사람들이 이르기를 여호와의 산에서 준비되리라 하더라

그러므로 이제부터 하나님께 영적 번제를 잘 드려야 합니다. 전적 헌신의 제사를 잘 드려야 합니다. 아주 온전한 헌신을 드려야 합니다. 순결한 헌신의 삶을 살아야 합니다. 그래서 재앙이 물러가고, 하나님이 예비해 놓으신 축복을 넘치고 풍성하게 받아 사는 축복의 삶이 되어야 합니다.

5장

소제로 충성을 고백하라

"누구든지 소제의 예물을 여호와께 드리려거든 고운 가루로 예물을 삼아 그 위에 기름을 붓고 또 그 위에 유향을 놓아 아론의 자손 제사장들에게로 가져갈 것이요 제사장은 그 고운 가루 한 움큼과 기름과 그 모든 유향을 가져다가 기념물로 제단 위에서 불사를지니 이는 화제라 여호와께 향기로운 냄새니라 그 소제물의 남은 것은 아론과 그의 자손에게 돌릴지니 이는 여호와의 화제물 중에 지극히 거룩한 것이니라 네가 화덕에 구운 것으로 소제의 예물을 드리려거든 고운 가루에 기름을 섞어 만든 무교병이나 기름을 바른 무교전병을 드릴 것이요 철판에 부친 것으로 소제의 예물을 드리려거든 고운 가루에 누룩을 넣지 말고 기름을 섞어 조각으로 나누고 그 위에 기름을 부을지니 이는 소제니라 네가 냄비의 것으로 소제를 드리려거든 고운 가루와 기름을 섞어 만들지니라 너는 이것들로 만든 소제물을 여호와께로 가져다가 제사장에게 줄 것이요 제사장은 그것을 제단으로 가져가서 그 소제물 중에서 기념할 것을 가져다가 제단 위에서 불사를지니 이는 화제라 여호와께 향기로운 냄새니라 소제물의 남은 것은 아론과 그의 아들들에게 돌릴지니 이는 여호와의 화제물 중에 지극히 거룩한 것이니라"(레 2:1–10).

소제의 의미

번제는 모든 제사의 기본입니다. 그러나 제사에는 번제만 있는 것은 아닙니다. '소제'도 있습니다. 번제는 짐승으로 제사를 드리는 것이지만, 소제는 곡식의 가루로 제사를 드립니다. 소제는 왜 드렸습니까? 무슨 목적으로 소제를 드렸단 말입니까? 소제의 이유나 목적 역시, 성경에서 정확하게 명시하고 있지는 않습니다. 그냥 소제를 드리라고 했으니 당연히 드려야 합니다. 다만 우리는 소제라는 단어의 뜻과, 성경 전반에 나타난 소제에 대한 내용을 통해 소제의 이유와 목적을 엿볼 수 있습니다.

소제는 히브리어로 '민하'라고 합니다. 이 말은 '선물', '예물', '공물'이라는 뜻입니다. 그러므로 소제는 언약 백성이 하나님께 너무 감사해서 드리는 일종의 헌물, 혹은 예물입니다. 원래 '민하'는 기본적으로 "어떤 사람이 자기보다 높은 사람의 호의와 친절한 사랑을 받기 위해 드리는 선물이나 예물"이라는 말로 쓰여졌습니다.

창 32:20-21 또 너희는 말하기를 주의 종 야곱이 우리 뒤에 있다 하라 하니 이는 야곱이 말하기를 내가 내 앞에 보내는 예물로 형의 감정을 푼 후에 대면하면 형이 혹시 나를 받아주리라 함이었더라 그 예물은 그에 앞서 보내고 그는 무리 가운데서 밤을 지내다가

창 43:11 그들의 아버지 이스라엘이 그들에게 이르되 그러할진대 이렇게

하라 너희는 이 땅의 아름다운 소산을 그릇에 담아가지고 내려가서 그 사람에게 예물로 드릴지니 곧 유향 조금과 꿀 조금과 향품과 몰약과 유향나무 열매와 감복숭아이니라

여기서 야곱이 형 에서에게 호의나 용서를 받기 위해 미리 예물을 보내지 않습니까? 그 예물을 '민하'라고 했습니다. 또 자기 아들이 애굽의 총리인지 모르고, 요셉에게 호의를 받고 친절한 사랑을 얻기 위해 가나안의 소산물을 예물로 보내지 않습니까? 바로 여기에서도 그 예물이 '민하'입니다.

또한 성경을 보면, '민하'라는 말은, "이미 받은 호의나 은혜에 감사하는 마음을 표현하기 위해 드리는 예물"이라는 의미도 있습니다. 생각해 보니, 받은 호의와 사랑이 너무 크기 때문입니다. 그것을 감사하기 위해 자발적으로 바치는 예물, 바로 그것을 '민하'라고 했습니다.

시 96:8 여호와의 이름에 합당한 영광을 그에게 돌릴지어다 예물을 들고 그의 궁정에 들어갈지어다

또한 성경을 보면, '민하'라는 단어가 '충성'을 맹세하는 의미로도 쓰여졌습니다. 특히 고대 근동에서는 종속국은 종주국에게 주종관계를 확인하고 충성과 헌신을 다짐하는 조공을 바쳤습니다.

왕상 4:21 솔로몬이 그 강에서부터 블레셋 사람의 땅에 이르기까지와 애

굽 지경에 미치기까지의 모든 나라를 다스리므로 솔로몬이 사는 동안에 그 나라들이 조공을 바쳐 섬겼더라

대하 17:11(상) 블레셋 사람들 중에서는 여호사밧에게 예물을 드리며 은으로 조공을 바쳤고……

솔로몬은 수많은 국가에서 충성을 맹세하는 조공(민하)을 받았고, 블레셋 놈들도 여호사밧 왕에게 충성을 맹세하는 의미에서 예물(민하)을 드렸다고 하지 않았습니까? 그런데 레위기에 와서는, 이 민하(소제)라는 말이 하나님께 곡식가루를 드리는 제사에만 국한해서 쓰여집니다. 또한 소제의 제사를 하나님께 드리는 기념물로 소개하고 있습니다.

레 2:2 아론의 자손 제사장들에게로 가져갈 것이요 제사장은 그 고운 가루 한 움큼과 기름과 그 모든 유향을 가져다가 기념물로 제단 위에서 불사를지니 이는 화제라 여호와께 향기로운 냄새니라

여기서 기념물이란 말은 히브리어로 '아즈카라'라고 하는데 '기억하다'라는 뜻의 자카르와 연관이 있습니다. 그러니까 제례자는 소제의 제물을 드릴 때 중요한 사실을 기억하게 됩니다. 그것은 하나님이 자기들의 구원자요, 왕이요, 주인이라는 사실입니다. 그걸 기억하며 하나님께 기념물을 드렸습니다.

그러므로 '소제'는 이렇게 정의할 수 있습니다. "소제란, 하나님을 그들의 구원자요, 왕이요, 주인임을 기억하면서 그 분의 은혜에 감사할 뿐만 아니라 그 분께 헌신과 충성을 다짐하는 마음으로 곡물로 드리는 제사"라고 말입니다. 그렇게 함으로써 하나님의 특별한 호의와 은혜를 받기 위함이었습니다. 바로 그것을 위해 하나님께 곡물로 예물을 드리고, 제사를 드렸습니다.

언약 백성들은 곡물로 하나님께 거룩한 소제를 드렸습니다. 하나님께서는 언약 백성들이 드리는 소제를 아주 기쁘게 받으시고 향기롭게 흠향하셨습니다. 뿐만 아니라 하나님은 소제를 기쁘게 받으시고, 제례자들에게 하나님의 특별한 호의와 은혜, 그리고 축복을 내리셨습니다. 재앙과 저주, 질병과 시험을 막아 주시고 그들의 기도에 응답하시며 소원을 이루어 주셨습니다.

소제의 향기, 진노를 달래다

이 소제에서 나오는 향기는 너 특별합니다. 하나님이 그 소제에서 나오는 향기로운 냄새를 맡으셨을 때, 그 냄새가 하나님의 진노와 격노를 달래 주었습니다. 그래서 미국 임마누엘 신학교의 구약학 교수였던 헐버트 로빈슨은, 소제를 이렇게 설명했습니다. "소제란, 하나님의 특별한 호의와 은혜를 받기 위해서, 스스로 자원하는 마음으로 드리는 제사이기에 시험과 질병과 저주를 막아주고 하나님의 특별한 은혜와 축복을 가져다 주는 제사이다." 그런 의미에서 모세는 광야에서 언제나 번제와 소제를 함께 드렸습니다.

출 40:29 또 회막의 성막 문 앞에 번제단을 두고 번제와 소제를 그 위에 드리니 여호와께서 모세에게 명령하신 대로 되니라

레 9:17 또 소제를 드리되 그 중에서 그의 손에 한 움큼을 채워서 아침 번제물에 더하여 제단 위에서 불사르고

그 결과 하나님은 광야의 모든 시험과 또 아슬아슬한 역경과 재난들을 다 막아 주셨습니다. 그 광야 40년 세월에 있어서 얼마나 아슬아슬한 위기가 많았습니까? 얼마나 처절한 시험도 있었습니까? 그러나 하나님은 모세의 번제와 화목제를 받으시고 그 모든 시험과 위기를 다 이기게 해 주셨습니다. 그러므로 우리도 소제의 정신이 깃들어 있는 예배를 드리고 그런 삶을 살아야 합니다. 언제나 하나님을 왕으로 모시고 주인으로 모시면서 미리 그 분께 충성을 다짐해야 합니다. 그 분께 헌신을 드리며 살아야 합니다. 그럴 때 하나님께서 시험의 때를 면케 해주시며 더 큰 은혜를 베풀어 주십니다.

그러나 이런 의미와는 달리 비둘기 한 마리도 못 사는 가난한 사람들을 위해 속죄제로 드려지는 특별한 소제도 있었습니다. 고운 가루 에바 1/10이면 밀가루 한 줌밖에 안 됩니다. 비둘기 값보다 훨씬 쌉니다. 그래서 하나님은 가난한 자들을 위해 특별한 속죄소제를 드리는 제도도 허락해 주셨습니다.

레 5:11-12 만일 그의 손이 산비둘기 두 마리나 집비둘기 두 마리에도 미치지 못하면 그의 범죄로 말미암아 고운 가루 십분의 일 에바를 예물로 가져다가 속죄제물로 드리되 이는 속죄제인즉 그 위에 기름을 붓지 말며 유향을 놓지 말고 그것을 제사장에게로 가져갈 것이요 제사장은 그것을 기념물로 한 움큼을 가져다가 제단 위 여호와의 화제물 위에서 불사를지니 이는 속죄제라

또 간음한 여인을 의심하는 의심의 소제도 있었습니다(민 5:11-31). 그러나 이런 특수한 목적의 소제를 제외하고는 레위기 2장에서 소개하고 있는 소제는 하나님께 드리는 기념제사의 의미가 강하다고 할 수 있습니다. 그런데 많은 신학자들이 소제는 광야에서는 안 드려졌다고 주장하는 것을 들었습니다. 민수기 15장을 보면, 첫 소산 첫 열매로 드리는 소제는 가나안 땅에 가서 가나안의 소산으로 드리라는 말씀이 있습니다.

민 15:17-21 여호와께서 모세에게 말씀하여 이르시되 이스라엘 자손에게 말하여 이르라 너희는 내가 인도하는 땅에 들어가거든 그 땅의 양식을 먹을 때에 여호와께 거제를 드리되 너희의 처음 익은 곡식 가루 떡을 거제로 타작 마당의 거제 같이 들어 드리라 너희의 처음 익은 곡식 가루 떡을 대대에 여호와께 거제로 드릴지니라

그래서 많은 사람들이 광야에서는 소제를 드리지 않았다는 것입니다. 왜냐하면 광야에서는 농사를 짓지도 않았으므로 첫 열매를 거둘

수도 없었기 때문입니다. 오직 하나님이 내려 주시는 만나를 먹고 살았기에 소제를 드릴 재료도 없었고, 그래서 하나님이 소제를 드리라고 하지도 않았다는 것입니다.

광야에서 소제를 드렸는가

세계적인 구약 신학자인 벤게메렌 교수가 우리 교회를 다녀간 적이 있습니다. 저는 지금도 벤게메렌 교수에게 감사한 마음을 가지고 있습니다. 세계적인 신학자가 오셔서 저의 생명나무 신학을 예찬해 주시고 지지해 주시고 격려해 주셨기 때문입니다. 그 분은 신학적으로도, 이 생명나무 신학이 구원사적으로 그리고 교회론적으로, 또 목회적으로 잘 설명되었고 특별히 적용이 되었다고 하셨습니다.

그 분과 함께 소제에 대해 이야기를 나누었습니다. 어떻게 그 분과 제가 학문적으로 레벨이 맞겠습니까? 게임이 안 됩니다. 그런데 그런 세계적인 구약 신학자도 민수기를 근거로 해서, 광야에서는 전혀 소제가 드려지지 않았다는 것입니다. 광야에서는 농사를 지을 수도 없었기에 소제를 드릴 재료인 곡물이 없었다는 것입니다. 그러나 제가 광야에서도 모세와 아론이 소제를 드렸다고 성경구절을 대 드렸습니다. 바로 그 성경구절이 출애굽기와 레위기 말씀이었습니다.

출 40:29 또 회막의 성막 문 앞에 번제단을 두고 번제와 소제를 그 위에 드리니 여호와께서 모세에게 명령하신 대로 되니라

레 8:26-27 여호와 앞 무교병 광주리에서 무교병 한 개와 기름 섞은 떡 한 개와 전병 한 개를 가져다가 그 기름 위에와 오른쪽 뒷다리 위에 놓아 그 전부를 아론의 손과 그의 아들들의 손에 두어 여호와 앞에 흔들어 요제를 삼게 하고

레 9:17 또 소제를 드리되 그 중에서 그의 손에 한 움큼을 채워서 아침 번제물에 더하여 제단 위에서 불사르고

이렇게 성경구절을 대자, 번역상의 문제가 있을지도 모르겠다고 영어 성경으로 확인해 보고, 히브리어 성경으로도 확인해 보겠다는 것입니다. 그러나 아무리 영어 성경과 히브리어 성경을 봐도 분명히 모세는 광야에서 소제를 드렸다고 나와 있습니다. 그러자 그 어르신께서도 고개를 갸우뚱거리면서, "내가 레위기 전공이 아니라 잠시 착각한 것 같다. 가서 더 연구를 해보겠다!"고 이야기를 하고, 떠나셨습니다. 그 후에도 제가 구약을 전공한 많은 분들에게 소제에 대해 물어봤습니다. 여러 분들이 벤게메렌 교수와 같은 생각이었습니다. 그러나 이 성경구절을 보고 결국 광야에서 소제를 드렸다는 것으로 결론을 내리게 되었습니다.

그때 이스라엘 백성들은 광야에서 만나와 메추라기를 먹고 살았습니다. 애굽에서 가지고 나온 곡식이 다 떨어져 버렸기 때문입니다. 그들은 전혀 농사를 짓지 않았고, 또 광야에서 곡식의 열매를 거둘 수 없었습니다. 그러면 그들은 어떻게, 그리고 무엇으로 하나님께 소제를

드렸을까요? 두 가지로 추측할 수 있습니다.

어떻게 광야에서 소제를 드렸을까?

1) 그들이 하나님께 소제의 제물을 드리기 위해, 미리 곡식을 아껴 두었다는 추측입니다.

이스라엘 백성들이 애굽에서 나올 때, 물론 고센 땅에서 농사 지었던 곡물을 가지고 나오지 않았겠습니까? 그러나 그 양식이 한계가 있습니다. 시간이 지나면서 다 떨어져 버렸을 것입니다.

그런데 그때에도 그들은 하나님께 드릴 것을 위해 아껴두고, 저축을 해두었을 것이란 말입니다. 좀더 배부르게 먹고, 좀더 풍족하게 먹을 수 있었을 텐데, 허기진 배를 안고 아껴 두었을지도 모릅니다. 왜요? 그렇게 아껴둔 곡식 가루를 하나님께 소제의 예물로 드리기 위해서입니다. 그러다가 만나가 내렸을 때도 만나만 먹었지, 곡식 가루를 먹지는 않았을 것입니다. 그래서 성막을 건축하고 하나님께 소제를 기쁘게 드렸다는 추측입니다.

2) 하나님께서 기적으로 주셔서 소제를 드렸다는 추측입니다.

하나님은 기적의 방법으로, 40년 동안 이스라엘 백성들에게 만나와 메추라기를 내려 주셨습니다. 또 기적으로 생수도 주어서 먹게 하셨습니다. 뿐만 아니라 그들은 40년 동안 광야에서 살았지만 옷이 해어지지도 않았고, 발이 부르트지도 않았습니다.

신 8:4 이 사십 년 동안에 네 의복이 해어지지 아니하였고 네 발이 부르트지 아니하였느니라

이런 기적처럼, 하나님께서 이스라엘로 하여금 소제를 드리도록 하기 위해, 기적처럼 초자연적인 방법으로 곡식가루를 주셨다고 추측해 볼 수 있습니다. 어떤 것이 사실일지 모르지만, 이 두 가지 중 하나는 사실일 것입니다. 아니면 이 두 가지가 다 포함될 수도 있습니다.

오늘날 우리가 하나님께 특별한 예물을 드려 헌신할 때 어떻게 합니까? 특별한 사람이야 넘치고 많아서 드릴 수 있습니다. 그러나 대부분의 사람들은 자기가 쓰고 싶은 것 안 쓰고, 먹고 싶은 것 안 먹고 아껴서 하나님께 헌신하지 않습니까? 정말 눈물과 땀과 나의 수고가 묻어 있는 물질을, 허리 띠를 졸라매고 하나님께 드린단 말입니다.

또 하나, 하나님께서 그렇게 가난하게 살고 있는 우리에게, 갑자기 기적의 방법으로 큰 복을 주셨습니다. 초자연적인 방법으로 하나님이 큰 물질을 맡겼습니다. 그러면 그것을 내가 먹고 쓰기 전에, 먼저 하나님께 드려야 합니다. 하나님이 은혜로 주셨고 기적과 초자연적으로 주셨으니, 하나님께 이 예물을 먼저 드려야 합니다. 얼마나 아름다운 삶입니까?

♪ 내게 있는 모든 것을 아낌없이 드리네
사랑하고 의지하며 주만 따라 살리라
주께 드리네 주께 드리네
사랑하는 구주 앞에 모두 드리네

아마 이스라엘 백성들도 그렇게 광야에서 소제를 드렸을 것입니다. 물론 첫 열매로 드린 소제물은 가나안 땅에서만 드렸겠지만 말입니다. 그러니 이런 귀중하고 향기로운 소제를 받으시고, 하나님께서 광야생활 가운데 모세를 지켜 주셨고, 이스라엘 백성들을 보호해 주신 것 아닙니까? 모든 시험과 저주와 질병을 막아 주시고, 하나님의 특별한 은혜와 축복을 가져다 주셨습니다.

예수님께서 이 땅에 오셔서 하나님 앞에 소제의 삶을 사셨습니다. 그리고 십자가에서 자신을 소제의 제물로 드리셨습니다. 또한 하나님은 예수 그리스도의 십자가의 죽음을 소제의 제사로 받으시고, 우리에게 온갖 사랑과 은혜를 베풀어 주셨습니다.

그러므로 우리도 예수 그리스도 안에서 소제 같은 예물을 많이 드려야 합니다. 먼저 우리는 하나님께 충성과 헌신을 다짐하는 서원제물을 드려야 합니다. 우리의 삶 자체가 소제와 같은 삶이어야 합니다. 또한 우리는 하나님께 감사해서, 마음과 물질로 감사의 선물을 많이 드려야 합니다. 범사에 감사하는 일반감사, 특별히 감사해서 드리는 특별감사, 또 하나님의 은혜와 기적을 끌어오는 특별 소원헌금 등을 드려야 합니다. 다 이런 것이 소제 같은 예물입니다.

뿐만 아니라, 우리는 우리 앞길의 재앙과 저주, 그리고 온갖 저주를 막고 물리치는, 기적의 소원헌금도 드릴 수 있어야 합니다. 아니, 언제나 하나님을 왕으로 기억할 뿐만 아니라, 왕 되시고 축복의 주인 되신 하나님의 은혜가 너무 특별하고 각별해서 하나님께 기념이 될 만한 특별 기념예물을 드릴 수도 있습니다.

아이의 돌을 맞이해서, 부모님의 회갑이나 칠순을 맞이해서 하나님께 기념예물을 드릴 수가 있습니다. 그것이 크든지 작든지 말입니다. 저는 장모님이신 정금성 권사님 칠순을 맞이해서, 몇 개의 교회를 지었습니다. 몇 개 교회의 인테리어를 해주기도 했습니다. 이 모든 것들이 오늘날의 소제에 해당되는 예물이라고 할 수 있습니다. 하나님께서는 이 모든 예물과 헌물 혹은 기념물을 받으시고, 반드시 축복을 주십니다. 반드시 은혜를 베풀어 주십니다. 반드시 기적을 일으켜 주십니다.

그러면 소제를 어떻게 드려야 합니까? 물론 소제는 번제와 화목제 등과 함께 드리는 경우도 있습니다. 고운 가루에 올리브 기름을 섞어서 전제로 드리는 경우도 있습니다. 그러나 레위기 2장에 소개되어 있는 소제는 독자적으로 드리는 소제였습니다(호크마 주석). 그러면 어떻게 소제를 드려야 합니까?

소제를 드리는 방법

1. 고운 가루로 드리는 소제

레 2:1-3 누구든지 소제의 예물을 여호와께 드리려거든 고운 가루로 예물을 삼아 그 위에 기름을 붓고 또 그 위에 유향을 놓아 아론의 자손 제사장들에게로 가져갈 것이요 제사장은 그 고운 가루 한 움큼과 기름과 그 모든 유향을 가져다가 기념물로 제단 위에서 불사를지니 이는 화제라 여호와께 향기로운 냄새니라 그 소제물의 남은 것은 아론과 그의 자손에게 돌릴지니 이는 여호와의 화제물 중에 지극히 거룩한 것이니라

(1) 먼저 곡식을 고운 가루로 만들어야 합니다.

레 2:1(상) 누구든지 소제의 예물을 여호와께 드리려거든 고운 가루로 예물을 삼아

소제를 드리는 사람은 절대로 통밀알을 그대로 가져와서는 안 됩니다. 집에서 완전히 고운 가루로 빻아가지고 와야 합니다. 그것도 일반적인 가루가 아닙니다. 가루도 두 종류가 있습니다. 하나는 '케마흐'라는 가루인데, 적당하게 간 가루입니다. 옛날에 보리떡이나 개떡을 해 먹을 때처럼 갈면 됩니다. 그것이 '케마흐'입니다. 그러나 다른 가루가 있는데, 그것은 '솔레트'입니다. 이 가루는 완전히 빻아져 있는 고운 가루입니다. 곡식이 조금이라도 안 갈아져 있으면 안 됩니다.

[그림 17]
밀(Wheat)의 종류

케마흐

솔레트

그래서 맷돌에 얼마나 갈아야 했는지 모릅니다. 이스라엘에서는 고운 가루를 맷돌로 갈았습니다. 그리고 그 맷돌에서도 완전히 안 갈아졌을까봐, 체 같은 것으로 흔들어 고운 가루만 떨어지게 만듭니다.

옛날 제사나 설 명절이 돌아올 때, 떡을 하기 위해 고운 가루를 만들지 않았습니까? 절구통에 얼마나 많이 찧습니까? 그런데 혹시 덜 찧어졌을까봐, 체로 고운 가루만 흔들어서 내렸습니다. 그래서 시루떡을 만들기도 하고, 인절미를 만들기도 했습니다. 하나님은 바로 이런 '솔레트'의 고운 가루를 만들어서, 회막으로 가져오라고 하셨습니다.

먼 훗날 예수님도 이 땅에 오셔서 십자가에서 고운 가루처럼 그렇게 빻아지고 죽으셨습니다. 곡식 가루가 맷돌 안에서 깨어지고 부서졌던 것처럼, 예수님도 십자가에서 그렇게 고운 가루처럼 소제의 제물이 되셨습니다. 그래서 하나님 앞에 향기로운 소제의 제물로 드려졌습니다.

우리도 그리스도 예수 안에서 소제처럼 고운 가루로 빻아져야 합니다. 우리가 우리의 죄에서 구원받았고 하나님의 백성이 되었다 할지라도, 우리 자신에게는 한 사람 한 사람이 갖고 있는, 강한 개성이 있습니다. 그래서 잘 뭉쳐지지 않습니다. 모가 나고 반듯하지 못해서, 여기서 튀고 저기서 튀게 되어 있습니다. 우리 자신이 하나님 앞에서 다 귀한 사람이고 가치 있는 사람이지만, 적어도 우리가 하나님께 거룩하게 바쳐지기 위해서는, 완전히 부서져야 합니다.

내가 아무리 똑똑하고 잘났고 대단하다고 할지라도, 이 모든 것이 깨어져서 하얀 솔레트가 되어야 합니다. 하얀 가루로 부서져야 합니다. 그래야 하나님께 비로소 향기로운 소제물로 드려질 수가 있습니다. 그래야 하나님 앞에 진정한 신앙 인격자, 곧 하나님이 기뻐하시는 영격자가 됩니다.

인격자보다 영격자를 원하시는 하나님

오늘날 이 세상은 고매한 인격자를 원합니다. 그러나 우리 하나님은 인격자보다 영격자를 원하십니다. 하나님이 말씀하시면 무조건 순종하고 헌신하는 영격자, 하나님을 왕으로 모시고, 주님의 명령이라면 언제든지 헌신할 수 있는 영격자가 되어야 합니다. 영격자가 되기 위해서는 우리의 고집과 이성이 부서져야 합니다. 특별히 저 같은 사람, 얼마나 개성이 강하고 얼마나 고집도 강한지 모릅니다. 때로는 튈 수 있는 가능성이 많은 사람입니다. 이런 사람이 교만하고 오버할 가능성이 많습니다.

지난날 저는 참 많이 연단을 받았습니다. 통밀알, 통보리 같은 제가 얼마나 깨지고 부서지는 연단이 있었는지 모릅니다. 그러나 그런 엄청난 연단의 과정을 통해서, 하나님 앞에 로드십, 생명나무 신앙을 갖게 되었으며, 부족하지만 영격자로 서 있는 것 아닙니까?

오늘날 많은 교인들이 교회생활 하면서 얼마나 삐쭉삐쭉거립니까? 목사님들 가운데도 너무 개성들이 강해서 다듬어지지도 않을 뿐만 아니라, 연합도 안 되는 사람이 많습니다. 연합할 이유가 뭐가 있느냐고 합니다. 그저 혼자 잘하면 된다고 생각합니다. 그래서 한국교회가 각개전투를 하다가 힘을 잃어버리고 마는 것 아닙니까?

또 어떤 사람은 전혀 모나지 않고, 삐쭉거리지도 않으며, 튀지도 않는 것처럼 보입니다. 그래서 인격이 아주 고매하고 고명한 것처럼 보입니다. 그러나 그의 생각과 그의 삶이 얼마나 개인적일 뿐만 아니라 은근하게 교만한지 모릅니다. 자기가 최고인 줄 알기 때문입니다. 이런 사람은 빨리 맷돌 아래 가서 깨어져야 합니다. 그래서 고운 가루가 되어야 합니다. 그 고운 가루 솔레트가 되어야 하나님의 제물이 될 수 있기 때문입니다. 그럴 때 진정한 영격자로 살아갈 수 있습니다. 하나님을 진정으로 기쁘게 할 수 있습니다.

그것이 무엇입니까? 바로 번제에서 제물이 죽고, 또 가죽을 벗기고 각을 뜨는 것과 같지 않겠습니까? 바로 그것이 오늘날 우리가 십자가를 경험하는 것이고, 십자가에서 옛 사람이 죽는 것을 교훈해 줍니다.

그러므로 우리는 하나님의 은혜로 고운 가루가 되어야 합니다. 거룩한 맷돌로 고운 가루로 빻아져야 합니다. 십자가에서 다시 한 번 우리 옛 사람의 죽음을 경험해야 합니다.

♪ 내가 그리스도와 함께 / 십자가에 못 박혔나니
그런즉 이제 / 내가 산 것 아니요
오직 내 안에 / 예수께서 사신 것이라
이제 내가 육체 가운데 / 사는 것은
나를 사랑하사 / 자기 몸 버리신
예수 위해 산 것이라

(2) 고운 가루에 기름을 섞어야 했습니다.

레 2:1 누구든지 소제의 예물을 여호와께 드리려거든 고운 가루로 예물을 삼아 그 위에 기름을 붓고……

여기서 기름을 섞는데, 그 기름은 올리브 기름(감람유)입니다. 그런데 올리브 기름에도 여러 가지가 있습니다. 첫 번째 짠 기름이 있고, 두 번째 짠 기름이 있으며, 세 번째 짠 기름이 있습니다. 이스라엘에서는 첫 번째 짠 것은 하나님께 드리고, 두 번째 짠 것은 집에서 먹고, 세 번째 짠 것은 일반적으로 사용했다고 합니다.[18]

---

18) Mishinah. Kodashim. Menachoth 8:4.

여기에서도 제물을 드릴 때, 최상의 법칙과 최선의 법칙을 적용했습니다. 그래서 첫 번째 짠 것을 고운 가루 위에 붓습니다. 그러나 반죽을 하지는 않습니다. 그냥 섞기만 합니다. 왜냐하면 기름을 섞은 고운 가루를 그대로 번제단에 태워서 소제로 드려야 하기 때문입니다.

고운 가루에 기름을 붓고 섞은 이유

왜 고운 가루에 기름을 붓고 섞었을까요? 그 고운 가루를 더욱더 거룩한 제물로, 향기로운 제물로 만들기 위해서였습니다. 구약에서 기름을 붓는다는 것은, 거룩한 의식으로서 통상적으로 성령의 임재와 감동을 의미했습니다. 랍비들도 그렇게 생각했습니다. 즉, 성령의 기름 부음의 한 형식으로 생각했습니다.

그런데 먼 훗날 예수 그리스도가 이 땅에 오셔서 그런 삶을 사셨습니다. 예수님은 한 시도 자기 마음과 뜻대로 살지 않았습니다. 언제나 하나님의 인도와 때에 따라 움직이시지 않았습니까? 그래서 예수님의 어머니 마리아가 가나 혼인 잔칫집에서 포도주가 다 떨어졌다고 예수님께 말해도, 예수님은 아직 내 때가 오지 않았다고 하면서 때를 기다리셨습니다.

요 2:4 예수께서 이르시되 여자여 나와 무슨 상관이 있나이까 내 때가 아직 이르지 아니하였나이다 그리고 아무리 바리새인과 서기관들이 예수님을 죽이려고 해도, 아직 하나님의 때가 이르지 않았기에 그는 십자가를 지지 않았습니다. 그러나 하나님의 때가 이르렀을 때, 그는 예루살렘에 올라가서 십자가를 지고 죽으셨습니다. 그러므로 우리도 신앙생활하면서 언제나 성령의 인도를 따라야 합니다. 그리고 성령의 임재와 감동으로 헌신하며, 예배를 드리고 예물을 드려야 합니다.

출 35:21 마음이 감동된 모든 자와 자원하는 모든 자가 와서 회막을 짓기 위하여 그 속에서 쓸 모든 것을 위하여, 거룩한 옷을 위하여 예물을 가져다가 여호와께 드렸으니

구약 시대 백성들도 마음이 감동된 자가 헌신을 하고 충성을 했는데, 오늘 신약 시대를 살아가는 우리겠습니까? 당연히 성령의 임재와 감동을 따라 신앙생활을 하고 헌신하는 삶을 살아야 합니다. 그런데 이 세상에서 가장 어리석은 그리스도인이 어떤 사람인 줄 아십니까? 성령을 따라 살지 않고 육을 따라 사는 사람입니다. 성령의 인도를 따라 살지 않고 육신의 소욕을 따라 사는 사람입니다.

고전 2:14 육에 속한 사람은 하나님의 성령의 일들을 받지 아니하나니 이는 그것들이 그에게는 어리석게 보임이요, 또 그는 그것들을 알 수도 없나니 그러한 일은 영적으로 분별되기 때문이라

바로 이런 사람은 성령의 감동이 와도 순종하지 않습니다. 절대로

성령의 인도를 따라 살지 않습니다. 항상 육신적이고 이성적으로 살아갑니다. 그래서 성령의 인도를 따라 사는 사람을 아주 유치하고 어리석게 보기만 합니다.

그러나 정말로 지혜롭고 복 받는 그리스도인은 언제나 성령을 따라 삽니다. 내가 아무리 부서지고 가루가 되었다 하더라도 그것 자체로는 온전하지 않습니다. 그래서 우리는 언제나 성령의 인도를 따라 살고, 성령의 감동으로 살아야 합니다. 그 성령의 인도와 감동을 따라서 우리가 하나님께 사명을 감당하고 헌신하는 삶을 살 때, 그것이 하나님이 기뻐하시는 삶이요, 우리의 삶을 소제로 드리는 삶이라고 할 수 있습니다. 그리스도인으로서 이보다 더 큰 축복이 어디 있겠습니까? 이보다 더 아름다운 삶이 어디 있겠습니까? 그러므로 언제나 성령을 따라 살아야 합니다. 성령의 감동과 임재 속에서 살아야 합니다.

♪ 성령이여 강림하사 나를 감화하시고
애통하며 회개한 맘 충만하게 하소서
예수여 비오니 나의 기도 들으사
애통하며 회개한 맘 충만하게 하소서

성령이여 강림하사 크신 권능 주소서
원하옵고 원하오니 충만하게 하소서
예수여 비오니 나의 기도 들으사
애통하며 회개한 맘 충만하게 하소서

(3) 그 위에 유향을 놓아야 합니다.

레 2:1 누구든지 소제의 예물을 여호와께 드리려거든 고운 가루로 예물을 삼아 그 위에 기름을 붓고 또 그 위에 유향을 놓아

[그림 18]

고운 가루에 기름만 붓는 것은 아닙니다. 그 위에 유향을 놓으라고 했습니다. 유향은 유향나무의 수액을 건조시켜 만든 약재이자 고급 향료입니다. 이것을 드리는 것은, 제물에 향기를 더하고 향내음을 더 진하게 하기 위함입니다.

기름 섞은 고운 가루가 탈 때, 얼마나 고소하고 향기롭겠습니까? 옛날 어린 시절 비오는 날, 심심할 때 보리를 볶아 먹거나 콩을 볶아 먹었습니다. 심지어 보리나 콩이 없을 때는 명씨(목화씨)를 볶아 먹고 놀았습니다.

그것을 볶을 때 얼마나 고소한 냄새가 납니까? 이웃집에서 볶아도

그 고소한 냄새가 코를 진동했습니다. 그러면 "젠장 우리는 못 볶아 먹겠느냐?" 하면서, 덩달아 볶아 먹었습니다. 콩이 있으면 콩을 볶아 먹었습니다. 이처럼 그 옛날 기름 섞은 고운 가루를 불에 태울 때, 얼마나 고소하고 향기로운 냄새가 났겠습니까? 거기에다 유향까지 놓았습니다. 얼마나 향기로웠겠습니까? 그러니 하나님이 매우 기쁘게 받으셨습니다. 이 향이 하나님의 보좌 앞에 올라가서, 하나님의 마음을 진정시켜 줍니다. 하나님의 진노를 풀고, 격노하심을 풀어드립니다.

미쉬나에 이런 이야기가 있습니다. 예루살렘 성전에서는 두 번의 상번제가 있지 않습니까? 오전 상번제, 오후 상번제. 그때마다 하루에 빵을 열두 개를 구워서, 오전 상번제를 드릴 때 여섯 개, 오후 상번제를 드릴 때 여섯 개를 드렸습니다. 그리고 그때 성소 안에 있는 분향단에 유향을 피웁니다. 그때 성전 뜰에는 하나님의 성전을 찾아온 언약 백성들이 엎드려 하나님께 기도를 드렸다고 합니다. 바로 그들은 유향을 피우는 것 자체를 하나님께 드리는 기도의 향으로 이해했기 때문입니다.

번제를 드릴 때도 맨 마지막으로 포도주를 붓는다고 하지 않았습니까? 전제 의식으로서 포도주를 붓는다고 했습니다. 또 기름 섞은 고운 가루를 번제단에 불살라 태운다고 했습니다. "저는 번제를 드렸습니다. 매우 기쁜 마음으로 드렸습니다." 그런 행복한 마음으로 마지막 전제를 드려야 합니다.

소제의 제물 위에 유향을 놓은 이유

소제도 마찬가지입니다. 소제의 제물 위에 유향을 놓는다는 것은, 언약 백성들의 감사의 기도입니다. "정성과 행복한 마음으로 하나님께 소제를 드립니다……"라고 하는 감사와 행복의 고백입니다. 그러니까 상번제 드릴 때 제사장이 유향을 놓으면, 구약의 백성들이 번제단 앞 성소 뜰에서 하나님께 엎드려 기도를 했습니다. 그래서 사도 요한은 이 땅에서 성도들이 드리는 기도를, 하나님께 올리는 유향과 같은 향내음이라고 표현했습니다.

계 8:3-4 또 다른 천사가 와서 제단 곁에 서서 금 향로를 가지고 많은 향을 받았으니 이는 모든 성도의 기도와 합하여 보좌 앞 금 제단에 드리고자 함이라 향연이 성도의 기도와 함께 천사의 손으로부터 하나님 앞으로 올라가는지라

먼 훗날 예수님은 이 땅에 오셔서 하나님 앞에 이런 유향과 같은 삶을 사셨습니다. 이 땅에 계실 때도 언제나 하나님께 행복한 기도의 삶을 사셨고, 언제나 감사의 고백을 하셨습니다. 그 자체가 향기로운 삶이었습니다. 그러다가 십자가에서도 행복한 감사의 고백을 하고 죽으시지 않았습니까?

오늘 우리도, 그리스도 안에서 유향 섞은 향기로운 제물의 삶을 살아야 합니다. 언제나 행복한 고백의 기도가 있어야 합니다. 소제와 같

은 헌신의 제물을 드릴 때도, 언제나 행복한 감사의 고백이 있어야 합니다. 행복한 기도가 있어야 합니다. 감사의 기도가 있어야 합니다. 그럴 때 하나님께서 우리의 향기로운 소제의 예물을 받으시고, 우리에게 향기 나는 축복을 더하여 주십니다. 넘치는 축복을 쏟아 부어 주십니다.

요한계시록을 보면, 성도의 기도가 향연으로 하나님의 보좌 앞에 상달될 때, 하나님께서는 그 향내음을 받으시고 온갖 우레와 음성과 번개와 지진으로 응답해 주셨습니다. 하나님이 천지를 진동하는 은혜와 축복으로, 우리 주위에 있는 사람들이 깜짝 놀랄 정도로 복에 복을 더하여 주십니다.

> 계 8:3-5 또 다른 천사가 와서 제단 곁에 서서 금 향로를 가지고 많은 향을 받았으니 이는 모든 성도의 기도와 합하여 보좌 앞 금 제단에 드리고자 함이라 향연이 성도의 기도와 함께 천사의 손으로부터 하나님 앞으로 올라가는지라 천사가 향로를 가지고 제단의 불을 담아다가 땅에 쏟으매 우레와 음성과 번개와 지진이 나더라

(4) 제사장은 고운 가루 한 움큼을 번제단 위에 불살라야 합니다.

> 레 2:2 아론의 자손 제사장들에게로 가져갈 것이요 제사장은 그 고운 가루 한 움큼과 기름과 그 모든 유향을 가져다가 기념물로 제단 위에서 불사를지니 이는 화제라 여호와께 향기로운 냄새니라

이렇게 제사장이 기름과 유향을 섞은 고운 가루 한 움큼을 번제단 불 위에 쏟아 붓습니다. 그러면 그 소제의 고운 가루가 얼마나 향기롭게 타겠습니까? 고운 가루 타는 냄새와 기름 타는 냄새, 그리고 유향 냄새까지……. 얼마나 향기롭겠습니까? 그래서 그 제사는 바로 하나님께 향기로운 화제로 상달이 됩니다.

레 2:2(하) ……**제사장은 그 고운 가루 한 움큼과 기름과 그 모든 유향을 가져다가 기념물로 제단 위에서 불사를지니 이는 화제라 여호와께 향기로운 냄새니라**

바로 이 향기가 하나님의 진노를 진정시키고, 화가 나 있는 하나님의 마음을 달래서 우리에게 축복이 오게 합니다. 재앙을 돌이키고, 우리로 하여금 모든 시험을 이기게 하며, 환난을 이기게 할 뿐 아니라 엄청난 하나님의 축복과 은혜를 주십니다.

이때 제사장은 한 움큼만 번제단에 쏟아 붓고, 남은 것은 제사장이 차지하게 됩니다. 제사장이 회막 뜰에서 먹고 또 남은 것은 제사장의 가족들이 먹었습니다. 제사장이 먹는 것을 하나님이 얼마나 귀하게 보셨는지 모릅니다. 아무리 하나님께 고운 곡식 가루를 불태워 드렸다 할지라도, 제사장이 먹지 않으면 소제는 완성되는 것이 아닙니다. 제사장이 회막 뜰에서 남은 소제 가루를 먹어야 소제가 완성됩니다.

레 2:3 **그 소제물의 남은 것은 아론과 그의 자손에게 돌릴지니 이는 여호**

와의 화제물 중에 지극히 거룩한 것이니라

레 2:10 소제물의 남은 것은 아론과 그의 아들들에게 돌릴지니 이는 여호와의 화제물 중에 지극히 거룩한 것이니라

레 6:18 아론 자손의 남자는 모두 이를 먹을지니 이는 여호와의 화제물 중에서 대대로 그들의 영원한 소득이 됨이라 이를 만지는 자마다 거룩하리라

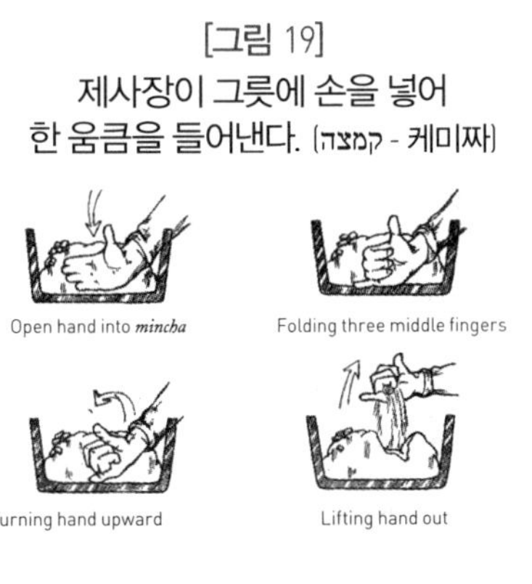

[그림 19]
제사장이 그릇에 손을 넣어
한 움큼을 들어낸다. (קמצה - 케미짜)

제사장이 먹는 것을 얼마나 거룩하다고 하십니까? 지극히 거룩합니다. 제사장이 소제물을 먹어야 하나님이 그 예물을 온전히 받으십니다. 그러면 얼마를 하나님께 드렸습니까? 곡식 가루를 하나님께 드릴 때 최소한의 양이 한 에바였습니다. 한 에바는 2.2리터입니다.

하나님께 드리는 것은 에바의 십분의 일이었습니다. 즉, 하나님의 몫으로 한 움큼만 드렸습니다. 그러므로 십분의 일만 하나님께 드리고 나머지는 제사장이 먹었습니다.

이렇게 하나님께서는 제사장의 수고의 대가를 보상해 주시며, 또 제사장의 먹고 사는 문제와 건강까지 다 배려해 주시지 않습니까? 뿐만 아니라 이스라엘 백성들로 하여금 제사장을 멸시하지 않고, 언제나 제사장의 권위를 인정하고 존중하도록 이렇게 하셨습니다. 어떤 경우에도 제사장을 흔들지 못하도록 하기 위해 하나님이 이렇게 해 주셨습니다.

주의 종과 좋은 것을 함께 해야

오늘날도 마찬가지입니다. 주의 종의 수고는 마땅히 보상받아야 합니다. 주의 종도 잘 먹고 살아야 합니다. 또한 성도들이 주의 종의 모든 생활과 건강을 배려해 주어야 합니다. 저는 지금까지 늘 수고하고 헌신하며 희생하는 것만 생각해왔습니다. 제가 앞 장에서 말씀드린 것처럼, 연합 집회라든지 신학교 강의나 집회에 가서는 어색해서 사례비를 못 받았습니다. 왜냐하면 주의 종은 항상 어려운 곳에서 헌신만 하고 수고만 해야 한다고 생각했기 때문입니다.

주의 종은 항상 희생하는 존재로만 생각해 왔습니다. 원래 제 스타일은 얻어먹고 살지 못합니다. 항상 주고 베푸는 스타일로 살아 왔습니다. 신학교 다닐 때 아무리 어렵고 힘들어도 돈이 생기면 당장 친구들 데리고 가서 밥을 사주었습니다. 그러니 어렵다는 곳에 가서 집회하면 당연히 사례비를 못 받고 옵니다. 그런데 꼭 연합 집회나 신학교가 어려운 것만은 아닙니다. 그래서 제가 용기백배하여, 이제는 사례를 반드시 받아 오려고 합니다. 그런 의미에서 사도 바울도 이렇게 권면하고 있습니다.

> 고전 9:9 모세의 율법에 곡식을 밟아 떠는 소에게 망을 씌우지 말라 기록하였으니 하나님께서 어찌 소들을 위하여 염려하심이냐

> 갈 6:6 가르침을 받는 자는 말씀을 가르치는 자와 모든 좋은 것을 함께 하라

가르침을 받는 자는 가르치는 자와 모든 좋은 것을 함께 하라고 하지 않습니까? 우리도 할 수 있으면, 주의 종을 잘 공궤하고 대접해야 합니다. 그래야 주의 종을 절대로 업신여기지 않습니다. 주의 종을 잘 공경하고 대접하면 주의 종을 사랑하는 마음이 생깁니다. 그리고 존경하는 마음이 생깁니다. 권위를 인정하고, 그 권위 앞에 순복하게 되어 있습니다. 그래서 하나님은 이스라엘 백성들이 보는 앞에서 소제의 남은 제물을 제사장들로 하여금 다 먹도록 했습니다. 그것도 거룩한 성전의 뜰에서 말입니다.

2. 요리를 해서 드리는 소제

소제는 고운 가루로 드리는 소제도 있지만, 하나님께 요리를 해서 드리는 소제도 있습니다. 어떤 것들이 있습니까?

(1) 화덕에 구워 드리는 방법

레 2:4 네가 화덕에 구운 것으로 소제의 예물을 드리려거든 고운 가루에 기름을 섞어 만든 무교병이나 기름을 바른 무교전병을 드릴 것이요

[그림 20] 화덕

제례자가 고운 가루의 기름을 섞어서 화덕에 무교전병을 구워서 성전에 가져옵니다. 다시 말해, 고운 가루에 기름을 섞어서, 빵을 화덕에 구워서 가져옵니다. 그러면 제사장은 그것을 번제단에 태워서 하나님께 드립니다.

그러면 이것도 얼마나 향기로운 냄새로 하나님께 드려지겠습니까? 옛날 화로에서 떡 구워먹을 때 그 냄새가 어떠했습니까? 얼마나 떡을 굽는 냄새가 향기로웠습니까? 하나님께서 그 냄새를 향기롭게 받으십니다.

(2) 번철에 부쳐서 드리는 방법

레 2:5-6 철판에 부친 것으로 소제의 예물을 드리려거든 고운 가루에 누룩을 넣지 말고 기름을 섞어 조각으로 나누고 그 위에 기름을 부을지니 이는 소제니라

고운 가루에 기름을 섞어서 번철에 부침개처럼 부쳐서 하나님 앞에 드립니다. 이것을 성전에 가지고 가면 제사장이 불에 태워서 하나님께 드립니다. 얼마나 향기롭고 고소하겠습니까?

제가 어릴 때 저희 집에서 결혼식을 한 적이 있는데, 그때 마당에서 많은 여자들이 적을 부쳤습니다. 솥뚜껑을 뒤집어 걸어 놓고 적을 부치든지, 아니면 전용 번철을 걸어 놓고 부치든지 합니다. 들기름을 번철에 둘러서 반죽한 것을 구우면, 지글지글 소리가 나면서 부침개가 부쳐집니다. 그러면 빨리 뒤집어야 합니다. 어떤 바보 같은 여자들은 "빨리 오줌 싸고 올게!" 하고 화장실에 갔다 오면, 한쪽이 새카맣게 타 버립니다. 그러니까 부치는 것도 정성스럽게 부쳐야 합니다. 그래서 성경에 "뒤집지 않은 전병 같다!"는 말이 있습니다. 바로 이스라엘 백성들이 제사를 소홀히 하고, 하나님께 등을 돌리고 살았을 때 그런 꼴이라고 하나님이 책망하셨습니다.

호 7:8 에브라임이 여러 민족 가운데에 혼합되니 그는 곧 뒤집지 않은 전병이로다

그러나 아주 양쪽으로 잘 부쳐진 것은, 얼마나 고소했는지 모릅니다. 그런데 아무리 서 있어도 저한테는 하나도 안 줍니다. 우리 누나가 시집을 가고, 우리 집에서 적을 부치는데도, 내일 쓸 것이라고 안 줬습니다. 그리고 저쪽에 가서 적을 반듯하게 썹니다. 그렇게 썰면 모서리 부분이 잘려 나옵니다. 온전한 부침개를 주지 않고 잘려나간 쪼

가리를 줍니다. 주인 집 아들한테도 안 줍니다. 우리 엄마도 아들이 손 빨고 있어도 안 줬습니다.

그래서 어쩔 수 없이 저녁에 엄마 몰래 슬쩍 갖다 먹습니다. 저 높은 선반에 올려 놓으면, 우리 작은형이 엎드리고 내가 그 위에 올라가서 꺼내 먹었습니다. 그 맛이 얼마나 죽여 줬는지 모릅니다. 그런데 그런 부침개를 다시 하나님의 번제단에 가서 번제단의 불로 태워 드렸을 때 얼마나 고소하고 향기로웠겠습니까? 하나님이 그 소제의 향기를 받으셨습니다.

(3) 솥에 삶은 것으로 드리는 방법

레 2:7 네가 냄비의 것으로 소제를 드리려거든 고운 가루와 기름을 섞어 만들지니라

오늘날로 말하면, 하나님께 찐빵을 만들어서 드립니다. 이 찐빵을 만들어서 성전에 가지고 가면, 제사장이 그것을 번제단에 태워서 드립니다. 그럴 때 향기로운 화제가 됩니다. 그런데 이렇게 요리를 해서 가져간 소제도 십분의 일 정도만 하나님께 태워 드리고, 나머지는 회막 뜰에서 제사장들이 먹습니다. 그것이 하나님 보시기에 지극히 거룩하였습니다. 제사장이 이 요리를 한 소제의 남은 것도 먹어야 소제가 완성된다는 것 아니겠습니까?

레 6:16-18 그 나머지는 아론과 그의 자손이 먹되 누룩을 넣지 말고 거룩한 곳 회막 뜰에서 먹을지니라…… 이는 나의 화제물 중에서 내가 그들에게 주어 그들의 소득이 되게 하는 것이라 속죄제와 속건제 같이 지극히 거룩한 즉 아론 자손의 남자는 모두 이를 먹을지니 이는 여호와의 화제물 중에서 대대로 그들의 영원한 소득이 됨이라 이를 만지는 자마다 거룩하리라

(4) 첫 이삭을 소제로 드릴 때

첫 이삭을 볶아 찧어서 기름을 붓고 유향을 넣어 제단으로 가져옵니다. 그리고 그것을 제단 위에 기념물로 불사릅니다.

레 2:14-16 너는 첫 이삭의 소제를 여호와께 드리거든 첫 이삭을 볶아 찧은 것으로 네 소제를 삼되 그 위에 기름을 붓고 그 위에 유향을 더할지니 이는 소제니라 제사장은 찧은 곡식과 기름을 모든 유향과 함께 기념물로 불사를지니 이는 여호와께 드리는 화제니라

3. 모든 소제에 누룩과 꿀을 넣어서는 안 되었습니다.

레 2:11 너희가 여호와께 드리는 모든 소제물에는 누룩을 넣지 말지니 너희가 누룩이나 꿀을 여호와께 화제로 드려 사르지 못할지니라

왜 소제의 제물에 누룩을 넣지 말라고 하셨습니까? 누룩은 곰팡이

가 아닙니까? 그러므로 이 누룩은 신속히 발효되는 성질로 인해 주로 성경에서 죄의 재빠른 전염성과 그로 인한 부패를 상징했습니다. 뿐만 아니라 누룩은 죄와 교만과 위선 등을 상징하기도 했습니다.

마 16:6 예수께서 이르시되 삼가 바리새인과 사두개인들의 누룩을 주의하라 하시니

마 16:12 그제서야 제자들이 떡의 누룩이 아니요 바리새인과 사두개인들의 교훈을 삼가라고 말씀하신 줄을 깨달으니라

막 8:15 예수께서 경고하여 이르시되 삼가 바리새인들의 누룩과 헤롯의 누룩을 주의하라 하시니

눅 12:1 그 동안에 무리 수만 명이 모여 서로 밟힐 만큼 되었더니 예수께서 먼저 제자들에게 말씀하여 이르시되 바리새인들의 누룩 곧 외식을 주의하라

고전 5:5-7 이런 자를 사탄에게 내주었으니 이는 육신은 멸하고 영은 주 예수의 날에 구원을 받게 하려 함이라 너희가 자랑하는 것이 옳지 아니하도다 적은 누룩이 온 덩어리에 퍼지는 것을 알지 못하느냐 너희는 누룩 없는 자인데 새 덩어리가 되기 위하여 묵은 누룩을 내버리라 우리의 유월절 양 곧 그리스도께서 희생되셨느니라

꿀도 마찬가지입니다. 성경에서 꿀이 긍정적이고 좋은 의미로 사용되기도 했지만, 나쁜 의미로도 사용되었습니다. 꿀 역시 세상적이고 육욕적인 안락이나 쾌락을 상징하기도 했습니다.

잠 5:3 대저 음녀의 입술은 꿀을 떨어뜨리며 그의 입은 기름보다 미끄러우나

잠 25:27 꿀을 많이 먹는 것이 좋지 못하고 자기의 영예를 구하는 것이 헛되니라

또한 고대 근동사람들이 이방신에게 제사를 드릴 때 꿀을 많이 사용했다고 합니다. 그러므로 이런저런 의미에서 하나님은 꿀을 소제에 넣지 말라고 했습니다. 따라서 이 누룩과 꿀을 소제물에 넣지 말라는 말은 우리에게 중요한 교훈을 줍니다. 절대로 하나님 앞에 드리는 제물은 부패한 마음으로 드려서는 안 됩니다. 불순한 동기로 드려서도 안 됩니다. 또 예물을 드릴 때 허풍을 치거나 자신을 과시해서도 안 된다는 교훈입니다. 옛날 바리새인들도 얼마나 기도할 때 외식을 하였고, 예물을 드리고 구제를 할 때도 자신을 과시하고 위선을 떨었습니까?

예컨대, 추수감사헌금을 가져오고 건축헌금을 가져온다고 할 때, 정말 순수하고 겸손한 마음으로 가져오는 것이 아니라, "물렀거라, 내가 하나님께 건축헌금을 가지고 가노라! 물렀거라, 이래봬도 내가 추

수감사헌금을 가지고 가노라!" 이렇게 뻥을 치고 과시하며, 위선을 떨었다는 것 아닙니까? 우리는 하나님께 예물을 드릴 때 세속적인 마음으로 드리면 안 됩니다. 자신의 쾌락과 공명심을 위해서 드려서도 안 됩니다. 오직 순수한 마음, 순전한 마음으로 예물을 드려야 한다는 교훈입니다.

그러므로 우리는 하나님을 섬길 때, 정말 순수한 마음으로 섬겨야 합니다. 헌신해도 순수한 마음, 예물을 드려도 순결한 마음으로 드려야 합니다. 불순한 동기나 공명심으로 드리면 안 됩니다. 또 뻥치며 드려서도 안 됩니다. 언제나 순수한 마음으로 하나님을 섬겨야 합니다. 순진한 동기로 하나님께 헌신해야 합니다. 그래야 하나님께서 우리들의 헌신을 기쁘게 받으시고 복을 주십니다.

♪ 내 마음에 주를 향한 사랑이
나의 말엔 주가 주신 진리로
나의 눈에 주의 눈물 채워주소서
내 입술에 찬양의 향기가
두 손에는 주를 닮은 섬김이
나의 삶에 주의 흔적 남게 하소서

하나님의 사랑이 영원히 함께하리
십자가의 길을 걷는 자에게
순교자의 삶을 사는 이에게

조롱하는 소리와 세상 유혹 속에도
주의 순결한 신부가 되리라
내 생명 주님께 드리리

내 순결 주님께 드리리
내 순정 주님께 드리리
내 사랑 주님께 드리리

4. 반드시 소제의 예물에 언약의 소금을 쳐야 했습니다.

레 2:13 네 모든 소제물에 소금을 치라 네 하나님의 언약의 소금을 네 소제에 빼지 못할지니 네 모든 예물에 소금을 드릴지니라

소금은 누룩과 반대됩니다. 소금이 있는 곳에는 부패가 있을 수 없습니다. 그래서 소금은 부패를 방지해 주는 재료이기도 합니다. 그리고 맛을 보존해 줍니다. 그러므로 우리는 주님이 오시는 그날까지 소금의 정신으로 소제를 드리고, 소금의 정신으로 하나님을 섬겨야 합니다. 절대로 작심삼일로 끝나면 안 됩니다. 처음 작정하고 감동받은 마음으로, 하나님께 예물을 드리고 예배를 드려야 합니다.

또 언약의 소금이라고 했습니다. 그러므로 우리는 예물을 드릴 때, 하나님의 언약을 확실히 믿고 드려야 합니다. 고대 근동에서는 계약서를 쓸 때 소금을 먹었을 뿐 아니라, 친구 집에 갈 때도 우정을 다짐

하기 위해서 함께 소금을 먹었다고 합니다. 변함없는 우정을 다짐할 때도 소금을 가지고 가서 함께 소금을 나누어 먹었습니다.

세상 사람이 그랬다면, 하물며 우리이겠습니까? 우리가 하나님께 헌신하고 충성할 때도, 하나님의 언약을 믿고 존중하며 해야 합니다. "하나님, 제가 당신의 언약을 믿습니다. 당신의 신실함을 믿습니다. 그 믿음으로 오늘도 소제를 드립니다. 그 믿음으로 하나님께 선물과 예물을 드립니다. 그러므로 하나님이 기뻐 받아 주시옵소서. 향기로운 제사로 흠향해 주시기 원합니다. 그리고 하나님이 저희에게 은혜를 베풀어 주옵소서. 당신의 특별한 호의와 사랑으로, 저희와 함께 하옵소서."

6장

화목제로 관계성을 회복하라

"사람이 만일 화목제의 제물을 예물로 드리되 소로 드리려면 수컷이나 암컷이나 흠 없는 것으로 여호와 앞에 드릴지니 그 예물의 머리에 안수하고 회막 문에서 잡을 것이요 아론의 자손 제사장들은 그 피를 제단 사방에 뿌릴 것이며 그는 또 그 화목제의 제물 중에서 여호와께 화제를 드릴지니 곧 내장에 덮인 기름과 내장에 붙은 모든 기름과 두 콩팥과 그 위의 기름 곧 허리 쪽에 있는 것과 간에 덮인 꺼풀을 콩팥과 함께 떼어낼 것이요 아론의 자손은 그것을 제단 위의 불 위에 있는 나무 위의 번제물 위에서 사를지니 이는 화제라 여호와께 향기로운 냄새니라"(레 3:1-5).

노란 손수건을 아시나요?

노란 손수건 이야기를 아십니까? 어떤 집에 불량한 아들이 있었습니다. 이 녀석이 부모의 속을 그토록 썩이다가 결국 가출을 해버리고 말았습니다. 이 아들은 밖에 나가서 제멋대로 살았습니다. 부모의 간섭도 없으니 얼마나 허랑방탕한 생활을 했겠습니까? 그러다가 집이 그립고 부모님의 사랑이 생각나 집으로 돌아가고 싶은 마음이 들었습니다. 그렇게 살아봤자 결국 남는 것은 허무함과 허탈한 마음뿐 아니겠습니까? 그래서 그는 내가 이렇게 살아선 안 되겠다 생각하고 결국 집으로 돌아가기로 결심했습니다.

그러나 이 아들은 자신이 없었습니다. '과연 내가 돌아가면 우리 부모님이 나를 받아줄 것인가?' 왜냐하면 너무나 부모의 속을 많이 썩였기 때문입니다. 부모님이 자신을 받아줄 것이라는 확신이 들지 않았습니다. 그래서 부모님께 편지를 썼습니다. "아버지, 제가 아버지 어머니께 잘못한 마음이 듭니다. 그래서 집으로 돌아가고 싶은데, 아버지 어머니가 저를 받아 줄지 안 받아 줄지 확신이 들지 않아 이렇게 편지를 씁니다. 혹시나 아버지께서 저 같은 놈도 받아 줄 생각이 있으시면, 집 마당에 있는 나무에 노란 손수건을 걸어주십시오. 그러면 제가 들어가고, 걸려 있지 않으면 들어가지 않겠습니다."

그리고 아들이 부모님의 집 앞으로 가봤습니다. 정말 노란 손수건이 걸려 있나 안 걸려 있나 하고 가봤더니, 그 나뭇가지 전체에 노란 손수건이 가득가득 걸려 있었습니다. 그래서 아들이 안심하고 부모님의 집으로 들어가게 되었다는 것이 아닙니까? 미국 같은 경우는 부모와 자식이 다투고 나서 가출을 한 후에는 가출한 자식이 한평생 부모와 연락을 끊고 지내는 경우가 많이 있다고 합니다. 그 녀석들이 밖에 나가 갱이 되고 마약을 하며 탈선을 하게 됩니다. 그런 문화에서는 부모와 자식이 다시 화해를 한다는 것이 얼마나 소중한 일인지 모릅니다.

저는 예수님을 믿는다고 엄청난 핍박을 받고 쫓겨났습니다. 아버지가 저를 이루 말할 수 없이 핍박을 하시고 쫓아냈습니다. 그러나 저는 다시 집으로 들어가서 아버지를 전도하려고 했습니다. 그때 저는 지방 신학교이지만 광주신학교를 수석으로 합격한 상태였습니다. 그래서 아버지께 다시 들어가서 "아버지, 제가 신학교를 수석으로 합격했습니다. 제가 꼭 훌륭한 목사가 되겠습니다. 그러니 아버지께서도 교회 좀 나가셨으면 좋겠습니다."

그러자 아버지는 저를 작두에 모가지를 썰어 죽인다고 할 정도로 핍박했습니다. "이놈의 자식이 아직 매 맛을 덜 봐서 그러지. 너하고 나하고는 아주 연을 끊어버리자. 부모 말 안 들으려면 너 같은 놈 필요없다. 그놈의 신학교 수석 합격이니 꼴등 합격이니 그런 건 우리 집안과 아무 상관 없다." 그러면서 아버지가 저를 작대기로 두들겨 팼습니다. 결국 저는 울며 집을 나갈 수밖에 없었습니다. 그때 집을 나가면서 이렇게 결심하였습니다. '나도 우리 아버지와 의절을 하고 살리라. 내가 아버지를 버린 것도 아니고 아버지가 나를 버린 것인데, 나는 정말 우리 아버지 어머니 그리고 형제간과 의절하고 살리라.' 그러고는 그 길로 광주신학교로 들어갔습니다.

"막둥이가 안 죽고 살아와서 감사합니다."

바로 그 해에 5·18 광주민주화항쟁이 일어났습니다. 지금이니까 뭐 5·18, 5·18 하지만 그때 당시는 얼마나 난리통이었는지 아십니까? 그야말로 전쟁통이었습니다. 광주는 전화가 다 끊겼습니다. 광주에서 서울로든 지방으로든 어떤 곳이든 전화가 다 끊겨버렸습니다. 그리고 전국 방송에는 광주민주화 사건이 빨갱이 폭도들에 의해서 일어난 것이라고 보도되었습니다. 그런 방송을 저희 부모님께서 보실 것 아니겠습니까? 아무리 예수 믿는다고 쫓아낸 아들이지만 정말로 어머니 아버지가 미워서 그랬겠습니까? 그렇게 하면 제가 돌아올 줄 알고 그런 것입니다.

예수님을 버리고, 부모님의 말을 듣고, 선영도 섬기고, 목사도 안 되고, 공무원 시험을 보든지, 법과대학에 가서 아버지의 포부를 이뤄드리든지 그러려고 그런 것 아니겠습니까? 그런데 광주에 무슨 연락이 되겠습니까? 죽었는지 살았는지 알 방도가 없었습니다. 같은 동네에서 초등학교 때부터 쭉 같이 공부했던 친구가 있었습니다. 그 친구가 현재 원광대학교 의과대학 교수로 있는데 그 당시엔 그 친구가 전남대학교 의과대학을 다녔었습니다. 그런데 연식이는 광주에 교통이 차단되기 전에 재빨리 버스를 타고 남원으로 돌아왔습니다.

그 친구가 집에 가서 광주사태에 대한 이모저모를 다 이야기했을 것 아니겠습니까? 그러니 어머니 아버지는 자식 하나 죽은 줄 알고 얼마나 후회하고 탄식을 했는지 모릅니다. “제발 이놈이 살아있기만 해도 좋을 텐데……” 하고 어머니가 밤낮으로 우셨다고 합니다. “아이고, 우리 막둥이는 살았는가 죽었는가……막둥이만 살아 있으면 나도 교회를 다니겠다”고 하셨다는 겁니다.

이제 시간이 흘러서 광주사태 계엄선포가 해제되자, 작은형이 광주 운암동에 있는 광주신학교로 저를 찾아 왔습니다. 그 광주신학교는 처음에 저도 찾기 힘들었었습니다. 택시를 타고 광주신학교를 가자고 했더니, 광주 가톨릭대학교에 데려다 주는 것이 아닙니까? 그런데 작은형님이 물어물어 광주신학교를 찾아 왔습니다. 그때는 수업도 안 하고 있을 때였습니다.

형님이 기숙사로 찾아와서는 그렇게 불쌍하다는 듯이 저를 보는 것이 아닙니까? 그 초라한 광주신학교 건물과 남루한 기숙사의 모습을 물끄러미 바라보면서, ‘아무리 그래도 내 동생이 여기 다닐 실력은 아닌데, 그래도 내 동생이 공부도 잘하고 말도 잘하고 똑똑했는데, 어떻게 이런 학교를 다닌단 말인가. 오죽이나 실력이 없고 공부를 못했으면 이런 신학교를 들어오게 되었단 말인가.’ 그런 눈빛으로 눈물이 글썽글썽해서 저를 바라보았습니다.

작은형이 제 손을 잡고 말했습니다. “강석아, 어머니 아버지가 너를 찾고 계셔. 집에 가서 인사 한번 드려라." 그때 제가 작은형의 손을 뿌리치며, "나는 안 갈 거야. 절대로 안 갈 거야. 그렇게 아들을 쫓아내는 어머니 아버지가 어디 있어? 난 안 갈 거야 형 혼자 가." "그러지 말고 같이 가자. 나를 따라가면 돼. 가서 네가 이렇게 건강하게 살아있는 모습을 어머니 아버지에게 보여드려야 될 것 아니냐." 그러자 저는 계속해서 나는 며칠 생각해보고 가든지 말든지 할 테니 형 먼저 가라고 했습니다. 그런데 작은형이 계속해서 저를 설득합니다.

"그러지 말고 지금 나랑 같이 가자. 그래야 어머니 아버지도 교회 나가시게 될지 어떻게 아냐?" 바로 그 소리가 귀에 꽂혀서 제가 형을 따라 나섰습니다. 가는 길에 제가 돈은 없지만 부모님께 뭘 좀 사갈까 가만 생각을 해보니, 우리 아버지가 제일 좋아하는 것이 술이었습니다. 그래서 소주 한 되짜리를 사가지고 갔습니다.

그러자 동네에서 교회 다니는 몇 사람이 저를 보고 수군수군댔다고 합니다. "소강석이 믿음도 별거 없네. 그렇게 믿음이 대단하다고 우리가 우러러 봤는데, 아버지한테 술 사가는 거 보니까 소강석이도 세상 사람과 똑같네." 이렇게 삐쭉거렸다고 합니다. 그때만 해도 이분법적 사고가 많았기 때문에 얼마든지 그런 생각 할 수 있으리라고 봅니다. 그러나 제 생각은 아버지가 술을 좋아하시니까 광주사태에서 죽은 줄 알았던 놈이 살아서 술 한 병 사가지고 와서 큰절을 하면, 아버지의 마음이 혹시 바뀌어서 전도되지 않을까 하는 마음으로 술을 사가지고 갔던 것입니다.

이윽고 집에 들어왔습니다. 그렇게 집에 가니까 우리 어머니가 울고불고 난리였습니다. 내 얼굴을 만지고 내 손을 만지면서 "아이고~ 내 아들이 안 죽고 살아왔네. 우리 막둥이가 안 죽고 살아왔어. 아이고~ 하나님 감사합니다. 감사합니다" 하고 교회도 안 나가시는 양반이 하나님 감사하다고 하는 것이 아닙니까? 그러면서 "뭘 그리도 고생을 할 팔자라고! 뭔 놈의 죽다 살아날 팔자로 태어나서 하필이면 광주로 가서 사지에서 살아남았느냐. 그렇께 남들은 다 죽었다고 해도 하나님이 너를 살려주셨구나" 하고 우셨습니다.

그런데 저희 아버지는 전혀 감정 표현이 없으신 분입니다. 꼭 우리 교회 강종직 장로님 같이 감정 표현이 없는 분입니다. "왔냐, 너 왔냐. 그래도 죽지는 않았구나." 그러고 끝이었습니다. 제가 "예, 아버지 방으로 들어가십시오" 하고 아버지께 술을 드리며 큰절을 했습니다. 그러면서 제가 "아버지, 교회 좀 다니세요, 아버지도 교회 좀 다니세요" 하고 그만 울어버리고 말았습니다.

♪ 사랑하는 내 아버지 예수를 믿어요
예수를 믿고 천국 가 영생을 누리세요

그때도 아버지는 아무 말씀도 안 하셨습니다. 그러다 한참 후에 뭐라고 말씀한 줄 아십니까? "너나 잘 다녀라. 그리고 이곳이 네 집이니까 언제든지 오고 싶으면 와." 아버지께서 내 전도를 받고 교회는 나가시지 않았지만 그래도 그 일로 인하여 부자지간에 화해를 이루게 되었습니다. 그래서 그때부터 간간이 집을 찾아가 어머니 아버지께 전도를 한 적이 있습니다. 물론 그렇다고 금방 아버지가 교회에 나가신 것은 아니지만, 어쨌든 간에 우리 집을 왕래하고 다녔단 말입니다. 또 정 권사님을 모시고 가서 전도까지 하고 말입니다.

탕자, 눈물로 회심하며 돌아오다

누가복음 15장을 보면 탕자의 비유가 나옵니다. 어떤 사람에게 두 아들이 있었습니다. 큰아들은 그래도 범생이었지만 문제는 작은아들이었습니다. 이놈이 자꾸 집을 나가겠다고 합니다. 아버지 품을 떠나 인생을 제 맘대로 한번 살아보고 싶다는 것입니다. 그래서 자기가 받을 유산을 미리 달라고 막 졸라댑니다. 아버지가 아무리 달래도 이놈이 얼마나 졸라대던지 아버지는 더 이상 달래지를 못했습니다. 결국 그 아버지는 작은아들에게 유산을 나눠주고 말았습니다. 며칠 못 돼 이놈은 유산을 정리하여 먼 나라로 떠나고 말았습니다. 그리고 그는 그곳에 가서 허랑방탕하게 살았습니다.

물론 한동안은 재미가 났습니다. 얼마나 육체의 쾌락과 세상 재미가 달콤한지 모릅니다. 돈을 물 쓰듯 쓰니까 친구도 여자도 얼마나 많이 따랐는지 모릅니다. 어디를 가도 형님, 오빠 소리만 들었습니다. 한마디로, 탕자의 삶은 유토피아 그 자체였습니다. 그런데 그렇게 돈을 써대니까 언젠가는 돈이 떨어질 수밖에 없지 않겠습니까? 결국 그 청년은 받은 재산을 몽땅 탕진해버리고 이제 혼자가 되었습니다. 돈이 떨어지니 친구도 애인도 다 떠나가 버리고 혼자가 되었습니다. 청년은 자신의 인생이 얼마나 허무감과 고독감에 빠졌는지 모릅니다. 얼마나 인생이 씁쓸하게 느껴지는지 모릅니다.

설상가상으로 그 나라에는 흉년까지 들었습니다. 이 청년은 매우 궁핍하게 되었습니다. 궁핍하다 못해 그는 거지가 되었고 돼지우리에서 돼지가 먹는 쥐엄열매로 끼니를 잇는 짐승과 같은 신세가 되었습니다. 얼마나 하루하루의 삶이 서럽고 서글프기만 한지 모릅니다. 밤이 되면 허기진 배를 안고 울고 또 울어댑니다. 너무나 자신의 신세가 처량하였기 때문입니다. "아, 나는 여기서 이렇게 죽어야 되는가. 내 아버지의 집에 가면 먹을 것도 많이 있고 잠잘 방도 많이 있고 입을 의복도 많이 있는데 나는 여기서 굶주린 채 이렇게 죽어야만 한단 말인가."

이 차디찬 돼지우리, 똥냄새 나는 돼지우리에서 탕자는 허기진 배를 안고 아버지의 품을 그리며 울고 있었습니다. 따뜻한 아버지의 집에서 온갖 사랑을 다 받고 호강을 하며 살았던 때를 생각하며 울고 또 웁니다. "아버지, 이 불효자식이 죄를 범하였습니다. 이 불초소자가 씻을 수 없는 큰 죄를 범하였나이다. 너무나 큰 죄를 지어 이제는 아버지께로 돌아가고 싶어도 돌아갈 수가 없는 신세가 되었습니다. 아버지, 저는 어떻게 하면 좋습니까?"

♪ 멀리 멀리 갔더니 처량하고 곤하여
슬프고도 외로워 정처없이 다니니

예수 예수 내 주여 지금 내게 오셔서
떠나가지 마시고 길이 함께 하소서

탕자는 배고프고 헐벗고 서럽던 그날 밤, 아버지를 생각하며 한없이 울었습니다. 눈이 퉁퉁 붓도록 아니, 눈물이 말라버리도록 울고 또 울었습니다. 그러다 마침내 팍 생각나는 것이 하나 있었습니다. 머릿속에 섬광처럼 스쳐지나가는 것이 하나 있었는데 그것이 바로 아버지의 사랑이었습니다.

어릴 때부터 집을 나올 때까지 아버지가 자기 마음속에 심어놓았던 그 따뜻한 사랑! 당시 고대 근동에서는 작은아들이 장가도 안 들어 유산을 달라고 하면 그놈은 돌에 맞아 죽을 천하의 패역무도한 놈이었습니다. 그런데 탕자의 아버지는 아들의 요구를 그대로 다 들어주었습니다. 그만큼 아들을 사랑하고 믿어주고 신뢰했다는 말입니다. 아버지가 집을 나갈 때에도 그런 사랑을 심어주었습니다.

탕자는 생각했습니다. '그처럼 사랑이 많은 아버지라면 나를 충분히 받아주시겠지. 내가 아무리 큰 죄를 지었다고 해도 우리 아버지라면 나를 적어도 품꾼의 하나로라도 받아 주실 거야. 그래도 나를 노예 중의 하나로는 받아주시지 않겠는가.' 이런 생각을 하면서 탕자는 용기를 내어 아버지 집으로 돌아가리라고 결심을 했습니다. '그래, 아버지께로 돌아가자. 용기를 내어 아버지의 집으로 돌아가자.'

탕자는 이른 새벽부터 일어나 아버지의 집으로 출발합니다. 누더기 옷을 걸쳐 입고 배고프고 지친 몸으로 아버지의 집으로 걸어갑니다. 아버지의 따뜻한 사랑을 생각하면서 말입니다.

♪ 나 주를 멀리 떠났다 이제 옵니다
나 죄의 길에 시달려 주여 옵니다
나 이제 왔으니 내 집을 찾아
주여 나를 받으사 맞아 주소서

그때 아버지는 행여나 내 아들이 오늘이나 올까 내일이나 돌아올까 하여, 낮이면 낮마다 밤이면 밤마다 문을 열어놓고 아들이 오기만을 기다리고 있었습니다. 그런데 초라한 아들의 모습이 아버지 눈에 가까이 보이는 것이 아니겠습니까? 거지만 입던 누더기 옷차림, 축 쳐져버린 어깨, 절뚝거리는 다리, 창백한 얼굴, 아니 굶주려 있는 창자의 모습까지 아버지 눈에 다 보이는 듯했습니다.

그 모습을 보는 아버지는 가슴이 찢어지는 듯했습니다. 그래서 아직도 상거가 멀었지만 아버지는 그냥 맨발로 자식에게 달려갑니다. "이놈아, 이제야 돌아오느냐. 내 자식아, 어디서 무슨 고생을 하다가 이제야 돌아온단 말이냐."

아버지는 당장 아들에게 목욕을 시켜주고 제일 좋은 옷을 입혀주고 손에 인장 가락지를 끼워주고 새 신발을 신겼습니다. 이것은 모두 아버지가 돌아온 아들의 모든 신분과 권위를 다시 회복시켜주는 행동이었습니다. "아들아, 더 이상 너는 절대로 품꾼이 아니야. 너는 내 사랑스러운 아들이야. 어찌 네가 나의 품꾼이 될 수가 있어. 너는 나의 사랑스럽고 자랑스러운 아들이란 말이다."

아버지는 그 아들을 위해 소와 양을 잡고 큰 잔치를 배설해주었습니다. "내 아들이야말로 죽었다가 다시 살아났고 잃었다가 다시 얻었으니 우리 모두 기뻐하고 즐거워하자꾸나." 그러면서 살찐 송아지와 양을 잡고 큰 잔치를 배설하였습니다.

화목제의 정신과 분위기

여기에는 오늘 화목제의 정신과 분위기가 깔려 있습니다. 아버지가 아들이 돌아왔을 때에 살찐 송아지와 양을 잡고 잔치를 배설하지 않습니까? 바로 이것이 화목제의 정신과 분위기가 깔려 있는 사건이란 말입니다. 그러므로 화목제의 정신과 본질을 알아야 오늘 이 탕자의 비유 사건이 제대로 이해가 됩니다. 또한 탕자의 비유 사건을 통해서 화목제의 정신과 본질을 제대로 알 수 있습니다.

화목제라는 말은 히브리어로 '쩨바흐 쉘라밈'이라고 하는데, '화평의 희생제, 친교의 희생제'라는 말입니다. 다시 말하면 화평을 위한 희생제사요, 친교를 위한 희생제사라는 말입니다. 그러므로 화목제란 위로는 하나님과 화목하고 아래로는 이웃과의 친교를 위해 드리는 제사입니다. 그래서 이 제사에서만 제례자도 자신이 드린 제물을 먹을 수가 있습니다. 아니, 이웃과도 축제 분위기에서 그 제물을 나눠 먹을 수가 있었습니다.

화목제는 감사의 화목제가 있고 서원의 화목제가 있습니다. 그리고 너무나 기쁘고 즐거워서 드리는 낙헌제 혹은 자원제의 화목제가 있습니다. 그러나 어떤 화목제가 되었든지 화목제의 결과는 주로 하나님과의 화목이고 이웃과의 친교가 그 주를 이루었습니다. 그런데 먼 훗날 예수님께서 이 땅에 오셔서 하나님 앞에 화목제물로 드려졌다는 사실입니다.[19] 십자가로 하나님과 우리를 화목하게 하시고 또 우리를 진노의 자녀에서 하나님의 자녀로 바꿔주셨습니다.

요일 2:2 그는 우리 죄를 위한 화목 제물이니 우리만 위할 뿐 아니요 온 세상의 죄를 위하심이라

요일 4:10 사랑은 여기 있으니 우리가 하나님을 사랑한 것이 아니요 하나님이 우리를 사랑하사 우리 죄를 속하기 위하여 화목 제물로 그 아들을 보내셨음이라

엡 2:14 그는 우리의 화평이신지라 둘로 하나를 만드사 원수 된 것 곧 중

19) 어떤 학자는 '화목제물' 보다는 '속죄제물(atoning sacrifice) 혹은 '속죄(atonement, expiation)'가 되어 주셨다고 주장한다. 하지만 속죄의 개념에 '화해(propitiation)'의 개념이 포함되어 있다.

간에 막힌 담을 자기 육체로 허시고

엡 2:16 또 십자가로 이 둘을 한 몸으로 하나님과 화목하게 하려 하심이라 원수 된 것을 십자가로 소멸하시고

롬 5:10 곧 우리가 원수 되었을 때에 그의 아들의 죽으심으로 말미암아 하나님과 화목하게 되었은즉 화목하게 된 자로서는 더욱 그의 살아나심으로 말미암아 구원을 받을 것이니라

예수님께서 화목제물로 십자가에 죽으신 것이 아닙니까? 예수님께서 화목제물로 십자가에 죽으셨다는 자체가 하나님의 사랑이 아닐 수가 없습니다. 하나님께서 예수 그리스도를 이 땅에 보내사 화목제물로 죽게 하셔서 우리가 하나님과 화목하게 되었고 이웃과 화목의 친교를 하게 되었으니 이것이 하나님의 축복이 아니고 무엇이겠습니까? 이것이 하나님의 사랑이 아니고 무엇이겠습니까? 그래서 우리가 이 하나님의 사랑을 노래합니다. 이 하나님의 사랑을 찬양합니다.

♪ 그 크신 하나님의 사랑 말로 다 형용 못하네
저 높고 높은 별을 넘어 이 낮고 낮은 땅 위에
죄 범한 영혼 구하려 그 아들 보내사
화목제로 삼으시고 죄 용서하셨네

하늘을 두루마리 삼고 바다를 먹물 삼아도

한없는 하나님의 사랑 다 기록할 수 없겠네
하나님의 크신 사랑 그 어찌 다 쓸까
저 하늘 높이 쌓아도 채우지 못하리

(후렴) 하나님 크신 사랑은 측량 다 못하며
영원히 변치 않는 사랑 성도여 찬양하세

화목제의 삶을 살아야

우리도 예수 그리스도 안에서 화목제와 같은 영적 제사를 드리고 또한 그런 화목의 삶을 살아야 합니다. 항상 우리는 하나님과 화목하고 이웃과 화목한 삶을 살아야 한단 말입니다.

욥 22:21 너는 하나님과 화목하고 평안하라 그리하면 복이 네게 임하리라

롬 5:1 그러므로 우리가 믿음으로 의롭다 하심을 받았으니 우리 주 예수 그리스도로 말미암아 하나님과 화평을 누리자

고후 5:18-19 모든 것이 하나님께로서 났으며 그가 그리스도로 말미암아 우리를 자기와 화목하게 하시고 또 우리에게 화목하게 하는 직분을 주셨으니 곧 하나님께서 그리스도 안에 계시사 세상을 자기와 화목하게 하시며 그들의 죄를 그들에게 돌리지 아니하시고 화목하게 하는 말씀을 우리에게 부탁하셨느니라

예수님께서도 말씀하시기를, 하나님께 예물을 드리러 가다가 형제와 불화한 일이 생각나거든 그 예물을 제단에 두고 형제와 화목한 다음에 다시 가서 예물을 드리라고 하시지 않았습니까?

마 5:23-24 그러므로 예물을 제단에 드리려다가 거기서 네 형제에게 원망 들을 만한 일이 있는 것이 생각나거든 예물을 제단 앞에 두고 먼저 가서 형제와 화목하고 그 후에 와서 예물을 드리라

우리 예수님께서도 하나님과 화목하는 것이 우선이지만 이웃과 화목한 것이 이렇게 중요하다고 역설하고 계시지 않습니까? 그러므로 신앙생활을 하면서 언제나 하나님과 화목하되 이웃과도 화목해야 합니다. 형제와도 화목해야 합니다. 교인들끼리도 화목해야 합니다. 특별히 주의 종과 화목한 관계를 이루어야 합니다.

화목제를 드리는 방법

레위기에서 화목제를 어떻게 드렸습니까? 화목제를 드리는 방법은 많은 부분에서 번제와 비슷합니다. 왜냐면 번제가 모든 제사의 기본이기 때문입니다. 제례자가 제물을 제단 위에 가져와서 안수하는 부분까지는 똑같습니다. 그러나 좀 다른 부분이 있습니다.

1. 제물은 제례자가 도살해야 했습니다.[20]

이 화목제물은 제례자가 도살하였지만, 그 제물이 수컷이든 암컷이든지는 상관없습니다. 그저 흠 없고 온전한 제물만 가지고 오면 되었습니다.

> 레 3:1 사람이 만일 화목제의 제물을 예물로 드리되 소로 드리려면 수컷이나 암컷이나 흠 없는 것으로 여호와 앞에 드릴지니

> 레 3:6 만일 여호와께 예물로 드리는 화목제의 제물이 양이면 수컷이나 암컷이나 흠 없는 것으로 드릴지며

화목제물은 꼭 수컷을 드리라고 하지 않았습니다. 하나님께서 대표성의 원리도 적용시키지 않았습니다. 왜 그랬을까요? 이유는, 화목제의 목적이 하나님과 인간과의 화해, 그리고 인간과 인간 사이의 상호 친밀한 교제를 도모하도록 하기 위해서였기 때문에 암수의 차별이 없었단 말입니다.

---

20) 제사장이 도살했는지 제례자가 도살했는지는 고대로부터 논쟁이 있었던 부분이다. 랍비들과 70인경은 제사장 전담으로 보았다. 반면에 탈굼을 비롯한 유대 여러 경전들과 요세푸스의 증거는 누구든지, 심지어 이방인이 그 일을 해도 상관없다고 기록한다. 참조. Milgrom, J. Leviticus 1-16, 154. 하지만 히브리어 원문을 보면 주어가 분명히 제례자이다. 그래서 필자는 성경의 증거에 따라 제례자가 안수, 도살, 가죽 제거, 각뜨기를 했다고 생각한다. 하틀리는 다음과 같이 주장한다. 안수와 도살 - 제례자, 피 의례 - 제사장, 각뜨기 - 제례자, 짐승 올려 놓기 - 제사장, 내장 세척 - 제사자, 짐승 태우기 - 제사장. 참조. J. E. Hartley, 《레위기》, WBC (솔로몬 2005), 132-33.

예수 그리스도의 화목의 복음과 화해의 복음은 빈부귀천 남녀노소의 차별이 없다는 교훈을 주고 있습니다. 그러니까 여기는 수컷을 드림으로써 대표성의 원리를 적용할 필요가 없었던 것입니다. 그래서 제례자가 제물을 가지고 와서 제물에게 안수하면 바로 제사장이 제물을 도살합니다.

2. 제사장은 짐승의 기름과 콩팥을 불태워 드렸습니다.

화목제의 희생제물 중 반드시 하나님 앞에 화제로 불살라 드려야 할 부분은 네 곳이었습니다.

레 3:3-5 그는 또 그 화목제의 제물 중에서 여호와께 화제를 드릴지니 곧 내장에 덮인 기름과 내장에 붙은 모든 기름과 두 콩팥과 그 위의 기름 곧 허리 쪽에 있는 것과 간에 덮인 꺼풀을 콩팥과 함께 떼어낼 것이요 아론의 자손은 그것을 제단 위의 불에 있는 나무 위의 번제물 위에서 사를지니 이는 화제라 여호와께 향기로운 냄새니라

레 3:9-11 그는 그 화목제의 제물 중에서 여호와께 화제를 드릴지니 그 기름 곧 미골에서 벤 기름진 꼬리와 내장에 덮인 기름과 내장에 붙은 모든 기름과 두 콩팥과 그 위의 기름 곧 허리 쪽에 있는 것과 간에 덮인 꺼풀을 콩팥과 함께 떼어낼 것이요 제사장은 그것을 제단 위에서 불사를지니 이는 화제로 여호와께 드리는 음식이니라

※ 불살라 드려야 할 네 부분

① 내장에 덮인 기름이었습니다. 이것은 위에서 장까지 내장을 전체적으로 싸고 있는 큰 꺼풀의 기름 부위를 말합니다. ② 내장에 붙어 있는 모든 기름 부위였습니다. ③ 두 콩팥과 허리 쪽에 붙어 있는 모든 기름 부위였습니다. ④ 간 위를 덮고 있는 꺼풀 부위의 기름이었습니다.

이렇게 하나님은 희생제물의 속 부분, 다시 말하면 제물 중에서 가장 기름지고 좋은 부위를 제물로 받으셨습니다. 바로 이런 제사 의식을 통해 하나님은 우리에게 이런 교훈을 주셨습니다.

모든 하나님의 백성이 하나님께 바쳐야 할 것은 우리의 속 심령으로부터 우러나오는 가장 귀하고 진실한 것이어야 한다는 사실입니다. 하나님 앞에 드릴 때는 가장 좋은 것으로 최상의 법칙과 최선의 법칙을 적용하여 드려야 합니다. 아니, 외적으로 좋은 것일 뿐만 아니라 우리의 속 중심에서부터 우러나오는 가장 귀하고 진실된 것, 그리고 가장 최상의 것을 드려야 합니다.

특별히 하나님께서는 기름을 기뻐하신다고 하지 않았습니까? 기름은 모든 생명의 에너지요, 또한 삶을 윤택하게 하는 동력이기 때문입니다. 그래서 화목제물로 드리는 양은 기름이 많은 꼬리까지 드리라고 했습니다.

레 3:9 그는 그 화목제의 제물 중에서 여호와께 화제를 드릴지니 그 기름 곧 미골에서 벤 기름진 꼬리와 내장에 덮인 기름과 내장에 붙은 모든 기름과

양의 꼬리를 드리라고 하지 않습니까? 왜냐하면 양의 꼬리에는 기름이 많기 때문입니다. 어떤 책을 보니, 꼬리를 드리는 것에 대해 이렇게 설명을 해놓았습니다. 우리 하나님은 아버지의 마음을 가지고 계신다는 것입니다. 그래서 하나님은 제일 나쁜 꼬리를 드시고 제사장과 제례자들에게 가장 좋은 살찐 부위를 먹도록 하셨다고, 이것이 하나님의 사랑이고 하나님의 배려라는 것입니다.

언뜻 생각하면 굉장히 은혜스럽습니다. 그러나 성경의 본뜻은 그런 것이 아닙니다. 하나님은 원래 기름을 기뻐하십니다. 그래서 기름이 많이 붙어 있는 양의 꼬리를 하나님께 드리라고 했습니다. 양의 기름진 꼬리와 내장과 콩팥과 또 간에 덮여 있는 기름을 번제단에 불로 태워 드리면 그 기름 타는 냄새가 얼마나 향기롭고 고소하겠습니까? 하나님은 그 냄새를 기쁘게 향기롭게 받으시겠다는 것입니다.

더구나 앞서 누누이 강조한 것처럼, 이 내장이라고 하는 말이 짐승에게 적용이 될 때는 내장이지만 사람에게 적용이 될 때는 속 중심으로 쓰입니다. 고대 히브리인들은 사람의 감정이 내장이나 간, 특별히 콩팥에 있다고 생각했습니다. 그들은 심장보다도 오히려 콩팥을 중요하게 생각했던 사람들이었습니다.

이 제물을 드릴 때에 내장에 붙어 있는 기름, 간에 붙어 있는 기름과 또 콩팥에 붙어 있는 기름을 불살라 하나님께 드리라는 것은 모든 제례자의 감정을 하나님께 드리라고 하는 교훈입니다. 이미 제례자와 제물은 안수를 통해 일치가 되지 않았습니까?

내장과 간에 붙어 있는 기름과 콩팥을 드리라는 것은 제례자의 중심, 신앙의 감정을 다 드리라는 말입니다. 제물을 형식으로만 드리지 말고 중심으로 마음을 다하고 성품을 다하고 뜻을 다하여 하나님께 제사를 드리고 제물을 드리라는 말입니다.

안이숙 여사의 일편단심

우리 하나님은 어떤 하나님입니까? 속 중심을 보시는 하나님입니다. 사람은 외모를 보거니와, 사람은 어떤 외식이나 의식이나 형식을 볼 수 있겠지만, 하나님은 속 중심을 보신다고 하지 않습니까?

> 삼상 16:7 여호와께서 사무엘에게 이르시되 그의 용모와 키를 보지 말라 내가 이미 그를 버렸노라 내가 보는 것은 사람과 같지 아니하니 사람은 외모를 보거니와 나 여호와는 중심을 보느니라 하시더라

故 안이숙 여사는 20세에 일제 신사참배를 반대하다가 일본으로 끌려갔습니다. 일본 순사는 고춧가루를 가지고 얼마나 그녀에게 고통을 주었는지 모릅니다. 안이숙 여사를 거꾸로 매달아 놓고 고춧가루

를 물에 타서 콧구멍에 넣기도 하고 고춧가루를 눈에 넣고 온갖 고통을 다 주었습니다. 그러면서 신사참배를 강요하였지만 그녀는 절대로 굴복하지 않았습니다.

워커발로 젖가슴을 짓밟고 옷을 찢고 온갖 횡포와 말할 수 없는 회유를 하였지만 안이숙 여사는 절대로 굴복하지 않았습니다. 어느 때는 두려움을 주고 또 위협과 협박을 하다가 또 어느 때는 얼마나 달콤한 말로 회유를 하고 꼬셨는지 모릅니다. 그래도 안이숙 여사는 절대로 굴복하지 않았습니다.

그녀는 오직 임 향한 일편단심, 하나님만 섬기겠다고 고백을 했습니다. 하나님만 섬기다가 죽더라도 좋겠다는 것입니다. 오늘 하루 살아있는 것이 하나님의 은혜요 살아서 하나님만 섬기는 것이 하나님의 축복이라고 여겼기 때문입니다. 그래서 그녀는 순사들이 짓밟는 고통 속에서도 감옥에서 이 노래를 부르고 또 불렀습니다.

♪ 내일 일은 난 몰라요 하루하루 살아요
불행이나 요행함도 내 뜻대로 못해요
험한 이 길 가고가도 끝은 없고 곤해요
주님 예수 팔 내미사 내 손 잡아주소서
내일 일은 난 몰라요 장래 일도 몰라요
아버지여 날 붙드사 평탄한 길 주옵소서

좁은 이 길 진리의 길 주님 가신 그 옛길
힘이 들고 어려워도 찬송하며 갑니다
성령이여 그 음성을 항상 들려주소서
내 마음은 정했어요 변치 말게 하소서
내일 일은 난 몰라요 장래 일도 몰라요
아버지여 아버지여 주신 소명 이루소서

이렇게 노래하면 또 일본 순사가 와서 안이숙 여사를 지근지근 밟아댑니다. 그때 안이숙 여사가 뭐라고 고백한 줄 아십니까? "나는 이미 우리 주님께 절을 해버렸습니다. 나는 이미 주님을 사랑한다고 주님께 고백했습니다. 그러니 나는 어느 누구에게도 절할 것이 남아 있지 않습니다. 나는 누구에게도 더 고백할 사랑이 없습니다. 이미 주님께 나의 신앙의 정조를 드렸습니다. 순사님! 어떻게 정조가 둘이 있을 수 있단 말입니까? 주님께 내 신앙의 정조를 바쳤는데……. 나는 일본 신사 앞에 바칠 정조가 없습니다."

바로 이것이 스무 살 때 안이숙 여사가 하나님께만 드렸던 속 중심의 제물이라고 할 수 있습니다. 짐승으로 말하면 그 내장에 덮여 있는 기름 꺼풀, 간에 덮여 있는 기름과 콩팥에 덮여 있는 기름, 그리고 콩팥 전부를 주님 앞에 드린 것입니다. 이미 하나님께서는 안이숙 여사의 중심을 받으시고 그의 모든 기름과 내면의 사랑을 다 받으셨습니다.

안이숙 여사는 결국 처형을 당하게 되었습니다. 그런데 바로 며칠 후에 8·15광복이 되어 목숨을 살릴 수가 있었습니다. 그러나 그는 이미 그 속에 있는 모든 기름 꺼풀과 콩팥을 하나님 앞에 드렸습니다. 살았지만 속 중심의 전부, 모든 사랑의 전부를 순교의 제물로 하나님 앞에 드렸던 것입니다.

우리도 언제나 하나님께 예배드릴 때 먼저 속 중심을 드려야 합니다. 우리가 헌신하고 사명을 감당할 때도 언제나 먼저 속 중심의 사랑을 드려야 합니다. 헌금을 하고 또 주일날 교회에 와서 봉사를 하고 여러 가지로 주의 일을 감당할 때에 항상 속 중심을 드려야 합니다. 내면의 사랑을 하나님께 드려야 합니다.

♪ 내 마음 주께 바치옵니다 주께서 말씀하신다
내게로 오라 오직 내게로 그 말씀 따라서
이 마음 주께 바치고 이 몸도 드리옵니다
내 마음 주께 바치옵니다 오 나의 주님이시여

3. 감사제와 서원제의 화목제는 소제와 전제를 함께 드렸습니다.

레 7:12-13 만일 그것을 감사함으로 드리려면 기름 섞은 무교병과 기름 바른 무교전병과 고운 가루에 기름 섞어 구운 과자를 그 감사제물과 함께 드리고 또 유교병을 화목제의 감사제물과 함께 그 예물로 드리되 왜 소제와 전제를 함께 드렸을까요? 번제를 공부할 때 말씀드리지 않았습니까? 시작도 자원하는 마음으로 드렸지만, 마침도 자원하고 기쁜 마음으로 제사를 마친다는 의미에서 화목제를 드렸습니다. 행복한 마음으로 제사를 드렸다는 의미로 함께 드렸습니다.

뿐만 아니라 화목제의 향을 더하게 하기 위해서였습니다. 제물이 타고 있는데 곡식의 소제를 그 위에 태운다면 얼마나 고소한 냄새가 나겠습니까? 얼마나 그 향이 짙겠습니까? 그래서 하나님께 드리는 화목 제사를 더 고소하고 향기롭게 드리기 위해서 소제를 태웠습니다.

그런데 이때는 유교병을 드릴 수 있었습니다. 다시 말하면 누룩을 넣을 수 있었단 말입니다. 유교병이란 누룩을 넣은 떡을 말합니다. 하나님께 화제로 드리는 제물에는 유교병을 드릴 수 없었습니다. 그러나 제례자가 이웃과 함께 나눠 먹는 축제 음식에는 얼마든지 누룩을 넣을 수 있었습니다. 왜냐면 맛있게 먹으라고 그렇게 허락하셨습니다. 하나님께 불로 태워드리는 제사에는 누룩을 넣을 수 없지만 함께 나눠 먹는 축제 음식에는 하나님이 허락하셨습니다. 그만큼 하나님께서 언약백성들의 친교와 화목을 귀중하게 보셨습니다. 언약백성들이 서로 함께 즐거워하고 화목하며 교제하는 것을 기뻐하셨다는 말입니다.

오늘날도 마찬가지입니다. 하나님께서는 우리 성도들이 친교하고 화해하는 것을 기뻐하십니다. 그러므로 우리는 성도끼리 화목해야 합니다. 절대로 원수 짓고 분쟁해서는 안 됩니다. 서로 화해하고 화목하며 친교를 해야 됩니다. 언제나 사랑하며 섬기는 공동체를 이뤄야 합니다. 제발, 우리 성도들은 사랑하며 섬겨야 합니다. 언제나 예수 그리스도 안에서 화목하고 친교해야 합니다. 이것 역시 화목제의 한 부분이기 때문입니다.

4. 제례자는 가슴 고기와 오른쪽 뒷다리 고기를 제사장에게 드려야 했습니다.

레 7:30-34 여호와의 화제물은 그 사람이 자기 손으로 가져올지니 곧 그 제물의 기름과 가슴을 가져올 것이요 제사장은 그 가슴을 여호와 앞에 흔들어 요제를 삼고 그 기름은 제단 위에서 불사를 것이며 가슴은 아론과 그의 자손에게 돌릴 것이며 또 너희는 그 화목제물의 오른쪽 뒷다리를 제사장에게 주어 거제를 삼을지니 아론의 자손 중에서 화목제물의 피와 기름을 드리는 자는 그 오른쪽 뒷다리를 자기의 소득으로 삼을 것이니라 내가 이스라엘 자손의 화목제물 중에서 그 흔든 가슴과 든 뒷다리를 가져다가 제사장 아론과 그의 자손에게 주었나니 이는 이스라엘 자손에게서 받을 영원한 소득이니라

레 10:13-15 이는 여호와의 화제물 중 네 소득과 네 아들들의 소득인즉 너희는 그것을 거룩한 곳에서 먹으라 내가 명령을 받았느니라 흔든 가슴과 들어올린 뒷다리는 너와 네 자녀가 너와 함께 정결한 곳에서 먹을지니 이는 이스라엘 자손의 화목제물 중에서 네 소득과 네 아들들의 소득으로 주신 것임이니라 그 들어올린 뒷다리와 흔든 가슴을 화제물의 기름과 함

께 가져다가 여호와 앞에 흔들어 요제를 삼을지니 이는 여호와의 명령대로 너와 네 자손의 영원한 소득이니라

항상 화목제를 드릴 때 가슴 고기와 오른쪽 뒷다리는 제례자가 제사장에게 드려야 했습니다. 제례자가 제사장에게 그 제물을 드리면 제사장은 하나님께 가슴고기는 요제로 드리고, 뒷다리 고기는 거제로 드렸습니다. 요제라고 하는 제사는 제사장이 하나님 앞에 제물을 흔들어 드리는 것을 말합니다. 그런데 이 제물을 좌우로 흔드는 것이 아니라 제단 앞쪽과 뒤쪽으로 흔들어 댑니다. 어떤 의미로 흔드는 줄 아십니까?

"하나님, 이 가슴 고기를 하나님께 드립니다. 하나님이 화제로 받으신 것처럼 하나님께서 받으시기를 바랍니다. 그러나 하나님은 이것을 제게 주셨습니다. 그러니 주님의 이름과 주님의 영광을 위하여 내가 먹겠습니다." 이런 의미로 성전 쪽을 향하여 고기를 흔듭니다. 그래서 이 고기를 '흔든 가슴 고기'라고 부릅니다. 이것은 철저하게 제사장의 몫이 되었습니다.

거제의 의미

거제는 무엇입니까? 거제란 제사장이 하나님 앞에 상하로 올렸다 내렸다 하며 드리는 제사를 말합니다. 어떤 의미로 상하로 올렸다 내렸다 하는 줄 아십니까? "하나님, 이것도 하나님께 드립니다. 그러나

하나님은 분명히 이것을 내게 주셨습니다. 그러니 하나님의 이름과 영광을 위하여 제가 먹겠습니다." 그래서 이 고기를 '든 뒷다리 고기'라고 불렀습니다. 이것 역시 제사장이 먹었습니다. 제사장의 몫이 되었습니다. 성경은 이것을 '거룩한 고기'라고 했습니다.

요즘 부흥사들이 헌금을 할 때 헌금시간에 봉투를 들고 흔들어보라고 하는 경우가 많습니다. 좌우로 흔들거나 위아래로 올렸다 내렸다 하라고 합니다. 이것이 뭐냐면 구약의 요제와 거제를 모방하고 흉내 내는 경우입니다. 저는 목회를 하면서 단 한 번도 그렇게 흉내 내 본 적이 없습니다만, 다음에는 꼭 그렇게 한 번 해보고 싶은 마음이 듭니다. 그러나 사실 엄밀하게 말하면 그런 의미로 드리는 것은 아니었습니다.

아무튼 이렇게 제사장이 먹는 고기는 제일 고급이었습니다. 제일 좋은 부위 아닙니까? 가슴 고기와 뒷다리 고기이기 때문입니다. 그러고 나서 나머지 고기는 제례자들이 먹습니다. 그러니까 하나님께서 이 제사장을 굉장히 배려해 주셨다는 말입니다.

오늘날로 말하면 하나님께서 주의 종을 배려하신다는 말입니다. 수고의 대가를 보상해 주시고 주의 종의 권위를 인정해 주시고 또 주의 종을 존중히 여기며 또 대접 받으라고 하는 교훈이라고 누누이 말씀을 드리지 않았습니까? 그러므로 오늘날 주의 종에게 제일 좋은 것으로 대접해야 합니다. 절대로 주의 종의 권위를 떨어뜨리거나 도전하면 안 됩니다. 항상 주의 종을 사랑해야 합니다.

5. 나머지 고기는 제례자가 이웃을 초청해서 나눠 먹었습니다.

> 레 7:15-18 감사함으로 드리는 화목제물의 고기는 드리는 그 날에 먹을 것이요 조금이라도 이튿날 아침까지 두지 말 것이니라 그러나 그의 예물의 제물이 서원이나 자원하는 것이면 그 제물을 드린 날에 먹을 것이요 그 남은 것은 이튿날에도 먹되 그 제물의 고기가 셋째 날까지 남았으면 불사를지니 만일 그 화목제물의 고기를 셋째 날에 조금이라도 먹으면 그 제사는 기쁘게 받아들여지지 않을 것이라 드린 자에게도 예물답게 되지 못하고 도리어 가증한 것이 될 것이며 그것을 먹는 자는 그 죄를 짊어지리라

제례자가 이웃을 초청해서 나눠 먹는데 감사제는 그날 먹어 치워버려야 합니다. 물론 서원제는 이틀까지 놔둘 수 있습니다. 그러나 3일에는 반드시 불태워 먹어버려야 합니다.

그러면 왜 그날 당장 먹으라고 했습니까? 첫째, 고기가 부패할까 우려해서이고, 두 번째는 빨리 나눠 먹기 위해서입니다. 화목제는 축제예배 아닙니까? 그러므로 최고의 축제답게 혼자 먹지 않고 이웃과 나눠 먹어야 합니다. 옛날 가난한 백성들이 고기 먹는 게 얼마나 힘들었겠습니까? 어차피 좋은 일이 있어서 화목제를 드린 것입니다. 그러니 너만 먹지 말고 부패하기 전에 빨리 이웃과 나눠 먹으라는 것입니다.

옛날에는 시골에서 제사가 많았습니다. 제사가 돌아오면 이웃집까지 잔치라고 할 수 있습니다. 옛날엔 얼마나 떡이 귀했습니까? 그래서 그 떡을 서로 나눠 먹었습니다. 떡뿐만 아니라 음식을 이웃집과 나눠 먹었습니다. 그래서 저는 어렸을 적 제사가 돌아오면 떡을 날라다 주는 심부름을 하느라 얼마나 애를 썼는지 모릅니다.

여름에 제사가 돌아오면 빨리 떡을 나눠 먹어야지 오래 놔두면 금방 쉬어버립니다. 그러면 그 떡을 다 버려야 됩니다. 그런데 이스라엘은 우리나라보다 훨씬 더 덥습니다. 더군다나 고기는 떡보다 더 빨리 상할 수가 있습니다. 그러므로 그 고기가 부패하기 전에 빨리 나눠 먹어야 합니다. 고기 좀 잡았다고 아껴두지 말고 빨리 이웃과 함께 나눠 먹으라는 말입니다.

왜 감사제는 하루 만에 고기를 다 먹어치우라고 하고 서원제는 이틀까지 연장이 가능했을까요? 그것은 감사제야 더 좋은 일이고, 더 감사한 일로 제사를 드렸으니 더 빨리 감사의 제목을 나누면서 고기를 먹어버리라는 의미입니다.

주로 구약의 이스라엘 백성들이 감사제를 드리는 이유는 크게 네 가지였다고 합니다.[21] ① 바다를 무사히 항해했을 때 ② 광야를 무사히 여행했을 때 ③ 전쟁이 나서 포로로 끌려가거나 감옥살이를 하고

21) Herbert S. Godlstein, D.D, Between (Crown publishers. New york, 1959), 79.

나왔을 때 ④ 병에서 고침을 받고 병상에서 일어났을 때 무조건 감사제를 드렸습니다.

바로 이것이 하나님께서 인생에게 행하신 구원의 역사요, 기이한 일이었습니다. 그래서 이러한 일로 인하여 감사제를 드린다고 시편 기자는 노래했습니다.

시 107:21-22 여호와의 인자하심과 인생에서 행하신 기적으로 말미암아 그를 찬송할지로다 감사제를 드리며 노래하여 그가 행하신 일을 선포할지로다

이런 감사제를 드릴 때는 빨리 고기를 나눠 먹으면서, 하나님의 구원과 하나님의 은혜를 서로 나누며 하나님께 영광을 돌립니다.

그러나 서원제는 고기를 이틀까지 둘 수 있었습니다. 왜냐면 서원제는 미래적이기 때문입니다. 그래서 이튿날까지는 먹어도 됐습니다. 그러나 사흘째에 먹으면 그것은 가증한 것이 됩니다. 그렇기에 사흘째는 불에 살라 태워버리라고 했습니다.

레 7:18 만일 그 화목제물의 고기를 셋째 날에 조금이라도 먹으면 그 제사는 기쁘게 받아들여지지 않을 것이라 드린 자에게도 예물답게 되지 못하고 도리어 가증한 것이 될 것이며 그것을 먹는 자는 그 죄를 짊어지리라

이렇게 화목제는 제례자도 먹고 이웃과 함께 고기를 나눠 먹을 수도 있기 때문입니다. 그래서 비둘기는 화목제로 드리지 말라고 했습니다. 왜냐면 나눠 먹을 것이 없기 때문입니다.

오늘날 우리도 마찬가지입니다. 기쁜 일이 있으면 언제나 함께 나누어야 합니다. 먼저 감사할 제목이 있으면 하나님 앞에 감사헌금부터 해야 합니다. 그리고 감사헌금을 하면서 하나님 앞에 감사의 제목을 서로 나누며 간증해야 합니다. 혼자만 감사하지 말고 이웃들에게 빨리 간증하고 하나님의 기이하심과 선하심과 인자하심을 이야기하라는 말입니다.

히 13:6 그러므로 우리가 담대히 말하되 주는 나를 돕는 이시니 내가 무서워하지 아니하겠노라 사람이 내게 어찌하리요 하노라

그렇다고 좋은 일 있으면 절대로 식구끼리만 먼저 나누면 안 됩니다. 간혹 보면 어떤 사람은 갑자기 복 받으면 하나님께 감사헌금을 안 하고 사람들에게 한턱부터 냅니다. 성가대나 남전도회, 안수집사회에서 식사를 사고 기분 먼저 냅니다. 그러나 그것은 결코 올바른 행동이 아닙니다. 먼저 하나님께 드려야 합니다. 먼저 하나님의 제단에 감사헌금을 바치고, 그리고 나서 이웃과 교구 식구와 서로 나누고 또 기회가 되면 간증을 하는 것을 얼마나 하나님이 기뻐하시는지 모릅니다. 이것을 아름답게 하나님께서 화목제로 받으신다는 교훈입니다. 언제나 기도가 응답되고 하나님의 큰 은혜를 입은 사람들은 하나님께 먼

저 영광을 돌리고 사람들과 속히 나누는 일을 많이 해야 합니다.

♬ 사랑하는 주님 앞에 형제 자매 한 자리에
크신 은혜 생각하며 즐거운 찬송 부르네
내 주 예수 본을 받아 모든 사람 내 몸 같이
환난 근심 위로하고 진심으로 사랑하세

사랑하는 주님 예수 같은 주로 섬기나니
한 피 받아 한 몸 이룬 형제여 친구들이여
한 몸 같이 친밀하고 마음으로 하나 되어
우리 주님 크신 뜻을 지성으로 준행하세

6. 그러나 고기가 부정한 물건에 접촉되었거나 몸이 부정한 자가 와서 먹으면 절대로 안 되었습니다.

레 7:19-21 그 고기가 부정한 물건에 접촉되었으면 먹지 말고 불사를 것이라 그 고기는 깨끗한 자만 먹을 것이니 만일 몸이 부정한 자가 여호와께 속한 화목제물의 고기를 먹으면 그 사람은 자기 백성 중에서 끊어질 것이요 만일 누구든지 부정한 것 곧 사람의 부정이나 부정한 짐승이나 부정하고 가증한 무슨 물건을 만지고 여호와께 속한 화목제물의 고기를 먹으면 그 사람도 자기 백성 중에서 끊어지리라

고기가 벌레나 사체 같은 것에 묻으면 절대로 안 되었습니다. 이것

은 당장 먹지 말고 소각을 시켜버려야 합니다. 또 월경이나 몽정을 한 사람들, 자위행위를 해서 설정을 한 사람들, 또 유출병에 걸린 사람들, 시체에 접촉한 부정한 사람들 이런 사람들이 고기를 먹어서도 안 됩니다. 이것은 옛날이나 오늘이나 하나님의 거룩성이 침범을 당하면 안 된다는 사실을 교훈해 주고 있습니다. 하나님의 거룩한 교회가 부정한 것으로 침범을 당해서는 안 된다는 말입니다.

주님의 교회 안에는 불평꾼이 없어야 합니다. 또 선악의 시비가 없어야 합니다. 이단이 침범을 해서는 안 됩니다. 언제나 하나님의 교회 안에는 거룩함과 영광스러움이 가득해야 합니다. 그래서 우리가 이단을 그렇게 방치하고 또 선악과를 따먹지 말라고 그렇게 강조하는 것입니다.

7. 피와 기름은 절대로 먹어서는 안 되었습니다.

레 7:23 이스라엘 자손에게 말하여 이르라 너희는 소나 양이나 염소의 기름을 먹지 말 것이요

레 7:25 사람이 여호와께 화제로 드리는 제물의 기름을 먹으면 그 먹는 자는 자기 백성 중에서 끊어지리라

레 7:26-27 너희가 사는 모든 곳에서 새나 짐승의 피나 무슨 피든지 먹지 말라 무슨 피든지 먹는 사람이 있으면 그 사람은 다 자기 백성 중에서 끊

어지리라

모든 제사에 있어서 피와 기름은 하나님만이 받으시는 제물이었습니다. 피는 생명의 근원이요 생명 그 자체가 아닙니까? 기름도 생명의 에너지요 삶을 윤택하게 하는 요소였습니다. 그래서 누구도 피와 기름을 먹지 못합니다. 오직 하나님만 받는 제물이었습니다. 이것은 누구든지 하나님의 주권을 침범하지 말라는 교훈을 주기 위해서였습니다.

오늘 우리는 어떤 경우에도 하나님의 주권을 침범해서는 안 됩니다. 하나님과 화목하고 이웃과 친교하는 그 자체로 만족하고 즐거워해야지 하나님의 주권을 침범하고 또 하나님 앞에 선악을 까발리면서 하나님의 영광을 끌어내려서는 절대로 안 됩니다. 그러므로 신앙생활을 하면서 어떤 경우도 하나님의 주권을 침범하면 안 됩니다. 하나님의 고유권한인 선악 판단도 절대로 침범하면 안 됩니다. 그저 하나님께 영광을 돌리고 하나님이 주시는 은혜 안에서 언제나 하나님과 화목하고 이웃과 친교하며 살아야 합니다.

8. 예외적으로 낙헌제는 제물이 없어도 될 때가 있었습니다.

낙헌제는 히브리 말로 '코르반토다'라고 하는데, 자원해서 기쁨으로 드리는 제사를 말합니다. 그래서 이 제물은 급한 경우에 또 하나님의 성전이 아닌 경우에는 입술로 하나님께 찬양하고 나중에 제물을 드리는 경우도 있었습니다. 모든 제사에는 제물이 있어야 하기 때문입니다.

시 54:6 내가 낙헌제로 주께 제사하리이다 여호와여 주의 이름에 감사하오리니 주의 이름이 선하심이니이다

시 119:108 여호와여 구하오니 내 입이 드리는 자원제물을 받으시고 주의 공의를 내게 가르치소서

암 4:5 누룩 넣은 것을 불살라 수은제로 드리며 낙헌제를 소리내어 선포하려무나 이스라엘 자손들아 이것이 너희가 기뻐하는 바니라 주 여호와의 말씀이니라

사울에게 쫓겨 다니는 도망자, 다윗

낙헌제를 잘 드려서 하나님의 축복을 받은 대표적인 사람이 바로 다윗입니다. 그의 낙헌제 스토리는 얼마나 감동적인지 모릅니다. 사울은 다윗이 장차 이스라엘의 왕이 될 사람이라고 해서 다윗을 엄청 미워하였습니다. 자신의 정적이라고 생각해서 다윗을 잡아 죽이려고 합니다. 그래서 다윗은 유다 광야로 도망갈 수밖에 없었습니다. 왜냐면 사울이 풀어놓은 사냥개들한테 언제 잡혀 죽을지 모르기 때문입니다.

거기서 그는 하루하루가 고단하고 곤핍하고 메마른 삶을 살아갑니다. 다윗은 한 시도 마음을 놓을 수가 없었습니다. 단 일분 일초라도 마음을 놓을 수가 없었습니다. 그래서 그저 언제나 하나님을 의지하고 그 영혼이 하나님을 갈망하며 살았습니다. 바로 이런 유다 광야의 삶을 다윗은 시편 63편에서 이렇게 고백하고 있습니다.

시 63:1 하나님이여 주는 나의 하나님이시라 내가 간절히 주를 찾되 물이 없어 마르고 황폐한 땅에서 내 영혼이 주를 갈망하며 내 육체가 주를 앙모하나이다

다윗이 얼마나 간절히 주를 찾았느냐면 메마르고 황폐한 땅이 비를 사모하듯이 다윗의 영혼과 육체가 그렇게 주를 갈망하고 앙모했다고 하지 않습니까? 그러던 중 다윗은 어느 날 십 광야 속에 있는 깊은 하길라 산 숲 요새에 숨어 있었습니다. 거기는 아주 깊은 산골도 있고 요새도 있기 때문입니다. 그런데 그때 십 광야에 사는 사람들이 다윗이 거기에 숨어 있는 것을 알게 되었습니다.

십 사람들은 얼른 사울이 있는 기브아로 달려가서 사울에게 정보를 주었습니다. "사울 왕이여, 당신이 찾고 있는 다윗은 지금 우리 동네 옆에 있습니다. 저 십 광야 남쪽 하길라 산 요새에 숨어 있습니다. 그러니까 빨리 오셔서 왕께서 다윗을 잡도록 하는 것이 우리의 의무가 아니겠습니까?"

삼상 23:19-20 그 때에 십 사람들이 기브아에 이르러 사울에게 나아와 이르되 다윗이 우리와 함께 광야 남쪽 하길라 산 수풀 요새에 숨지 아니하였나이까 그러하온즉 왕은 내려오시기를 원하시는 대로 내려오소서 그를 왕의 손에 넘길 것이 우리의 의무니이다 하니

다윗을 사울 왕의 손에 넘겨주는 것이 그들의 의무라고 하지 않습니까? 이런 멍텅구리 인간들이 어디 있단 말입니까? 예나 지금이나 복을 못 받을 사람들은 줄을 잘 못 섭니다. 지금 십 사람들은 다윗의 줄을 서야 할 판에 사울의 줄에 서고 있습니다. 사울은 조금 있으면 망할 사람입니다. 얼마 후면 다윗이 이스라엘의 새 왕이 될 터인데 잘 될 사람 쪽에 서야 하지 않겠습니까?

더구나 다윗은 하나님이 기뻐하시는 사람이요, 하나님의 마음에 합한 종입니다. 그러므로 다윗에게 잘해야 복을 받지 왜 사울의 줄에 서느냐 이 말입니다. 사울은 더구나 하나님이 꼴도 보기 싫어하시고, 하나님 마음에 합하지도 않고 곧 버림 받을 사람인데, 왜 거기에 줄을 서느냐는 말입니다.

우리도 하나님 앞에 줄을 잘 서야 합니다. 그런데 어떤 사람들은 시험 들려고 작정한 사람처럼 시험 든 사람 앞에 줄을 섭니다. 괜히 시험 든 사람을 좋아하고 가까이 합니다. 지금 십 사람들이 그러고 있습니다. 시험 든 사울을 괜히 짝사랑하고 있습니다.

사울이 자기들과 무슨 상관이 있단 말입니까? 사울이 십 사람들에게 은혜를 베풀어 준 것도 아니고 또 다윗이 십 사람들과 원수 맺었던 적도 없지 않았습니까? 또 다윗이 십 사람들에게 해를 끼친 적도 없는데 어떻게 사울에게 가서 다윗을 고발할 수 있습니까? 자기들이 다윗을 보호는 못 해줄망정 어떻게 사울에게 다윗을 고발할 수 있단 말입니까? 이 십 사람들이 말입니다. 이 십 사람은 절대로 욕이 아닙니다. 성경에 나오는 사람들입니다.

삼상 23:19 그 때에 십 사람들이 기브아에 이르러……

이 십 사람들이 아주 쓸데없는 열심을 부려가지고 다윗을 죽음으로 몰아갔습니다. 그러자 사울의 신복들이 "또 다윗이 어디로 피할지 모르니 너희들이 먼저 가서 정탐하고 보고해달라"고 합니다. 그러니까 이 십 사람들이 사울의 첩보요원 노릇을 하다가, 소위 사냥개로 둔갑한 겁니다. 그때 다윗과 그의 추종자들은 마온 광야 남쪽 아라바에 숨어 있었습니다. 이것을 십 사람들이 왜 몰랐겠습니까? 이제 그들은 사울이 오면 이 첩보를 주려고 했습니다.

이제 다윗은 꼼짝없이 죽게 된 것입니다. 무조건 잡히게 되었습니다. 사울의 군사 3,000명이 다윗을 독 안에 든 쥐처럼 몰아넣고 에워싸고 있으니 말입니다. 참 기가 막힌 순간이 아닙니까? 다윗은 지금까지 지긋지긋한 배신과 고난의 연속 가운데서 살고 있습니다. 사람이 한두 번의 배신과 어려움은 이겨낼 수 있지만, 사실 계속되는 배신과 어려움은 이겨내기가 힘듭니다. 그래서 사람들은 이 계속되는 어려움과 배신 때문에 지치고 쓰러집니다. 절망하고 스스로 포기할 때가 많습니다. 다윗도 인간이기 때문에 예외가 아닐 겁니다.

역설적 신앙으로 낙헌제를 드린 다윗

지금 십 황무지에 포위되어 있는 다윗은 한 마디로 아무것도 할 수 없는 상황입니다. 다윗이 선택할 수 있는 방법은 아무것도 없었습니다. 만약 있다면 두 가지밖에 없었습니다. 발악하며 죽든지, 아니면 순순히 죽든지 하는 겁니다. 다윗은 이 외에 선택할 수 있는 것이 아무것도 없었습니다.

다윗은 이미 완전히 포위를 당한 상태입니다. 이제는 어디로 도망갈 수가 없습니다. 뛰어봤자 벼룩입니다. 그러니까 사울에게 붙잡히는 건 시간문제입니다. 이럴 때 다윗은 어떻게 해야 하겠습니까? 대부분의 인간은 다윗과 같은 상황을 만나면 좌절하고 절망하고 주저앉게 되어 있습니다. 스스로 선악과를 선택하며 하나님을 원망합니다. 다윗도 얼마든지 그럴 수 있었습니다. "하나님, 왜 나를 이곳으로 보내셨습니까? 왜 하필이면 이 광야로 도망하게 하셨단 말입니까? 더구나 왜 내가 여기 있는 것이 십 사람들에게 노출되고 사울에게 알려지게 하였단 말입니까? 하나님, 이럴 수가 있습니까?"

다윗이 원망과 불평을 하는 순간 파멸과 영원한 실패로 끝나버리게 됩니다. 그는 훗날 이스라엘의 왕이 되고 진정한 하나님의 사람이 될 수 없었을 것입니다. 그러나 다윗은 그 순간, 오히려 하나님께 더 감사와 찬양으로 역설적인 헌신을 하며 낙헌제를 드렸습니다.

시 54:6 내가 낙헌제로 주께 제사하리이다 여호와여 주의 이름에 감사하오리니 주의 이름이 선하심이니이다

다윗이 하나님께 낙헌제를 드리겠다고 하지 않았습니까? 낙헌제는 구약에서 매우 기분이 좋을 때 드리는 제사였습니다. 정말 즐겁고 자원하는 마음으로 하나님께 드리는 제사였습니다. 그런데 다윗은 자기가 사울 왕에게 완전히 포위당하고 독 안에 든 쥐가 된 형편에서 하나님께 낙헌제를 드리겠다는 것입니다. 이게 무슨 말입니까? 지금 다윗이 완전히 죽을 수밖에 없는 상황 속에서 다윗의 신앙의 거룩한 오기와 역설적 자존심을 보여주고 있는 것이 아니겠습니까?

지금 다윗은 현실적으로 보면 잡혀 죽을 수밖에 없습니다. 독 안에 든 쥐와 같습니다. 이제 잡혀 죽는 것은 시간 문제입니다. 그때 다윗은 하나님 앞에 이렇게 자신의 신앙을 표현하고 있는 것입니다.

"하나님, 하나님이 구원해 주시면 제가 사는 것이고 하나님이 구원해 주시지 않으면 제가 죽는 것입니다. 그러나 저는 죽기 전에 하나님께 예배나 드리고 죽겠습니다. 죽을 바에야 차라리 낙헌제나 드리고 죽겠습니다. 이래도 죽고 저래도 죽을 바에야 저는 하나님께 감사하

고 헌신하고 하나님께 충성이나 한 번 하고 죽겠습니다. 그러니 하나님! 저의 낙헌제를 받아 주십시오. 제가 사울의 군사들에게 완전히 포위되어서 꼼짝 못하는 상황이지만 저는 그래도 최고로 기쁘고 즐겁고 자원하는 마음으로 예배 한 번 멋지게 드려 보겠습니다. 하나님께 감사 한 번 제대로 드려보고 죽겠습니다. 그러니 저의 이 마음을 받아 주십시오."

그뿐이겠습니까? 다윗은 아마 사울 왕과 그의 군사들에게 보란 듯이 이런 말을 하고도 남았을 것입니다. "사울 왕 당신, 당신이 나를 잡으러 온다고요? 그래 한 번 잡아 볼 테면 잡아 보시오. 당신은 하나님을 두려워하지 않고 나를 잡으려고 안달이 났지만 나는 보다시피 이렇게 하나님을 두려워하는 사람이오. 나는 이 와중에도 하나님께 감사하고 하나님께 제단을 쌓는 사람이오. 내가 하나님께 제단을 쌓고 감사하며 낙헌제를 드리는 이 순간에는 당신이 나를 아무리 잡으려고 해도 잡지 못할 것이오. 왜냐면 하나님이 나를 붙잡고 계시기 때문입니다. 사울 왕의 졸개 이놈들아, 어디 나를 한 번 잡으러 와봐라. 너희들이 사울 왕의 사냥개가 되어 아무리 나를 잡으려 한다고 해도 나는 이렇게 하나님께 예배를 드리고 있단 말이다. 나는 그래도 하나님이 너무나 좋고 감사하여 하나님께 낙헌제를 드리고 있단 말이다. 어디 사람이 함부로 죽을 수 있단 말이냐. 그러나 죽더라도 나는 하나님께 감사하며 예배나 드리고 죽으련다, 이놈들아!"

그러면서 다윗이 다시 한 번 하나님께 소리쳐 부르짖었을 것입니다. "하나님, 저의 형편을 아십니까? 저의 모든 상황을 주님은 보고 계십니까? 이제 저는 주님이 구원하시지 않는다면 사울 왕에게 잡혀 죽을 것입니다. 그러나 죽음을 앞두고 멸망을 앞둔 채 예배 한 번 제대로 드리고 싶고 하나님께 감사와 헌신을 제대로 한 번 드리고 싶어하는 저를 주님은 보고 계십니까? 이것이 하나님을 향한 저의 믿음의 자존심이고 거룩한 오기입니다. 그러니 저의 기도와 감사와 예배를 흠향하시고 영광을 받아 주옵소서."

♪ 주여 이 맘 바쳐 낙헌제를 드립니다
아무리 나 혼자서 몸부림쳐 봐도
인간의 힘만으로는 어찌할 수 없어
낙헌제를 드리며 주께 감사하오니
주님만이 영광을 받으옵소서
아아 주님의 능력으로 구원해 주옵소서
죽음이 와도 멸망이 와도 내 주만 위해 내가 살리라

다윗, 역전 드라마를 펼치다

다윗에게 이제 어떤 역사가 나타났을까요? 낙헌제를 드리고 있는데 사울의 진영 쪽으로 말발굽 소리가 들리는 것입니다. "따그닥 따그닥 히이잉~ 따그닥 따그닥 히이잉~" 바로 사울에게 전령이 말을 타고 오는데 "폐하, 폐하, 큰일 났습니다. 급히 군대를 돌려 기브아로 돌아가셔야 하옵니다. 갑자기 블레셋 아새끼들이 우리 땅을 침략하여 이스라엘의 수도 기브아까지 진격을 해 오고 있습니다. 이러다가는 왕의 궁궐까지 점령을 당하고 말 것입니다. 그러니 어서 빨리 기브아로 가셔야 합니다."

그 말을 들은 사울이 뭐라고 말했겠습니까? "쓸데없는 소리 말아라. 지금 바로 앞에 다윗의 등이 보이는데 다윗을 잡고 가야지 무슨 소리냐. 잠깐만 기다리면 다윗을 잡을 수 있단 말이다. 내 다윗을 잡은 후에 기브아로 갈 것이니라."

그러자 전령이 다시 사울에게 엎드려서 말을 합니다. "폐하, 고정하소서. 다윗은 다음에라도 잡을 수 있습니다. 언제든지 폐하께서 마음만 먹으면 블레셋을 치고 나서도 다윗을 잡을 수 있습니다. 아무리 다윗을 잡았더라도 기브아에 있는 궁궐이 불 타 버리면 어떻게 되겠습니까? 그러니까 폐하께서는 급한 불을 먼저 꺼야 하지 않겠습니까? 어서 빨리 기브아로 발을 돌리시옵소서. 기브아가 무너지는 날에는 이스라엘도 끝나 버리고 말 것입니다. 폐하~" 이 전령의 간곡한 말 때문에 사울은 다윗을 잡는 것을 멈추고 다시 기브아로 돌아갔습니다. 이 얼마나 기적적인 일입니까?

삼상 23:27-28 전령이 사울에게 와서 이르되 급히 오소서 블레셋 사람들이 땅을 침노하나이다 이에 사울이 다윗 뒤쫓기를 그치고 돌아와 블레셋 사람들을 치러 갔으므로 그 곳을 셀라하마느곳이라 칭하니라 이 얼마나 기가 막힌 하나님의 반전의 역사입니까? 이 얼마나 극적인 드라마 같은 일입니까? 하나님께서는 다윗이 매우 위급한 상황이 되자 블레셋 왕의 마음을 충동질하신 겁니다. "야, 이놈아, 빨리 가서 이스라엘을 쳐라. 저, 기브아, 사울의 심장부를 가서 쳐버려라." 그러니까 사울도 다급하게 블레셋을 막으러 간 것이 아닙니까? 어떻게 하나님이 이렇게 역사하실 수가 있습니까? 다윗이 위급해지려는 순간 블레셋 왕을 충동질해서 기브아를 침략하게 하고, 어떻게 다윗이 거의 잡힐 무렵에 전령이 오게 하느냐 이 말입니다. 그러니 얼마나 극적인 반전 드라마입니까?

하나님은 아주 정확한 때에 전령이 사울에게 오도록 하신 것입니다. 한 치의 오차도 없이 말입니다. 사극으로 말하면, 주인공이 누명을 쓰고 죽게 생긴 사람이 자신의 목이 날아가기 직전, 망나니가 술을 한 모금 쫙 마시고 칼에다 푹푹 뿌려대면서 번쩍이는 칼을 위로 올려서는 내리치려고 합니다. "에잇! 어잇!" 그 순간에, 임금의 명령을 받고 전령이 말을 타고 달려오는 것과 같다는 말입니다. 전령이 억울한 죽음을 막기 위해 "멈추시오! 멈추시오!" 하면서 달려오는 것과 같습니다. 서부 영화로 말하면 주인공이 악당들에게 잡혀가 죽기 직전의 순간에 보안관이 달려온 것입니다. 총을 든 보안관이 비호같이 나타나서는 "탕, 탕, 탕!" 하고 총을 쏘아대는 것입니다. 완전히 상황이 반전되어 버렸습니다.

바로 다윗에게 그런 반전 드라마가 연출된 것입니다. 그때 하나님은 다윗에게 이런 메시지를 주셨을 겁니다. "다윗아, 너의 구원자는 나 여호와다. 너는 오직 나만 사랑하거라. 선택할 것이 없을 때 오직 나만 의지하고 사모하며 사랑하거라. 오직 나 여호와만 붙잡고 몸부림을 치거라. 그러면 내가 너를 구원할 뿐만 아니라 계속해서 반전의 드라마로, 반전의 역사로 이끌 것이다. 그리고 반드시 너를 이스라엘의 왕이 되게 해줄 것이다."

다윗이 위험의 경각 중에서도 오히려 낙헌제를 드렸던 것처럼 힘들고 어려울수록 우리는 하나님께 더 붙잡고 기도해야 합니다. 그리고 그럴수록 더 감사하고 헌신해야 합니다. 다윗이 낙헌제를 드린 것처럼 자원하는 마음으로 예배에 충실하고 더 헌신하고 더 희생해야 합니다. 우리의 역설적 믿음과 거룩한 오기와 자존심을 다 동원하여 그럴수록 더 감사하고 헌신의 제사를 드려야 합니다. 그럴 때 하나님이 기적을 주시고 반전 드라마요, 역전 드라마의 주인공이 되게 해 주십니다.

♪ 나의 힘이 되신 여호와여 내가 주님을 사랑합니다
주는 나의 반석이시며 나의 요새시라
주는 나를 건지시는 나의 주 나의 하나님
나의 피할 바위시요 나의 방패시라
나의 하나님 나의 하나님
구원의 뿔이시요 나의 산성이라
나의 하나님 나의 하나님

그는 나의 여호와 나의 구세주

나의 하나님 나의 하나님

그는 나의 여호와 나의 구세주 (×2)

이제 화목제의 결론입니다. 화목제는 자원제 성격이 많은 제사입니다. 하나님과 화목하고 이웃과 친교를 위해 드리는 제사였습니다. 그리고 이따금씩 내가 하나님과 멀어져 있다고 느껴질 때 또는 하나님과의 관계가 잘못되어 있다고 느껴질 때 하나님과의 관계 회복을 위해 드리는 제사였습니다. 또 이웃과 불우하고 관계가 안 좋게 느껴질 때 친교를 위해 드리는 제사였습니다.

그러나 중요한 것은 예수 그리스도가 하나님 앞에 화목제물로 죽으셨다는 것입니다. 예수 그리스도의 죽음으로 우리가 하나님과 화목하게 되었고 또 이웃과 화해하는 축복을 누리게 되었습니다. 그러므로 우리도 예수 그리스도 안에서 하나님과 화목하고 이웃과 화해하는 삶을 살아야 합니다. 예수 그리스도 안에서 우리의 삶이 화목제물이 되도록 해야 합니다.

이런 성도가 가득한 교회가 어떻게 싸우는 교회가 되겠습니까? 한국교회 성도들은 화목제를 모릅니다. 전부 다 하나님 앞에 원수제물만 드리고 있고 싸움제물만 드리고 있습니다. 우리는 항상 하나님과 화목하고 이웃과도 피스메이커가 되어야 합니다. 우리 가정과 교회를 언제나 화목하는 교회로 만들어야 합니다. 언제나 사랑하며 섬기는 교회를 만들어야 합니다. 아니, 한국교회를 화목하는 교회로 만들어야 합니다.

♬ 예수 안에서 우리는 화목했네(×2)
하나님의 영광 함께 누릴 소망 있네
예수 안에서 우리는 화목했네

♬ 예수님 때문에 *(형제)를 사랑합니다(×2)
예수 위해 살고 예수 위해 죽고(×3) 예수님 때문에

7장

속죄제로 다시 새로워져라

"여호와께서 모세에게 말씀하여 이르시되 이스라엘 자손에게 말하여 이르라 누구든지 여호와의 계명 중 하나라도 그릇 범하였으되 만일 기름 부음을 받은 제사장이 범죄하여 백성의 허물이 되었으면 그가 범한 죄로 말미암아 흠 없는 수송아지로 속죄제물을 삼아 여호와께 드릴지니 그 수송아지를 회막 문 여호와 앞으로 끌어다가 그 수송아지의 머리에 안수하고 그것을 여호와 앞에서 잡을 것이요 기름 부음을 받은 제사장은 그 수송아지의 피를 가지고 회막에 들어가서 그 제사장이 손가락에 그 피를 찍어 여호와 앞 곧 성소의 휘장 앞에 일곱 번 뿌릴 것이며 제사장은 또 그 피를 여호와 앞 곧 회막 안 향단 뿔들에 바르고 그 송아지의 피 전부를 회막 문 앞 번제단 밑에 쏟을 것이며 또 그 속죄제물이 된 수송아지의 모든 기름을 떼어낼지니 곧 내장에 덮인 기름과 내장에 붙은 모든 기름과 두 콩팥과 그 위의 기름 곧 허리 쪽에 있는 것과 간에 덮인 꺼풀을 콩팥과 함께 떼어내되 화목제 제물의 소에게서 떼어냄 같이 할 것이요 제사장은 그것을 번제단 위에서 불사를 것이며 그 수송아지의 가죽과 그 모든 고기와 그것의 머리와 정강이와 내장과 똥 곧 그 송아지의 전체를 진영 바깥 재 버리는 곳인 정결한 곳으로 가져다가 불로 나무 위에서 사르되 곧 재 버리는 곳에서 불사를지니라"(레 4:1-12).

사람이 아무리 번제를 드리고 소제와 화목제를 잘 드려도 죄를 지을 때가 있습니다. 부지중에 지었든 연약해서 지었든 하나님의 말씀에 불순종하고 하나님의 계명을 어길 때가 있습니다. 또 하나님 말씀 앞에 신실치 못한 경우가 많습니다.

특별히 레위기 5장에서는 그런 죄에 대한 여러 예를 들고 있습니다. 진실을 말해야 하는데 침묵했을 때(레 5:1), 부지중에 부정하게 됐을 때(레 5:2-3), 입술로 죄를 지었을 때(레 5:4) 등입니다. 이렇게 사람이 하나님 앞에 죄를 지으면 반드시 속죄를 받아야 했습니다. 그렇지 않으면 하나님 앞에 끝까지 부정한 사람이 되고 하나님과 상관없는 사람이 되기 때문입니다.

앞에서도 설명한 것처럼 어떤 사람이 부득이하게 남의 대문이나 마당에 똥을 쌌습니다. 얼마나 급했으면 똥을 쌌겠습니까? 그랬으면 빨리 똥을 삽으로 퍼서 변소에 던져버려야 합니다. 그런데 싸놓고 자기가 안 싼 것처럼 아름다운 포장지로 덮어 놓습니다. 심지어 거기다가 진한 향수를 뿌려 놓는다고 합시다. 그렇다고 해결이 되겠습니까? 똥을 쌌으면 반드시 치워야 합니다. 신문지로 덮는다고 되는 것이 아닙니다. 포장지로 덮고 향수를 뿌린다고 되는 것이 아닙니다. 반드시 치워야 합니다. 우리의 죄가 그런 것입니다. 어떤 죄든지 범죄하면 반드시 처리가 되어야 합니다.

속죄제의 의미

하나님께서 그 죄를 처리할 수 있는 길을 열어주셨습니다. 바로 속죄제입니다. 하나님께서는 언약백성들에게 속죄제를 통해 다시 새로워지고 하나님 앞에 다시 나아가 거룩한 언약관계를 이룰 수 있도록 해주셨습니다. 바로 이것이 '하타트' 곧, 속죄제라는 제사입니다.

그러나 이런 속죄제는 언약백성의 죄를 영원히 속죄하지 못했습니다. 이것은 어디까지나 임시적이고 파편적인 방법에 불과했습니다. 그래서 예수 그리스도께서 우리의 영원한 속죄제물로 오셔서 십자가에 죽으셨습니다. 예수님의 십자가의 죽음으로 우리의 죄가 단번에, 그리고 영원하고 완전하게 속죄가 되었습니다.

히 9:12-14 염소와 송아지의 피로 하지 아니하고 오직 자기의 피로 영원한 속죄를 이루사 단번에 성소에 들어가셨느니라 염소와 황소의 피와 및 암송아지의 재를 부정한 자에게 뿌려 그 육체를 정결하게 하여 거룩하게 하거든 하물며 영원하신 성령으로 말미암아 흠 없는 자기를 하나님께 드린 그리스도의 피가 어찌 너희 양심을 죽은 행실에서 깨끗하게 하고 살아 계신 하나님을 섬기게 하지 못하겠느냐

히 9:25-26 대제사장이 해마다 다른 것의 피로써 성소에 들어가는 것같이 자주 자기를 드리려고 아니하실지니 그리하면 그가 세상을 창조한 때부터 자주 고난을 받았어야 할 것이로되 이제 자기를 단번에 제물로 드려

죄를 없이 하시려고 세상 끝에 나타나셨느니라

히 10:8-14 위에 말씀하시기를 주께서는 제사와 예물과 번제와 속죄제는 원하지도 아니하고 기뻐하지도 아니하신다 하셨고 (이는 다 율법을 따라 드리는 것이라)…… 이 뜻을 따라 예수 그리스도의 몸을 단번에 드리심으로 말미암아 우리가 거룩함을 얻었노라 제사장마다 매일 서서 섬기며 자주 같은 제사를 드리되 이 제사는 언제나 죄를 없게 하지 못하거니와 오직 그리스도는 죄를 위하여 한 영원한 제사를 드리시고 하나님 우편에 앉으사 그 후에 자기 원수들을 자기 발등상이 되게 하실 때까지 기다리시나니 그가 거룩하게 된 자들을 한 번의 제사로 영원히 온전하게 하셨느니라

예수 그리스도가 하나님 앞에 우리의 영원한 속죄제물이 되었지 않습니까? 예수 그리스도께서 단번에 우리의 모든 죄를 속죄하셨을 뿐만 아니라, 우리의 삶 속에서 매일매일 나약하고 부족해서 지은 모든 죄를 그때그때마다 처리하고 하나님께 새롭게 나아갈 수 있는 길을 열어주셨습니다.

이 얼마나 감사합니까? 하나님 앞에 우리를 대신해서 속죄제의 제물로 죽으신 예수 그리스도의 은혜가 얼마나 감사합니까. 그러므로 우리는 늘 그의 속죄의 은혜와 능력으로 하나님 앞에 매일매일 새롭게 나아가는 축복을 경험해야 합니다. 그것이 오늘날 우리가 순간순간 하나님께 회개하는 삶이고 죄를 뉘우치고 버리는 삶입니다. 언제

나 우리가 이런 삶을 살아가야 합니다.

아무리 경건하게 살고 거룩하게 사는 사람이라 할지라도 세상 가운데 살다 보면 우리의 마음과 몸에 때가 묻을 수 있습니다. 우리가 생명의 성령의 법을 붙잡고 살아간다고 할지라도 순간순간 그 법을 놓고 잠시 내 맘대로 살다보면 또 이 세상의 죄가 묻게 되고 오물이 묻을 수가 있습니다. 그러니까 우리는 매 순간순간 주님의 은혜와 사랑 앞에 우리의 죄를 뉘우치고 회개하는 삶을 살아야 합니다. 매 순간마다 주님의 보혈로 우리의 심령을 씻고 우리의 마음과 몸을 씻는 삶을 살아야 합니다.

♪ 천부여 의지 없어서 손 들고 옵니다
주 나를 박대하시면 나 어디 가리까

전부터 계신 주께서 영 죽을 죄인을
보혈로 구해주시니 그 사랑 한없네

(후렴) 내 죄를 씻기 위하여 피 흘려 주시니
곧 회개하는 맘으로 주 앞에 옵니다 아멘

속죄제를 드리는 방법

속죄제는 어떻게 드렸습니까? 속죄제도 번제와 비슷하게 드렸습니다. 제례자가 흠 없는 수컷의 제물을 가지고 회막문 앞에 와서 안수를 하는 것까지는 번제와 똑같습니다. 그리고 제물을 도살합니다. 그런데 이때 제물을 도살하는 것은 제례자가 아닌 제사장의 몫이었습니다. 왜냐하면 이 제사는 헌신의 제사가 아니었기 때문입니다. 속죄제는 제례자가 죄를 용서받기 위해 드리는 제사이기 때문입니다. 그런데 여기서 안수할 때도 제례자가 세게 누릅니다. 왜냐하면 제물과 일체감을 이루고 자신의 죄를 그 제물에 전가시켜야 하기 때문이었습니다.

"하나님, 제가 죽일 놈입니다. 제가 이러이러한 죄를 지었습니다. 그래서 제가 하나님 앞에 죽어야 하는데 대신 이 제물이 죽사오니 내 죄가 이 제물로 다 전가되게 하옵소서. 그래서 이 짐승이 죽는 대신에 저의 죄를 용서해 주시기 바랍니다. 그리고 하나님께서 저의 죄를 용서해주시면 이제부터 새롭게 살겠습니다. 거룩하게 살겠습니다. 하나님의 자녀답게 살겠습니다."

이런 마음으로 안수를 합니다. 제례자가 이렇게 안수를 하면 제사장이 짐승을 도살합니다. 그리고 그 짐승의 피를 받아가지고 제사장이 번제단 뿔에 바릅니다. 번제단의 뿔은 하나님의 권세와 능력을 의미하는 것이었습니다. 그러므로 번제단 뿔에 제물의 피를 바른다는 것은, 이 피로 말미암아 하나님의 속죄의 능력과 권세가 더 크게 임하시기를 원한다는 것이었습니다. 그래서 제례자를 더 깊이 용서하시고 구원해달라는 의미로 번제단의 뿔에 제사장이 제물의 피를 뿌렸습니다. 그리고 남은 피는 제사장이 번제단 밑에 다 쏟아버렸습니다. 번제단 밑에 피를 쏟는다는 말은, 그 피로 하나님의 용서와 은혜가 더해지고 더 쏟아지기를 원한다는 의미였습니다.

레 4:29-30 그 속죄제물의 머리에 안수하고 그 제물을 번제물을 잡는 곳에서 잡을 것이요 제사장은 손가락으로 그 피를 찍어 번제단 뿔들에 바르고 그 피 전부를 제단 밑에 쏟고

이것은 신약시대에 와서 예수 그리스도가 십자가에서 피를 쏟으심으로써, 우리의 죄가 속죄되고 용서됨을 미리 예표적으로 보여준 것입니다.

히 9:12 염소와 송아지의 피로 하지 아니하고 오직 자기의 피로 영원한 속죄를 이루사 단번에 성소에 들어가셨느니라

히 10:22 우리가 마음에 뿌림을 받아 악한 양심으로부터 벗어나고 몸은 맑은 물로 씻음을 받았으니 참 마음과 온전한 믿음으로 하나님께 나아가자

구약의 속죄제의 피는 항상 임시적이고 또 영원하지 못했지만, 예수 그리스도의 피는 완전하고 영원해서 우리의 죄를 아주 단번에 속죄해버리고 해결해주셨습니다. 그러므로 오늘 우리의 죄가 영원히 씻어지고 속죄되는 것은 오직 예수 그리스도의 피로만 됩니다. 예수 그리스도의 피가 우리를 깨끗하게 하고 거룩하게 합니다. 우리의 모든 죄를 용서해 주시고 제거해 주십니다.

♪ 금이나 은같이 없어질 보배로 속죄함 받은 것 아니요
거룩한 하나님 어린양 예수의 그 피로 속죄함 얻었네

나 같은 죄인이 용서함 받아서 주 앞에 옳다 함 얻음은
확실히 믿기는 어린양 예수의 그 피로 속죄함 얻었네

(후렴) 속죄함 속죄함 주 예수 내 죄를 속했네
할렐루야 소리를 합하여 함께 찬송하세
그 피로 속죄함 얻었네

이렇게 하고 난 후에 화목제물을 드린 것처럼 내장과 간에 붙은 모든 기름과 콩팥을 다 떼어 번제단에 태웁니다. 그럴 때 지은 죄가 다 속죄되었습니다.

레 4:31 그 모든 기름을 화목제물의 기름을 떼어낸 것 같이 떼어내 제단 위에서 불살라 여호와께 향기롭게 할지니 제사장이 그를 위하여 속죄한즉 그가 사함을 받으리라

내장과 간, 콩팥을 불사르는 의미

고대 히브리인은 감정의 중심이 내장과 간, 특히 콩팥에 있다고 생각했습니다. 그러므로 속죄제를 화목제처럼 내장과 간 위에 덮여 있는 기름 그리고 콩팥에 붙어 있는 기름과 콩팥을 하나님께 불살라 제

사를 드렸다는 것은, 제례자가 속죄제를 드릴 때에 정말 속 중심으로 회개하는 마음으로 제사를 드려야 한다는 교훈을 줍니다.

이는 정말 감정적으로 통회자복하며 슬퍼하라는 교훈이기도 합니다. 왜냐하면 이미 안수를 통해서 제례자와 제물이 일체감을 이뤘기 때문입니다. "주여, 정말 통회하며 자복하고 회개합니다. 정말 가슴을 찢으며 회개합니다. 세상에 왜 내가 이런 죄를 지었단 말입니까? 내가 얼마나 헤까닥했으면 이런 죄를 범하였단 말입니까? 왜 제가 그렇게 넘어지고 자빠졌단 말입니까? 너무 억울하고 분합니다. 정말 원통합니다. 그러니 다시는 이런 죄를 안 짓겠습니다. 주여, 이번만 용서하소서. 주여, 이번만 용서하소서."

적어도 속죄제를 드린 사람의 속 중심이 이래야 합니다. 오늘 우리가 하나님 앞에 이런 통회와 자복함이 있어야 되지 않겠습니까? 항상 세리와 같은 마음을 가지고 하나님께 통회하고 자복하는 마음이 있어야 합니다.

"하나님, 죄송합니다. 오늘도 거룩하지 못했습니다. 오늘도 정결하지 못했습니다. 그래서 제가 주님 앞에 오늘도 엎드려 회개합니다. 오늘도 제 자신이 속죄제물이 되어서 주님 앞에 엎드려 자복합니다. 주여, 용서해 주옵소서. 오늘도 저를 씻어 주옵소서. 오늘도 내가 쌓은 똥이나 내가 쌓은 모든 부정한 것들 옮겨주시고 덮어주시고 씻어주시고 감춰주시기를 바랍니다. 제가 주님 앞에 용서를 받고 다시 주님의 길을 걸어야 하지 않겠습니까? 사명자의 길을 걸어가야 하지 않겠습니까?"

♪ 주여 우리의 죄를 용서하여 주소서
지난날의 잘못을 사하여 주옵소서
주여 주여 나의 죄를 위하여
주여 주여 십자가를 지셨네
주님 가신 그 길을 나도 걸어야 하네 (×2)

그런데 여기 속죄제에서도 화목제물처럼 내장의 기름과 간의 기름과 콩팥의 기름을 다 태우고 난 나머지 고기는 제사장의 몫이 되었습니다. 이때 제례자에게는 아무것도 떨어지는 게 없습니다. 제례자는 아무것도 먹지 못했습니다. 죄를 지은 사람이 어떻게 먹습니까? 제사장이 그 남은 모든 고기를 거룩한 뜰에서 다 먹습니다.

화목제에서는 제사장이 가슴 고기와 오른쪽 뒷다리 고기를 먹었습니다. 그러나 속죄제에서는 내장의 기름, 간 위의 기름, 그리고 콩팥의 기름과 콩팥만 빼놓고 제사장이 남은 고기를 다 차지했습니다. 왜냐하면 제사장이 그 남은 고기를 먹어야 속죄제가 완성이 되었기 때문입니다. 제례자의 모든 죄가 다 속죄되었기 때문입니다.

레 5:13 제사장이 그가 이 중에서 하나를 범하여 얻은 허물을 위하여 속죄한즉 그가 사함을 받으리라 그 나머지는 소제물 같이 제사장에게 돌릴

지니라

레 6:25-26 아론과 그의 아들들에게 말하여 이르라 속죄제의 규례는 이러하니라 속죄제 제물은 지극히 거룩하니 여호와 앞 번제물을 잡는 곳에서 그 속죄제 제물을 잡을 것이요 죄를 위하여 제사드리는 제사장이 그것을 먹되 곧 회막 뜰 거룩한 곳에서 먹을 것이며

레 6:29 제사장인 남자는 모두 그것을 먹을지니 그것은 지극히 거룩하니라

여기서 또 강조합니다만, 제사장이 남은 고기를 다 먹는다는 의미는 하나님께서 제사장의 수고와 보상에 대한 의미로 남은 고기를 주셨다는 것입니다. 그리고 제사장의 먹음과 하나님의 드심의 일치를 보여주기 위해서였습니다. 그래서 제사장이 그 남은 고기를 먹었을 때 속죄의 제사가 완성되고 하나님의 은혜가 제례자에게 풍성하게 임하게 됩니다. 그러니 당시 이스라엘 백성들이 얼마나 제사장의 권위를 무조건적으로 인정했겠습니까? 오늘날처럼 어느 누구도 제사장의 권위와 리더십을 흔들지 못했을 것입니다. 항상 제사장을 존경하고 또 존중하는 신앙생활을 했을 것입니다.

오늘날도 마찬가지입니다. 오늘날도 주의 종이 수고를 하면 정당한 보상과 사례를 받아야 한다는 교훈입니다. 그리고 성도들 역시 자기를 위해 간절히 기도해주고 목양하는 목회자를 잘 대접해주고 또 사랑하고 존중해줘야 합니다. 그것은 곧 하나님을 존중하는 것과 같기

때문입니다.

이렇게 주의 종을 존경하고 대접하는 사람이 어떻게 주의 종의 권위를 흔들어 놓겠습니까? 어떻게 주의 종의 권위를 고의적으로 땅에 떨어뜨리겠습니까? 우리는 항상 예수 그리스도 안에서 주의 종을 존경하고 사랑하고 대접해야 합니다. 목회자가 이단으로 가면 몰라도 그렇지 않고는 언제나 목회자의 권위와 리더십을 흔들어대면 안 됩니다.

이러한 제사 방법은 평민이 죄를 범할 때 속죄제를 드리는 방법이었습니다. 그러나 대제사장과 온 회중이 죄를 범할 때에는 달랐습니다. 먼저 제물부터 달랐습니다. 평민은 염소나 양 그리고 가난한 사람은 비둘기도 얼마든지 제물로 드렸습니다.

대제사장이 범죄하였을 때 드리는 속죄제

대제사장과 온 회중이 범죄할 때는 흠 없는 수송아지를 드려야 했습니다. 그러니까 대제사장과 온 회중의 제물이 동급이었단 말입니다. 대제사장이 죄를 지어도 흠 없는 수송아지로, 온 회중이 죄를 범할 때도 흠 없는 수송아지를 드려야 했습니다.

레 4:3 만일 기름 부음을 받은 제사장이 범죄하여 백성의 허물이 되었으면 그가 범한 죄로 말미암아 흠 없는 수송아지로 속죄제물을 삼아 여호와께 드릴지니

레 4:13-14 만일 이스라엘 온 회중이 여호와의 계명 중 하나라도 부지중에 범하여 허물이 있으나 스스로 깨닫지 못하다가 그 범한 죄를 깨달으면 회중은 수송아지를 속죄제로 드릴지니 그것을 회막 앞으로 끌어다가

여기서, 기름 부음 받은 제사장은 대제사장을 말합니다. 일반 제사장은 사실 기름 붓는 예식을 하지 않았습니다. 대제사장만 거룩한 위임식을 하였습니다. 그래서 기름 부음 받은 대제사장의 제물과 온 회중의 제물이 똑같은 수송아지였단 말입니다.

하나님은 이처럼 지도자를 중요시하셨습니다. 지도자 한 사람이 죄를 지은 것이나 온 회중이 함께 죄를 지은 것을 똑같이 보셨다는 말입니다. 지도자의 죄를 그만큼 크게 보셨습니다. 그래서 이때는 속죄제 제물의 처리 방법도 달랐습니다. 먼저 제사장이 속죄제물의 피를 가지고 회막으로 들어갑니다. 그리고 제사장이 그 피를 찍어서 성소의 휘장 앞에 뿌립니다. 그리고 나서 향단 뿔에 그 제물의 피를 바르고 남은 모든 피는 번제단 아래 다 쏟아 붓습니다.

레 4:5-6 기름 부음을 받은 제사장은 그 수송아지의 피를 가지고 회막에 들어가서 그 제사장이 손가락에 그 피를 찍어 여호와 앞 곧 성소의 휘장 앞에 일곱 번 뿌릴 것이며

레 4:7 제사장은 또 그 피를 여호와 앞 곧 회막 안 향단 뿔들에 바르고 그 송아지의 피 전부를 회막 문 앞 번제단 밑에 쏟을 것이며

여기서 제사장이 그 제물의 피를 휘장 앞에 뿌리는 의미는 도대체 무엇일까요? 그것은 보다 하나님의 임재 앞에 가까이 나아가 하나님께 죄를 고백하고, 그 피를 뿌려서 용서를 받는다는 의미였습니다. 그것도 한두 번 뿌린 것이 아니라 일곱 번을 뿌렸습니다. 고대 히브리인들은 일곱이라는 숫자를 완전수로 생각했습니다. 그러니까 하나님 앞에 가까이 나아가서 모든 죄를 고백하되, 완벽하게 속죄를 받고 용서의 은혜를 누린다는 의미에서 휘장에 일곱 번 피를 뿌렸습니다.

또 금 향단 뿔에 제물의 피를 발랐습니다. 이것은 무엇을 의미합니까? 이것은 하나님의 속죄의 은혜와 구원의 능력이 속히 임하기를 기도하는 의미였습니다. 성소 안에 있는 향단에서는 항상 향이 피워졌고 또 하나님께 그 향이 올라갔습니다. 이것은 항상 하나님께 기도해야 함을 의미했습니다. 그 향단 뿔은 기도가 응답되는 하나님의 권세와 능력을 의미했습니다. 그러니까 제사장이 향단 뿔에 피를 바르는 것은, 하나님의 속죄의 은혜와 용서의 은총이 속히 임하기를 바라고 기도하는 의미에서 그렇게 했습니다.

"주여, 대제사장이 되어서 이렇게 큰 죄를 범했습니다. 또 온 이스라엘 회중이 죄를 범했습니다. 하나님만 섬겨야 할 언약백성이 되어서 온 회중이 똘똘 뭉쳐 하나님을 대적하고 하나님께 등 돌리는 죄를 지었습니다. 그래서 정말 하나님의 면전 곧 지성소 앞 휘장까지 와서 하나님께 제물의 피를 뿌리고 죄를 고백하며 자비를 구하오니 이 제물의 피를 보시고 용서하여 주옵소서. 주여, 우리의 모든 죄를 용서하여 주옵소서." 이런 마음으로 휘장 앞에 일곱 번 제물의 피를 뿌렸고 그리고 나서 향단 뿔에 제물의 피를 발랐습니다.

♪ 천부여 의지 없어서 손들고 옵니다
주 나를 외면하시면 나 어디 가리까
내 죄를 씻기 위하여 피 흘려 주시니
곧 회개하는 맘으로 주 앞에 옵니다

이렇게 하고 나서 화목제물을 드리는 것처럼 내장에 덮인 기름과 내장에 붙은 모든 기름, 그리고 두 콩팥과 그 위의 기름 즉 허리 쪽에 붙어 있는 기름, 또 간에 덮인 기름 꺼풀을 떼어서 콩팥과 함께 번제단에 불사릅니다. 여기서도 대제사장과 온 회중은 마음을 다하고 성품을 다하고 힘을 다하고 중심을 다하여 하나님께 회개하는 마음으로 콩팥과 기름을 태웠습니다.

레 4:8 또 그 속죄제물이 된 수송아지의 모든 기름을 떼어낼지니 곧 내장에 덮인 기름과 내장에 붙은 모든 기름과

그러나 여기서는 어느 누구도 남은 제물을 먹을 수가 없습니다. 모든 고기를 영문 밖, 재 버리는 곳에 가서 태워야 했습니다. 다시 말하면, 번제의 제물이 타고 남은 재를 버리는 저 이스라엘 진영 밖으로 가서 거기서 남은 속죄제물을 태워야 했습니다. 왜냐면 이것은 제사장도 먹을 수 없었는데 제사장 자신도 죄인이기 때문입니다. 또 온 회

중이 한꺼번에 죄를 지으면 그 속죄제물도 먹을 수 없었습니다. 온 회중이 죄인인데 어찌 회중이 먹을 수가 있고 제사장이 먹을 수가 있겠습니까? 이것은 지도자의 죄가 얼마나 크고 온 회중이 지은 죄를 하나님이 얼마나 크게 보셨는가를 보여주는 대목이기도 합니다.

레 4:11-12 그 수송아지의 가죽과 그 모든 고기와 그것의 머리와 정강이와 내장과 똥 곧 그 송아지의 전체를 진영 바깥 재 버리는 곳인 정결한 곳으로 가져다가 불로 나무 위에서 사르되 곧 재 버리는 곳에서 불사를지니라

레 4:21 그는 그 수송아지를 진영 밖으로 가져다가 첫번 수송아지를 사름같이 불사를지니 이는 회중의 속죄제니라

속죄제를 드린 염소의 남은 고기를 찾은 모세

레위기 10장을 보면 이런 일도 있었습니다. 모세가 속죄제의 남은 제물을 먹으려고 찾았는데, 아론이 속죄제물을 다 태워 버렸습니다. 그래서 모세가 성질을 내자 아론이 자초지종을 설명하니 모세가 노여움을 풀고 기뻐하는 내용이 나옵니다.

레 10:16-19 모세가 속죄제 드린 염소를 찾은즉 이미 불살랐는지라 그가 아론의 남은 아들 엘르아살와 이다말에게 노하여 이르되 이 속죄제물은 지극히 거룩하거늘 너희가 어찌하여 거룩한 곳에서 먹지 아니하였느냐

이는 너희로 회중의 죄를 담당하여 그들을 위하여 여호와 앞에 속죄하게 하려고 너희에게 주신 것이니라 그 피는 성소에 들여오지 아니하는 것이었으니 그 제물은 너희가 내가 명령한 대로 거룩한 곳에서 먹었어야 했을 것이니라 아론이 모세에게 이르되 오늘 그들이 그 속죄제와 번제를 여호와께 드렸어도 이런 일이 내게 임하였거늘 오늘 내가 속죄제물을 먹었더라면 여호와께서 어찌 좋게 여기셨으리요

레위기에서 속죄제의 남은 제물은 반드시 제사장이 먹을 것을 말하고 있습니다. 레위기는 이런 명령을 여러 곳에서 반복하고 있기 때문입니다. 화목제가 되었든지 소제가 되었든지 속죄제가 되었든지, 반드시 제사장의 몫이 있어야 합니다. 이것을 제사장이 먹어야 화목제가 완성되고 소제나 속죄제도 완성된다는 것 아니겠습니까?

레 10:12-15 모세가 아론과 그 남은 아들 엘르아살에게와 이다말에게 이르되 여호와께 드린 화제물 중 소제의 남은 것은 지극히 거룩하니 너희는 그것을 취하여 누룩을 넣지 말고 제단 곁에서 먹되 이는 여호와의 화제물 중 네 소득과 네 아들들의 소득인즉 너희는 그것을 거룩한 곳에서 먹으라 내가 명령을 받았느니라 흔든 가슴과 들어올린 뒷다리는 너와 네 자녀가 너와 함께 정결한 곳에서 먹을지니 이는 이스라엘 자손의 화목제물 중에서 네 소득과 네 아들들의 소득으로 주신 것임이니라 그 들어올린 뒷다리와 흔든 가슴을 화제물의 기름과 함께 가져다가 여호와 앞에 흔들어 요제를 삼을지니 이는 여호와의 명령대로 너와 네 자손의 영원한 소득이니라

모세는 대제사장은 아니지만 대제사장을 능가하고 또 때로는 대제사장의 역할을 했던 사람이기 때문에 속죄제 제물의 남은 고기를 먹기 위하여 찾았던 것입니다. 그런데 그 남은 고기를 이미 불에 태워버렸으므로 모세가 제사장 엘르아살과 이다말에게 성질을 내지 않습니까?

레 10:16 **모세가 속죄제 드린 염소를 찾은즉 이미 불살랐는지라 그가 아론의 남은 아들 엘르아살와 이다말에게 노하여 이르되**

모세가 제사장의 기름 부음을 받은 것은 아니지만 대제사장과 같은 사람이고 아니, 대제사장을 능가하는 사람이었습니다. 그래서 이 구절을 근거하여 유대 랍비들이 모세는 대제사장일 뿐만 아니라 대제사장을 능가하는 사람이었다고 설명합니다.

그런데 왜 모세가 성질을 내고 노했겠습니까? 이유는 남은 속죄제물이 정말 지극히 거룩한 것인데, 왜 이것을 안 먹었느냐는 것입니다. 또한 나도 함께 먹어야 하는데 왜 이것을 불태워버렸냐는 것입니다. 이것은 제사장만 먹을 수 있는 특권이고 자기도 대제사장이요 영도자로서 먹을 수 있는 특권이 있는데 왜 이것을 누구의 허락도 없이 누구 맘대로 태워버렸냐는 것입니다.

레 10:17-18 **이 속죄제물은 지극히 거룩하거늘 너희가 어찌하여 거룩한 곳에서 먹지 아니하였느냐 이는 너희로 회중의 죄를 담당하여 그들을 위**

하여 여호와 앞에 속죄하게 하려고 너희에게 주신 것이니라 그 피는 성소에 들여오지 아니하는 것이었으니 그 제물은 너희가 내가 명령한 대로 거룩한 곳에서 먹었어야 했을 것이니라

나답과 아비후의 부정한 다른 불

그러자 아론이 뭐라고 대답을 합니까? "모세여, 모세여, 내 말 좀 들어보소. 당연히 그대 말처럼 속죄제의 남은 것은 나도 먹고 그대도 먹고 우리 제사장이 함께 먹었어야 하지. 그러나 얼마 전 내 아들 나답과 아비후가 하나님께 다른 불을 드려서 벌을 받아 당장 죽어버리지 않았소? 하나님께 저주를 받아 죽지 않았소? 그런데 어찌 이 일이 나와 무관하다고 생각하겠소? 이것은 우리 아들의 죄가 아니라 내 죄라고 생각하오. 내가 우리 아들들을 잘못 가르치고 잘못 훈육해서 그 놈들이 하나님께 경거망동하여 저주를 받아 죽어버리지 않았소? 이것은 우리 아들들의 죄이기 이전에 내 죄란 말이오. 그러니 대제사장이 되어가지고 하나님 앞에 이렇게 큰 죄를 지어서 아들까지 죽였는데 내가 어떻게 속죄의 제물을 먹을 수 있겠소? 그래서 불로 다 태워버린 것이오."

모세가 이 말을 듣고 화가 풀어져서 좋게 여겼다고 말합니다.

레 10:19-20 아론이 모세에게 이르되 오늘 그들이 그 속죄제와 번제를 여호와께 드렸어도 이런 일이 내게 임하였거늘 오늘 내가 속죄제물을 먹

었더라면 여호와께서 어찌 좋게 여기셨으리요 모세가 그 말을 듣고 좋게 여겼더라

원래 하나님께 제사를 드리기 위해서 지폈던 불은 하나님이 주신 성결한 불로 제단 불을 지펴야 했습니다. 성막을 건축하고 모세가 하나님이 가르쳐 준 대로 성막에서 번제와 화목제, 소제 그런 제사를 다 드리지 않았습니까? 그랬을 때 하나님께서 하나님의 방법으로 불을 내려 번제의 모든 제물을 다 태워버리지 않았습니까?

레 9:24 불이 여호와 앞에서 나와 제단 위의 번제물과 기름을 사른지라 온 백성이 이를 보고 소리 지르며 엎드렸더라

아론의 아들들은 하나님이 주신 그 불을 계속 끄지 않고 보관을 해야 했습니다. 마치 올림픽 성화의 불을 끄지 않고 보관한 것처럼, 하나님이 주신 그 불을 보관해 놓고 그 불로 번제단에 불을 지피고 당겨야 했습니다.

그런데 이 나답과 아비후가 그 불로 번제단의 불을 사르지도 않고 향단의 불을 분향하지도 않았습니다. 한 마디로, 하나님의 법을 무시하고 하나님의 말씀을 무시했습니다. 그랬을 때 하나님의 제단에서 불이 나와 이 아론의 아들 나답과 아비후를 완전히 불로 태워 죽여 버렸습니다.

레 10:1-2 아론의 아들 나답과 아비후가 각기 향로를 가져가 여호와께서 명령하시지 아니하신 다른 불을 담아 여호와 앞에 분향하였더니 불이 여호와 앞에서 나와 그들을 삼키매 그들이 여호와 앞에서 죽은지라

그때 아론에게 묻지 않습니까? 어찌하여 당신의 아들들이 제사장이 되어서 하나님의 거룩함과 영광을 나타내지 아니하였느냐는 것입니다. 그래서 당신의 두 아들들이 죽어버리게 되었다는 말입니다. 그러니까 아론이 찍소리도 못하는 것 아닙니까?

레 10:3 모세가 아론에게 이르되 이는 여호와의 말씀이라 이르시기를 나는 나를 가까이 하는 자 중에서 내 거룩함을 나타내겠고 온 백성 앞에서 내 영광을 나타내리라 하셨느니라 아론이 잠잠하니

바로 지금 아론이 그 이야기를 하고 있습니다. "내가 속죄제와 번제를 여호와께 드렸지만 내게 이런 일이 임하였습니다. 내가 내 아들을 잘못 가르쳐서 아들이 둘이나 죽어버렸단 말입니다. 그러니 이것은 내 아들들의 죄이기 이전에 바로 나의 죄입니다. 그러니 제사장이 죄를 지어가지고 어떻게 속죄제의 남은 제물을 먹겠습니까? 그래서 태워버렸습니다."

레 10:19 아론이 모세에게 이르되 오늘 그들이 그 속죄제와 번제를 여호와께 드렸어도 이런 일이 내게 임하였거늘 오늘 내가 속죄제물을 먹었더라면 여호와께서 어찌 좋게 여기셨으리요

제가 지금 무엇을 강조하기 위해서 이렇게 반복해서 성경을 읽고 반복해서 설명하는지 아십니까? 그것은 대제사장이 죄를 지어서 드린 속죄제나 온 회중이 한꺼번에 죄를 지어서 드린 속죄제의 제물은 누구도 먹을 수 없다는 것입니다. 그래서 모세가 그 남은 속죄제의 제물을 먹으려고 찾았지만 아론이 죄를 범하여서 그 제물을 먹지 못하였다는 사실을 제가 지금 설명하고 있습니다. 그만큼 지도자나 온 회중이 범죄하면 그것이 하나님 앞에 얼마나 크게 보였는가, 이것을 지금 강조하고 있습니다.

교회를 무너뜨리는 사탄의 전략

오늘날도 사탄이 교회를 무너뜨리려면 그 교회 담임목사 하나만 무너뜨리면 됩니다. 담임목사의 범죄는 온 회중의 범죄와 똑같기 때문입니다. 아무리 담임목사가 성결하고 거룩하게 산다고 할지라도 온 교인이 똘똘 뭉쳐 하나님 앞에 범죄하면 그것도 똑같은 죄라는 말입니다.

바로 이러한 사실을 오늘 이 시대에 적용해 봅시다. 오늘날 하나님의 교회가 얼마나 제멋대로입니까? 온 회중이 작당을 해서 자기들 멋대로 교회를 끌어갑니다. 온 회중이 작당을 해서 하나님을 왕으로 모시지 못하고 주님을 교회의 머리로 모시지 못합니다. 자기들 멋대로 목사도 쫓아내 버립니다. 가령 목사가 정말로 못된 짓을 했으면 모르지만 마음에 안 든다고 쫓아내 버립니다. 생각이 다르다고 쫓아내 버립니다.

또 목사는 목사대로 넘어지고 자빠집니다. 그러니 이 시대에 우리는 하나님께 간절한 속죄제물을 드리며 회개해야 합니다. 저도 회개하고 우리 모두 회개하고 우리 한국교회 전체가 회개해야 합니다. 아론이 죄를 지은 것입니까? 아론이 직접적으로 죄를 지은 것이 아닙니다. 자기 아들들이 하나님께 못된 죄를 지었습니다. 그러나 그 죄가 자기 자식들만의 죄가 아니라는 것입니다. 자기 죄라는 말입니다. 그래서 속죄제물을 먹지 않고 태워버렸습니다.

오늘 우리도 아론의 마음을 가져야 합니다. 다른 교회의 죄가 우리의 죄이고 다른 성도의 죄가 우리의 죄인 것처럼 우리가 통회하고 자복하고 회개하는 제물을 드려야 된다는 말입니다. 바로 오늘 우리가 이런 마음을 가져야 합니다. 이런 마음으로 대신 회개하고 기도할 수 있어야 합니다.

♪ 주여 우리의 죄를 용서하여 주소서
지난날의 잘못을 사하여 주옵소서
주여 주여 나의 죄를 위하여
주여 주여 십자가를 지셨네
주님 가신 그 길을 나도 걸어야 하네 (×2)

그뿐만이 아닙니다. 오늘날 우리는 주의 종을 위해서 기도해야 합니다. 담임목사가 넘어지면 온 회중에게 죄를 입히는 것과 똑같습니다. 그래서 성경은 이렇게 말하고 있지 않습니까?

> 레 4:3 만일 기름 부음을 받은 제사장이 범죄하여 백성의 허물이 되었으면 그가 범한 죄로 말미암아 흠 없는 수송아지로 속죄제물을 삼아 여호와께 드릴지니

기름 부음 받은 대제사장이 범죄하면 자동적으로 백성의 허물이 됩니다. 눈에 보이지는 않지만 대제사장의 죄는 백성의 허물이 된다는 말입니다. 그러므로 우리는 담임목사님이 넘어지지 않도록 간절히 기도해야 합니다. 성도들도 마찬가지입니다. 개개인의 삶 속에서 넘어지는 허물과 죄가 있을 수 있습니다. 그러나 온 교인이 패거리가 되고 한통속이 되어 선악과나무를 따거나 선악 판단의 행동을 해서는 절대로 안 됩니다. 그렇기에 항상 담임목사님을 위해 기도해야 되고 언제나 생명나무를 선택하는 삶을 살아야 합니다.

속죄제를 통해 대제사장의 죄를 용서하신 하나님

정말로 중요한 사실이 있습니다. 그것은 아무리 대제사장이 큰 죄를 지었다고 할지라도 일단 하나님 앞에 정직하게 속죄제를 드리면 하나님이 용서해주셨다는 사실입니다. 온 회중이나 공동체도 대제사장을 용서했습니다. 대제사장이 어떠한 죄를 범했다 할지라도 진짜 하나님께 회개하고 속죄제를 드렸다면 하나님도 용서하셨습니다. 어

떠한 죄, 다시 말하면 백성들로부터 비난을 받고 사회적으로 공격을 당하는 그런 죄라 할지라도, 대제사장을 그만두고 말고 하는 일이 없었습니다. 대제사장이 책임을 지고 물러나고 그런 일이 없었단 말입니다.

심지어 대제사장이 7계를 범하고 8계를 범했어도 하나님께 회개하고 속죄제를 드렸다면, 그 직을 그대로 유지하고 계속할 수 있었습니다. 그런데 오늘날은 아쉽게도 그렇지 못합니다. 지도자가 한 번 죄를 지어버리면 너무나 도덕적, 사회적 책임이 큽니다. 그래서 스스로 사표를 내고 물러나야 하는 시대 속에 살고 있습니다.

왜 그럴까요? 그것은 세속주의가 교회에 들어왔기 때문입니다. 도덕주의와 윤리주의가 교회에 들어왔기 때문입니다. 정말 복음의 시각으로만 본다면 오늘날 목회자가 어떠한 죄를 지었더라도 하나님께 진심으로 회개하고 돌이켰다면, 잠시 칩거하고 영적인 수련을 받은 다음에 다시 강단에 설 수 있어야 합니다. 이것이 진짜 복음의 가르침이고 복음의 도라고 할 수 있습니다. 이것이 성경적이고 복음적인 원리입니다.

그런데 오늘날 지도자의 조그만 실수가 하나 드러나도 그냥 교인들과 이 사회는 마녀사냥을 하는 식으로 지도자를 그냥 두지 않습니다. 특별히 담임목사, 영적인 지도자는 더더욱 그렇습니다. 물론, 지도자는 도덕적, 윤리적 책임을 져야 하는 부분도 있습니다. 영적인 지도자,

존경받는 지도자일수록 높은 도덕성과 윤리성을 소유해야 합니다. 그리고 상습적이고 습관적으로 죄를 짓고 의도적으로 죄를 짓는 지도자는 용납이 불가능하다고 할 수 있습니다. 그러나 부지중에 연약해서 넘어진 죄는 용서해야 되지 않겠습니까? 정말 하나님께 간절히 회개하고 다시 수양하고 일어선 사람이라면 당연히 다시 컴백하고 다시 그 자리로 돌아올 수 있어야 하지 않겠습니까?

성경의 얼마나 많은 사람들이 넘어지고 자빠졌습니까? 그러나 회개하였을 때 다시 주님이 그들을 세우지 않았습니까? 그런데 문제는 제가 넘어지면 교인들이 어떻게 되겠습니까? 교인들이 실망하지 않겠습니까? 그러나 저도 인간이기 때문에 장담을 할 수가 없습니다. 그러므로 우리 모두 담임목사를 위해 기도해야 합니다. 담임목사도 생명나무를 붙잡고 또 생명의 성령의 법으로 언제나 승리해야 합니다.

목회자도 연약한 부분이 있습니다. 말과 언행의 실수가 있고 삶에 연약한 부분이 있습니다. 그래도 허물과 실수는 성도들이 덮어주어야 합니다. 더 세워주어야 합니다. 사사건건 말꼬리나 잡고 허물을 물고 늘어지지 말고 언제나 사랑하며 섬기며 덮어주어야 합니다. 그래서 새에덴교회 표어는 "사랑하며 섬기는 교회"입니다.

♪ 사랑해요 축복해요 당신의 마음에 우리의 사랑을 드려요

이것이 바로 속죄제가 주는 교훈입니다. 그런데 속죄제에 이어서

속건제가 있습니다. 이 속건제는 하나님 앞에 죄를 지었으면서 동시에 남에게 상처를 주거나 손해를 입혔을 때 제사를 드리는 것을 말합니다.

속건제의 의미

이때는 그냥 하나님 앞에 제사를 드리는 것이 아닙니다. 손해를 끼친 사람에게 5분의 1을 배상하면서 속죄의 제물을 하나님께 드립니다. 특히 여호와의 성물에 대해 잘못한 경우는 더더욱 그렇습니다.

> 레 6:2-5 누구든지 여호와께 신실하지 못하여 범죄하되 곧 이웃이 맡긴 물건이나 전당물을 속이거나 도둑질하거나 착취하고도 사실을 부인하거나 남의 잃은 물건을 줍고도 사실을 부인하여 거짓 맹세하는 등 사람이 이 모든 일 중의 하나라도 행하여 범죄하면 이는 죄를 범하였고 죄가 있는 자니 그 훔친 것이나 착취한 것이나 맡은 것이나 잃은 물건을 주운 것이나 그 거짓 맹세한 모든 물건을 돌려보내되 곧 그 본래 물건에 오분의 일을 더하여 돌려보낼 것이니 그 죄가 드러나는 날에 그 임자에게 줄 것이요

> 레 5:15-16 누구든지 여호와의 성물에 대하여 부지중에 범죄하였으면 여호와께 속건제를 드리되 네가 지정한 가치를 따라 성소의 세겔로 몇 세겔은에 상당한 흠 없는 숫양을 양 떼 중에서 끌어다가 속건제로 드려서 성물에 대한 잘못을 보상하되 그것에 오분의 일을 더하여 제사장에게 줄 것

이요 제사장은 그 속건제의 숫양으로 그를 위하여 속죄한즉 그가 사함을 받으리라

예수 그리스도께서는 하나님 앞에 우리를 대신해서 거룩한 속건제물로 죽으셨습니다. 어디서 말입니까? 바로 십자가 위에서 말입니다. 우리는 하나님 앞에서 범죄함으로 하나님께 엄청난 상처와 손해를 안겨드렸습니다. 그래서 예수 그리스도가 하나님 앞에 속건제물이 되어서 죽으셨습니다. 그 예수님의 속건제로 인하여 우리가 하나님께 안겨드린 상처와 아픔을 배상해 주셨고 또한 우리의 모든 죄까지 속죄해 주셨습니다.

사 53:10 여호와께서 그에게 상함을 받게 하시기를 원하사 질고를 당하게 하셨은즉 그의 영혼을 속건제물로 드리기에 이르면 그가 씨를 보게 되며 그의 날은 길 것이요 또 그의 손으로 여호와께서 기뻐하시는 뜻을 성취하리로다

그러므로 우리도 혹여 하나님께 상처를 주고 아프게 한 것이 있으면 하나님께 속건제물을 드리는 마음으로 회개하며 거룩한 예물을 드려야 합니다. 또 이웃에게 아픔을 주거나 성물에 대해 범죄하였으면, 이웃에게 사과하고 배상해 주어야 합니다. 또 성물도 반드시 배상해 주어야 합니다.

가령, 하나님 앞에 내가 죄를 지어서 하나님께 엄청난 상처를 안겨

드렸다고 합시다. 그러면 아픈 마음으로만 회개하지 말고 하나님께 그 아픈 상처를 달래 싸매고 배상하는 마음으로 특별 회개예물을 드리는 것이 좋다는 말입니다. 가령, 우리가 십일조를 몇 달을 떼어 먹었습니다. 주일도 여러 주를 빼먹었습니다. 그런데 그것이 하나님께 엄청난 상처가 되고 아픔이 되었습니다. 그러면 하나님께 중심으로 회개할 뿐만 아니라 특별 속건 예물을 드리는 것이 좋다는 말입니다. 또 내가 소파수술을 했다고 합시다. 그래서 생명을 죽였습니다. 그런 것도 하나님께 회개하고 배상의 예물을 드리는 것이 좋다는 말입니다.

특별히 성물은 더더욱 그렇습니다. 우리 교회를 봐도 봉고차가 있는데 장로님들이 모는 차도 있고 또 부목사님들이 모는 차가 있습니다. 그런데 이 봉고차는 아무리 새 차를 사놓아도 2년이 되면 고물이 되어버린다고 합니다. 왜 그런 줄 아세요? 자기 차는 신줏단지 모시듯이 잘 닦고 관리를 잘 하면서 교회 차는 내 차가 아니니까 맘대로 밟고 다니는 겁니다. 그러다가 딱지도 많이 뗍니다. 그렇게 딱지가 날아오면 교회에서 내라고 합니다. 자기 차는 그렇게 안 몰면서 말입니다.

심지어는 봉고차를 어디다가 박아놓고선 자기가 안 한 것처럼 갖다 놓는 사람도 있습니다. 사실 이런 것 다 배상해야 합니다. 하나님께 회개하고 속건 예물을 드려야 합니다. 어쩔 수 없이 그런 것이면 모르지만 내 차가 아니라고 어디 물건딱지처럼 사용하다가 교회차를 망가지게 하는 것, 이거 다 속건 예물을 드려야 합니다.

또 내 집이 아니라고 사무실 에어컨을 켜놓고 가버리는 사람도 있습니다. 내 집이 아니라고 전깃불을 켜놓고 그냥 가버리는 사람이 있습니다. 교회 의자에 커피 흘려 놓고 껌 붙여 놓고, 내 자식이 그랬다 하더라도 이것 다 속건 예물을 드려야 합니다. 이번에 교회 의자를 클리닝하는 데 얼마나 돈이 많이 들었는지 모릅니다. 이거 다 회개하고 배상해야 합니다.

몇 년 전 제가 깜박하고 서재의 에어컨을 켜놓고 저녁 늦게 들어온 적이 있습니다. 그때 저는 하나님께 정말 회개하고, 속건 예물을 드렸습니다. 그거 에어컨 잠깐 켜 놓았다고 전기세가 뭐 얼마나 나오겠습니까? 그래도 저는 그때 "하나님께 정말 죄송합니다. 제가 하나님의 성물을 아끼지 못했습니다" 하고 그 사용요금의 몇십 배 이상의 예물을 드렸습니다. 하나님의 성물을 성물답게 잘 사용해야 합니다. 또한 성물을 사용하다가 여러분이 잘못해서 성물에 손해를 끼쳤다면, 속건 예물을 드리는 마음으로 하나님께 진심으로 회개하고 배상 예물을 드려야 합니다. 이것이 얼마나 중요한지 모릅니다.

지금까지 살아온 걸음걸음을 한번 돌이켜보면서 혹시 내가 하나님께 무슨 상처를 드렸는가, 내가 이웃에게 어떤 상처를 주었는가, 그리고 교회 성물에 어떤 손해를 끼쳤는가를 다 생각하면서 아름다운 속건 예물을 드려야 합니다. 그래서 하나님과 우리의 관계를 깨끗하고 새롭게 정리할 수 있어야 합니다.

결론입니다. 우리는 속죄제와 속건제를 통해 날마다 새로워지고 하나님과의 관계를 늘 새롭게 해야 합니다. 그래야 하나님 앞에 언제나 담대하게 나아갈 수 있고 우리의 속사람과 영혼이 새로워지고 거룩해져서 하나님을 더 잘 섬기고 사명을 잘 감당할 수 있습니다.

"주여, 우리가 언제나 새로워지게 하소서. 예수 그리스도의 속죄와 속건의 역사로 우리가 항상 새로워지는 성도들이 되게 하소서. 우리가 늘 그런 정신으로 살아서 새로워지게 하시고 거룩한 사람이 되게 하소서."

♪ 해 아래 새것이 없나니 이 죄인 살리신 주
보라 새롭게 된 이 피조물 주의 놀라운 권능
찬양하세 우리 주 오 주여 영광 받으소서
새롭게 하소서 새롭게 하소서
새롭게 하소서 늘 새롭게 하소서

8장

번제단의 불을 끄지 마라

"여호와께서 모세에게 말씀하여 이르시되 아론과 그의 자손에게 명령하여 이르라 번제의 규례는 이러하니라 번제물은 아침까지 제단 위에 있는 석쇠 위에 두고 제단의 불이 그 위에서 꺼지지 않게 할 것이요 제사장은 세마포 긴 옷을 입고 세마포 속바지로 하체를 가리고 제단 위에서 불태운 번제의 재를 가져다가 제단 곁에 두고 그 옷을 벗고 다른 옷을 입고 그 재를 진영 바깥 정결한 곳으로 가져갈 것이요 제단 위의 불은 항상 피워 꺼지지 않게 할지니 제사장은 아침마다 나무를 그 위에서 태우고 번제물을 그 위에 벌여 놓고 화목제의 기름을 그 위에서 불사를지며 불은 끊임이 없이 제단 위에 피워 꺼지지 않게 할지니라"(레 6:8-13).

제사는 하나님께 나아가기 위한 유일한 길이라고 했습니다. 하나님과 만나서 교제하고, 복 받는 유일한 길이 바로 제사입니다. 아니, 에덴으로 돌아가고 에덴을 회복하는 길, 즉 복락원의 길이 제사라고 했습니다. 물론 구약의 제사는 의식법이었습니다. 그리고 구약 율법 중 의식법은, 예수 그리스도의 십자가 사건으로 다 성취되었습니다. 그러므로 이것은 예수 그리스도가 오시기 전까지, 구약 백성들에게만 구속력을 가지고 있었습니다.

신약에 와서는, 예수 그리스도가 모든 의식법을 성취하셨기에 신약 백성들은 구약의 모든 제사 의식을 지키지 않아도 됩니다. 왜냐하면 그 율법과 제사 제도의 정신이 신약의 복음 속에 그대로 용해되어 있기 때문입니다. 다시 말하면, 구약의 5대 제사의 정신이 오늘날 우리가 드리는 예배 속에 엄연히 살아있단 말입니다. 그러므로 그것을 제대로 알면, 오늘날 우리는 더 신령과 진정으로 예배를 드려야 한다는 사실을 깨닫습니다.

우리가 구약제사의 의식을 다 지킬 필요도 없고 지켜서도 안 되지만, 그 제사의 정신이 오늘 예배 안에 다 스며들어 있다는 사실은 기억해야 합니다. 따라서 우리는 이것을 알면 알수록, 더 신령과 진정으로 예배를 드리게 됩니다. 바로 그렇게 우리가 신령과 진정으로 예배를 드리고 신앙생활을 하기 위해 구약의 5대 제사를 공부했습니다.

번제단의 불

제사 중에 가장 기본이 되는 제사가 바로 '번제'라고 했습니다. 그리고 번제뿐만 아니라, 언약 백성들은 하나님께 소제를 드리고 화목제를 드리며, 속죄제와 속건제를 드렸다고 했습니다. 이 다섯 가지 제사의 기본정신이 오늘 우리 예배 안에 있고, 또 우리 신앙생활 안에 있다는 사실을 누누이 설명하고 강조했습니다.

그런데 하나님께서는 이 다섯 가지 제사를 어떻게 드려야 하는가를 잘 말씀하신 후에, 정말 중요한 사실을 한 가지 말씀해 주셨습니다. 그것은 "번제단의 불을 절대로 꺼트려서는 안 된다!"는 것이었습니다. 그 어떤 경우에도 번제단의 불을 꺼트려서는 안 됩니다. 바로 이 말씀을 짧은 본문 안에서 세 번이나 강조하고 있습니다.

레 6:9 아론과 그의 자손에게 명령하여 이르라 번제의 규례는 이러하니라 번제물은 아침까지 제단 위에 있는 석쇠 위에 두고 제단의 불이 그 위에서 꺼지지 않게 할 것이요

레 6:12 제단 위의 불은 항상 피워 꺼지지 않게 할지니 제사장은 아침마다 나무를 그 위에서 태우고 번제물을 그 위에 벌여 놓고 화목제의 기름을 그 위에서 불사르지며

레 6:13 불은 끊임이 없이 제단 위에 피워 꺼지지 않게 할지니라

모세가 성막 건축 후에, 하나님이 가르치신 그대로 번제단에 제사를 드렸더니, 하나님께서 거룩한 불을 내려 주셨습니다.

레 9:24 불이 여호와 앞에서 나와 제단 위의 번제물과 기름을 사른지라 온 백성이 이를 보고 소리 지르며 엎드렸더라

하나님께서는 이 불을 보관하도록 하셨고, 바로 그 불로만 제사를 드리고 금등대와 분향단에 불을 켜도록 했습니다. 광야시대에는 이스라엘 백성들이 한 곳에만 머물렀던 것이 아니라, 하나님의 구름기둥과 불기둥이 움직이면 함께 이동해야 하지 않았습니까? 그래서 광야에서 이동 중에는 불을 담아서 보관해야 했습니다. 그래서 불 담는 그릇도 있었습니다. 이 그릇에 불을 담아서 계속 이 불을 보관했습니다.

출 27:3 재를 담는 통과 부삽과 대야와 고기 갈고리와 불 옮기는 그릇을 만들되 제단의 그릇을 다 놋으로 만들지며

민 4:14 봉사하는 데에 쓰는 모든 기구 곧 불 옮기는 그릇들과 고기 갈고리들과 부삽들과 대야들과 제단의 모든 기구를 두고 해달의 가죽 덮개를 그 위에 덮고 그 채를 꿸 것이며

계속해서 이 불을 보관하여, 이 불로만 번제단에 불을 붙이게 했습니다. 결코 다른 불을 드리면 안 됩니다. 바로 이것을 통해서, 하나님께서는 제사의 거룩성을 가르쳐 주시고, 예배의 거룩함을 교훈해 주

셨습니다.

아론의 아들 나답과 아비후는 다른 불로 제사를 드렸습니다. 하나님께서는 그들을 하나님의 불로 태워버리고 말았습니다. 하나님께서는 이 사건을 통해 얼마나 하나님께 드리는 제사가 거룩하고 영광스러운가를 다시 한 번 보여 주셨습니다. 그래서 그 이후로는 너무나 두려워서, 어느 누구도 다른 불로 하나님께 제사를 드릴 수가 없었습니다.

뿐만 아니라 하나님은 모세에게, 정말로 중요한 말씀을 하셨습니다. 바로 "번제단의 불을 어떤 경우에도 끄지 말라!"고 하셨습니다. 무슨 일이 있어도, 제사장들은 번제단의 불을 꺼서는 안 된다고 말씀하시고, 또 말씀하셨습니다. 번제단의 불뿐만이 아니라 금등대의 불도 절대로 꺼트려서는 안 되고, 금향단의 향불도 절대로 꺼트리지 말라고 하셨습니다. 그래서 이스라엘의 제사장들은 항상 아침과 저녁으로 금등대의 불을 점검해야 했고, 금향단의 향불도 간검을 해야 했습니다.

출 27:20-21 너는 또 이스라엘 자손에게 명령하여 감람으로 짠 순수한 기름을 등불을 위하여 네게로 가져오게 하고 끊이지 않게 등불을 켜되 아론과 그의 아들들로 회막 안 증거궤 앞 휘장 밖에서 저녁부터 아침까지 항상 여호와 앞에 그 등불을 보살피게 하라 이는 이스라엘 자손이 대대로 지킬 규례이니라 출 30:7-8 아론이 아침마다 그 위에 향기로운 향을 사르되 등불을 손질할 때에 사르지며 또 저녁 때 등불을 켤 때에 사르지니 이 향은 너희가 대대로 여호와 앞에 끊지 못할지며

이렇게 이스라엘의 제사장들은 어떤 경우에도 번제단의 불이 꺼지지 않도록 해야 했고, 성소 안의 금등대와 분향단의 불이 꺼지지 않도록 잘 관리해야 했습니다.

상번제의 불꽃을 꺼트리지 마라!

하나님의 성막에서는 아침저녁으로 매일 상번제가 드려졌습니다. 그러므로 제단 불이 꺼지지 않도록 하라는 말은 상번제가 중단되지 않도록 하라는 말입니다. 그 상번제를 드릴 때에 당직 제사장이 성소 안에 들어가서, 아침과 저녁으로 항상 금등대의 불과 분향단의 불을 점검해야 했습니다. 만약 그 불을 꺼트리면 제사장도 저주를 받아 죽을 것이고, 이스라엘도 하나님으로부터 내려오는 축복에서 끊어져 버린다고 했습니다. 그만큼 이스라엘 백성들에게는 제단 불이 중요했습니다.

우리도 어떤 경우든지 제단 불을 꺼트려서는 안 됩니다. 우리 심령의 제단 불이 꺼져서도, 가정의 제단 불이 꺼져서도, 그리고 교회의 제단 불이 꺼져서도 안 됩니다. 다른 불은 다 꺼트려도 제단 불만은 꺼트려서는 안 됩니다. 구약에서 제사장이 제단 불을 잘 관리한 것처

럼, 우리도 거룩한 하나님의 불을 잘 관리하고, 이 불을 절대 꺼트려서는 안 됩니다. 항상 제단에 불이 활활 타오르도록 해야 합니다.

♪ 불길 같은 주 성령 간구하는 우리게
지금 강림하셔서 영광 보여 주소서
성령이여 임하사 우리 영의 소원을
만족하게 하소서 기다리는 우리게
불로 불로 충만하게 하소서

주의 제단 불 위에 우리 몸과 영혼과
우리 가진 모든 것 지금 바치옵니다
성령이여 임하사 우리 영의 소원을
만족하게 하소서 기다리는 우리게
불로 불로 충만하게 하소서

제단 불을 끄지 말라 하신 이유

하나님께서는 왜 모세에게 제단 불을 끄지 말라고 하셨을까요?

1. 제단 불이 이스라엘의 생명이고, 축복이었기 때문입니다.

이스라엘 백성들에게 있어서 제사는 그들의 숨통이고 축복의 젖줄이었습니다. 그러므로 그들에게는 항상 제단 불이 밝혀져 있어야 했습니다. 왜냐하면 이 제단 불로 항상 하나님께 제사를 드렸기 때문입니다. 어떤 경우든지 그들은 제단 불을 살려야 했습니다. 아무리 힘들고 어려워도 그들은 매일 상번제를 드려야 했습니다. 비록 전쟁 중이고, 재앙과 재난 중에라도 이스라엘의 제사장은 상번제만큼은 중단해서는 안 되었던 것입니다. 전쟁 중이라서 번제를 드리러 오는 백성들이 없다고 할지라도, 제사장들은 자기들의 반차를 좇아 매일매일 하나님께 상번제를 드려야 했습니다.

그들이 하나님께 다른 불을 드리지 않고 매일 상번제를 드린다면, 아무리 비바람이 불어오고 소낙비가 내리며 폭풍우가 몰아친다 하더라도, 하나님의 불은 절대로 꺼지지 않았습니다. 아무리 광야의 세찬 바람이 불어오고, 허리케인 같은 폭풍이 불어와도 어떤 경우에도 번제단의 불은 꺼지지 않았습니다. 또 성소 안에 있는 금등대와 분향단도, 상번제 드리는 시간에 가서 향 재료를 올리고 또 등불을 간검하면, 어떤 경우에도 꺼지지 않았습니다. 그리고 이스라엘의 성막과 성전에서 번제단의 불만 꺼지지 않으면, 절대로 이스라엘은 망할 수가 없습니다. 번제단의 불이 꺼질 때 이스라엘의 역사도 끝나고, 이스라엘이라는 국가도 없어지게 됩니다.

그러니 아무리 재난과 재앙, 그리고 어떠한 난리통이나 전쟁 중에도 제사장은 항상 번제단의 불이 꺼지지 않도록 해야 했습니다. 다시 말하면 항상 하나님께 상번제를 중단하지 않고 드려야 했습니다. 이 번제단의 불이 꺼질 때 이스라엘 역사도 끝나버리고 말았기 때문입니다. 성전의 불이 꺼졌을 때, 마침내 이스라엘은 바벨론에 패망하게 되고, 그들은 바벨론의 종으로 끌려가게 된 것이 아닙니까? 언제 하나님의 성전에서 번제단 불이 꺼졌습니까? 바로 므낫세 왕과 시드기야 왕 때였습니다.

므낫세 왕의 패악

므낫세라는 왕은 태어나지 않는 것이 좋을 뻔한 왕이었습니다. 그는 왕이 되자마자 얼마나 하나님 앞에 패역무도하고 극악무도한 죄를 범했는지 모릅니다. 특별히 그는 자기 아버지가 헐어버렸던 산당들을 다시 세우며 바알을 위해 제단을 쌓고, 하늘의 일월성신을 섬겼습니다. 뿐만 아니라, 힌놈의 골짜기에서 자기 자식들을 이방신에게 번제로 드리기도 하고, 선지자의 말은 듣지 않으면서도 온갖 점이나 사술을 행하고 신접자와 박수를 신임했습니다.

> 대하 33:3-6 그의 아버지 히스기야가 헐어 버린 산당을 다시 세우며 바알들을 위하여 제단을 쌓으며 아세라 목상을 만들며 하늘의 모든 일월성신을 경배하여 섬기며 여호와께서 전에 이르시기를 내가 내 이름을 예루살렘에 영원히 두리라 하신 여호와의 전에 제단들을 쌓고 또 여호와의 전 두 마당에 하늘의 일월성신을 위하여 제단들을 쌓고 또 힌놈의 아들 골짜기에서 그의 아들들을 불 가운데로 지나가게 하며 또 점치며 사술과 요술을 행하며 신접한 자와 박수를 신임하여 여호와 보시기에 악을 많이 행하여 여호와를 진노하게 하였으며

하나님만을 사랑하고 섬기며 경배하라고 준 이스라엘 땅에서 므낫세는 이방신을 위한 산당과 제단을 세우고, 그것들을 경배하며 섬겼으니 어찌 하나님께서 진노하시지 않겠습니까? 이때 성전의 번제단 불이 꺼졌습니다. 하나님 앞에 드리는 상번제가 제대로 드려지지 못했고, 대신 이방신에게 하나님의 성전 마당에서 제사를 드렸습니다. 번제단의 불은 꺼지고 이방신의 제단에서 제사를 드렸으니 이것이 얼마나 극악무도한 죄입니까? 바로 이러한 상황을 예레미야 선지자는 이렇게 고발하고 있습니다.

렘 3:2 네 눈을 들어 헐벗은 산을 보라 네가 행음하지 아니한 곳이 어디 있느냐 네가 길 가에 앉아 사람들을 기다린 것이 광야에 있는 아라바 사람 같아서 음란과 행악으로 이 땅을 더럽혔도다

렘 7:31-32 힌놈의 아들 골짜기에 도벳 사당을 건축하고 그들의 자녀들을 불에 살랐나니 내가 명령하지 아니하였고 내 마음에 생각하지도 아니한 일이니라 그러므로 여호와께서 말씀하시니라 날이 이르면 이곳을 도벳이라 하거나 힌놈의 아들의 골짜기라 말하지 아니하고 죽임의 골짜기라 말하리니 이는 도벳에 자리가 없을 만큼 매장했기 때문이니라

하나님께서는 보다보다 결국 못 참으시고 남 왕국 유다를 멸망시키기로 작정하셨습니다. 그렇게 해야만 남 유다가 하나님께 회개하고 돌아와서 하나님을 잘 섬길 것 아니겠습니까? 다시 성전을 짓고 이스라엘 백성들의 정체성과 사명을 회복하며, 마침내 그들의 사명인 예

수 그리스도를 출생시키지 않겠습니까? 그래서 하나님은 어쩔 수 없이 남 유다에게 사랑의 채찍을 드십니다. 바로 그 채찍을 바벨론을 통해 들었습니다. 하나님은 바벨론의 느부갓네살이 이스라엘을 침략하게 했습니다. 그래서 이스라엘 백성들은 바벨론에 포로로 끌려가서 종노릇을 했습니다.

에스겔의 환상

그때 같이 끌려간 선지자가 바로 에스겔이었습니다. 그러면 그때라도 이스라엘 백성들이 하나님께 회개하고 번제단에서 상번제를 잘 드려야 할 것 아닙니까? 그런데 에스겔이 바벨론에 끌려가서 이스라엘을 위해 기도하는데, 하나님이 예루살렘 성전에 대한 환상을 보여주셨습니다. 에스겔은 아마 이렇게 기도했을 것입니다. 그는 참 선지자였지만, 거짓 선지자 하나냐의 예언이 이루어져서 다시 수년 안에 고토로 돌아가도록 기도했을 것입니다. 그리고 그렇게 끌려간 백성들도 속히 돌아갈 것을 소망하며 기대하고 있었습니다.

즉, 에스겔 선지자도 동족을 사랑하고, 하나님의 자비를 구하는 맘으로 간절히 기도했습니다. 그때 하나님께서 에스겔 선지자에게 유다 백성들이 예루살렘 성전에서 무슨 짓거리를 하고 있는지를 보여주셨습니다. 자, 그러면 에스겔이 본 환상은 무엇이었습니까?

겔 8:14 그가 또 나를 데리고 여호와의 전으로 들어가는 북문에 이르시

기로 보니 거기에 여인들이 앉아 담무스를 위하여 애곡하더라

지금 이스라엘 여자들이 하나님의 성전에서 하나님께 제사는 드리지 않고, 담무스를 위해 애곡하고 있다고 하지 않습니까? 담무스를 위해 애곡한다는 말이 무슨 말입니까? 아주 오래 전에 여러분들에게 말씀을 드렸지만, 담무스는 고대 바벨론의 초대 왕인 니므롯과 그의 아내 세미라미스 사이에서 난 아들입니다.

니므롯은 당시 자기 아버지를 죽이고, 그의 어머니인 세미라미스를 아내로 차지합니다. 왜 이런 극악무도한 일을 행했습니까? 당시 고대 사회에서는 그것이 영웅의 길이었기 때문입니다. 고대 바벨론 신화에서 마르둑이 바벨론의 주신(主神)이 아닙니까? 마르둑이라는 신이 아버지 에아를 죽이고 어머니 담키나를 아내로 차지했습니다. 그리고 모든 신들의 제왕이 되었습니다.

이 니므롯이 마르둑을 흉내내고 자기를 마르둑과 일치시키기 위해, 바로 아버지를 죽이고 어머니 세미라미스를 차지했습니다. 그 사이에서 난 아들이 담무스입니다. 나중에 아들 담무스가 왕이 되는데, 어린 담무스 대신 어머니 세미라미스가 수렴청정을 합니다. 그러다가 나중에 세미라미스가 권력을 차지하기 위해 담무스를 죽입니다.

담무스가 멧돼지에게 죽임을 당했다고 기록에 나옵니다만, 사실은 그 어머니 세미라미스가 죽였다고 합니다. 왜 그랬습니까? 바로 권력

을 차지하기 위해서였습니다. 그러나 이 세미라미스가 담무스를 죽여 놓고 나서, "담무스는 정말 억울하게 죽었다. 그러니 담무스를 위해 애곡하고 통곡하면 담무스가 다시 살아나서 너희들의 아픔과 죄악과 고난을, 승리의 영광으로 부활시켜 준다!"는 신화를 만들어 냈습니다.

이 바벨론 신화가 다시 가나안으로 와서 바알 신화로 변형되었습니다. 우리가 잘 알다시피, 바알은 구름과 번개와 비를 몰고 다니는 풍요의 신입니다. 그래서 만물을 생성케 하고, 식물을 자라게 하는 신으로 알려져 있었습니다.

바알은 '모트'라는 죽음의 신과 필연적으로 경쟁하고 싸울 수밖에 없었습니다. 결국 바알과 모트는 최후의 결전을 벌이는데, 죽음의 신 모트가 바알을 죽이고 맙니다. 이 소식을 듣고 바알의 동생 아나트가 바알을 죽인 모트를 죽이고, 다시 바알을 살려 냅니다. 이때가 4-6월, 즉 곡식을 추수하는 기간입니다. 그래서 이스라엘 백성은 4-6월에 바알을 위한 종교의식을 행했습니다.

가나안의 초기에는 바알 신화가 왕성했지만, 나중엔 담무스 신화가 가나안으로 와서 바알 신화를 대체하게 됩니다. 이스라엘 백성들은 어려움과 재앙을 당할 때, 담무스를 위해 애곡하는 종교적 의식을 행했습니다. 언제 애곡하느냐 하면 바로 4-6월의 추수기입니다. 추수기에 담무스를 위해 애곡하면, 담무스가 다시 부활합니다. 담무스가 부활해서 바알이나 마르둑처럼, 모트나 흑암의 세력들을 다 무찌르고 이스라엘에게 새로운 영광과 축복, 그리고 승리를 가져다 준다고 믿었습니다.

그런데 지금 에스겔이 환상으로 보니, 예루살렘의 여인들이 담무스를 위해 애곡하고 있습니다. 하나님께 기도하고 회개해야 하는데 이 바보 같은 여자들이 담무스를 위해 애곡을 하고 있습니다. '이스라엘의 하나님이 우리를 버렸다' 이 말입니다. '능력이 없어서 우리를 지켜 주지 못한다' 이 말입니다. "담무스 신이여, 제발 바알과 함께 일어나서, 우리 민족을 구원해 주소서! 이제라도 담무스 신이여, 일어나서 우리 예루살렘 거민을 지켜 주시고, 저 바벨론에 끌려갔던 우리 민족을 다시 돌아오게 해 주소서!"라고 예루살렘 여인들이 담무스를 위해 애곡하고 있습니다.

하나님께 회개하고 번제와 속죄제, 속건제를 드리지 않고, 담무스를 위해 애곡하고 있습니다. 담무스를 위해 애곡하면 끌려간 동족이 다시 돌아올 것이고, 담무스가 부활하여 그들을 지켜 줄 것이라고 확신하며 울고 있었습니다. 얼마나 가증스러운 일입니까? 그뿐입니까? 하나님은 이스라엘 백성들이 이보다 더 가증스러운 일을 하고 있는 모습을 에스겔 선지자에게 보여주셨습니다.

겔 8:15-16 그가 또 내게 이르시되 인자야 네가 그것을 보았느냐 너는 또 이보다 더 큰 가증한 일을 보리라 하시더라 그가 또 나를 데리고 여호와의 성전 안뜰에 들어가시니라 보라 여호와의 성전 문 곧 현관과 제단 사

이에서 약 스물다섯 명이 여호와의 성전을 등지고 낯을 동쪽으로 향하여 동쪽 태양에게 예배하더라

지금 이스라엘 백성들은 하나님의 번제단에서 하나님께 제사를 드리지 않고, 특별히 스물다섯 명의 백성들이 여호와의 성전을 등지고 낯을 동쪽으로 향해 동쪽 태양에게 예배를 드렸다고 하지 않습니까? 번제단을 등지고 번제단의 반대편 동쪽에 있는 태양신의 제단에 제사를 드리고 분향을 했다는 말입니다. 그러니 번제단의 불이 꺼져 버리고, 상번제는 중단되었다는 말입니다.

하나님께 회개하고 하나님께 제사를 드리기는커녕, 상번제의 불을 꺼트려 버리고 태양신의 제단에 제사를 드리고 있으니, 어찌 하나님께서 이스라엘에게 자비를 베푸시겠습니까? 어찌 이스라엘에게 긍휼과 은혜와 구원을 베푸시겠습니까? 얼마나 안타깝습니까? 얼마나 무지 몽매한 모습입니까? 빨리 깨닫고 회개해야 합니다. 지금이라도 회개하고 돌이켜야 합니다. 회개가 축복입니다. 깨닫고 돌이키는 것이 축복입니다. 항상 깨닫는 지혜를 소유해야 합니다. 회개의 기회를 놓치지 말아야 합니다.

♪ 주여 우리의 죄를 용서하여 주소서
지난 날의 잘못을 사하여 주옵소서
주여 주여 나의 죄를 위하여
주여 주여 십자가를 지셨네

주님 가신 그 길을 나도 걸어야 하네

주님 가신 그 길을 나도 걸어야 하네

벙어리가 된 에스겔

하나님은 에스겔이 이런 이스라엘 백성들에게 선지자 노릇을 못하도록 아예 벙어리로 만들어 버렸습니다. 에스겔의 혀를 입천장에 붙여버려서, 아예 말 못하는 자가 되게 만들어 버렸습니다. 이스라엘 백성들의 죄가 너무 하늘에 가득해서, 혹시라도 에스겔이 그들에게 책망과 회개의 메시지를 전하면 그들이 그 말씀을 듣고 회개하고 돌이킬까봐, 하나님은 에스겔의 입을 닫아 버리고 벙어리가 되게 하셨습니다.

> 겔 3:26 내가 네 혀를 네 입천장에 붙게 하여 네가 말 못하는 자가 되어 그들을 꾸짖는 자가 되지 못하게 하리니 그들은 패역한 족속임이니라

결국 시드기야 왕 때, 바벨론의 느부갓네살 왕의 공격을 다시 받고, 예루살렘 성은 함락되어 버리고 말았습니다. 그 휘황찬란하던 솔로몬 성전도 훼파되어 버리고 말았습니다. 그리고 왕도, 귀족도, 모든 성전의 제사장도 잡혀가게 되었습니다. 뿐만 아니라 성전의 모든 기명과 기구도, 다 바벨론에 전리품으로 빼앗겨 버리고 말았습니다. 번제단의 불만 꺼진 것이 아니라, 번제단의 기구와 금등대, 금향단의 모든 기구까지 바로 바벨론 사람들이 가지고 갔습니다.

렘 52:17-20 갈대아 사람은 또 여호와의 성전의 두 놋기둥과 받침들과 여호와의 성전의 놋대야를 깨뜨려 그 놋을 바벨론으로 가져갔고 가마들과 부삽들과 부집게들과 주발들과 숟가락들과 섬길 때에 쓰는 모든 놋그릇을 다 가져갔고 사령관은 잔들과 화로들과 주발들과 솥들과 촛대들과 숟가락들과 바리들 곧 금으로 만든 물건의 금과 은으로 만든 물건의 은을 가져갔더라 솔로몬 왕이 여호와의 성전을 위하여 만든 두 기둥과 한 바다와 그 받침 아래에 있는 열두 놋 소 곧 이 모든 기구의 놋 무게는 헤아릴 수 없었더라

성전의 제단 불이 꺼지고 상번제가 중단되었을 때, 이스라엘 역사에 이런 비극이 찾아오게 되었습니다. 아니, 그들은 바벨론에 끌려가서 느부갓네살 왕의 금신상 앞에 절을 해야 했습니다. 왜냐하면 그 금신상에게 절을 하지 않으면 모두 뜨거운 풀무불에 던져지기 때문입니다.

단 3:5-7 너희는 나팔과 피리와 수금과 삼현금과 양금과 생황과 및 모든 악기 소리를 들을 때에 엎드리어 느부갓네살 왕이 세운 금 신상에게 절하라 누구든지 엎드려 절하지 아니하는 자는 즉시 맹렬히 타는 풀무불에 던져 넣으리라 하였더라 모든 백성과 나라들과 각 언어를 말하는 자들이 나팔과 피리와 수금과 삼현금과 양금과 및 모든 악기 소리를 듣자 곧 느부갓네살 왕이 세운 금 신상에게 엎드려 절하니라

하나님 앞에서 번제단의 불을 꺼트리니까 바벨론에 끌려가서 느부

갓네살 왕의 금신상 앞에 절을 해야 하는 비극을 겪는 것 아닙니까? 이 얼마나 가슴 아픈 일입니까? 이 얼마나 처참한 꼴입니까? 상번제가 중단되고, 제단 불이 꺼진 결과가 이렇게 처참했습니다.

참된 애국, 예배와 영적 부흥

오늘날도 하나님께 드리는 예배는 언제 어느 때든지 교회의 생명이고 축복입니다. 오늘날 우리가 드리는 예배가 얼마나 중요한지 모릅니다. 이 예배가 교회의 생명이고 축복입니다. 가정의 생명이고 축복이며, 우리 개인의 생명이고 축복입니다. 그리고 국가가 생존하고 부흥하는 데도, 예배가 얼마나 중요한지 모릅니다. 우리 교회가 드리는 예배를 통해 국가에 부흥이 오고, 축복이 전달되며, 예배를 통해 국가의 힘이 신장됩니다. 그러므로 오늘 우리 교회가 예배 잘 드리는 것도 애국이라는 사실을 알아야 합니다. 예배를 잘 드려야 하나님이 기뻐하시고, 교회에도 복을 주시고, 가정에도 그리고 우리 심령에도 복을 주십니다. 아니, 우리 국가에도 복을 주십니다.

노벨 경제학상을 받은 케임브리지 대학의 아마르티아 센 교수는 "지금까지 세계역사를 연구해 보니, 한 국가가 성장하고 국가의 힘이 커졌던 그 배후에는, 반드시 영적인 부흥이 있었다!"라고 했습니다. 교회의 부흥과 기독교의 부흥이 있었다는 것입니다. 중국 북경대학의 앤써 교수도 비슷한 말을 했습니다. 중국의 사회주의 상황에서도 먼저 기독교의 부흥이 있었던 곳, 즉 선교사의 활동이 활발했던 곳에서 경제가 부흥하더라는 것입니다.

그러므로 오늘 우리도 예배에 목숨을 걸어야 합니다. 어떤 경우에도 제단 불이 꺼져서는 안 됩니다. 우리 심령에 기도의 불이 꺼져서는 안 됩니다. 우리 가정에 기도와 찬양과 예배의 불이 꺼져서는 안 됩니다. 기도와 찬양, 그리고 하나님께 드리는 예배가 계속해서 드려져야 합니다. 항상 주일예배가 살고, 수요예배가 살아야 하며, 새벽기도와 철야기도에 불이 활활 타올라야 합니다. 주일날 번제의 불이 활활 타올라야 합니다. 성도들이 자발적으로 드리는 소제와 화목제의 불도 타올라야 합니다. 때로는 속죄제와 속건제의 불도 타올라야 합니다. 어떤 경우에도 불이 꺼져서는 안 됩니다. 제단 불이 사그라들어서는 안 됩니다.

아무리 힘들고 어려워도 예배가 살아야 하고, 또 예배가 중단되어서는 안 됩니다. 오늘날 우리에게도 예배가 생명이며 축복이기 때문입니다. 제단 불이 우리의 숨통이며 축복의 젖줄이기 때문입니다. 그러므로 어떤 경우에도 제단 불을 꺼트리면 안 됩니다. 언제나 예배에 목숨을 걸어야 합니다. 예배에 올인해야 합니다. 예배를 통해 우리의 영혼이 살고, 예배를 통해 복을 받아야 합니다. 아니, 우리가 예배를 잘 드림으로써 우리 지역이 살고, 대한민국에 놀라운 부흥의 역사가 임하게 됩니다.

♪ 우리에겐 소원이 하나 있네 주님 다시 오실 그날까지

우리 가슴에 새긴 주의 십자가 사랑 나의 교회를 사랑케 하네
주의 교회를 향한 우리 마음 희생과 포기와 가난과 고난
하물며 죽음조차 우릴 막을 수 없네 우리 교회는 이 땅의 희망

교회를 교회 되게 예밸 예배 되게 우릴 사용하소서
진정한 부흥의 날 오늘 임하도록 우릴 사용하소서

성령 안에 예배하리라 자유의 마음으로
사랑으로 사역하리라 교회는 생명이니

2. 하나님을 향한 충성과 헌신, 그리고 희생의 삶이, 이스라엘 백성들의 생명이고 축복이었기 때문입니다.

이스라엘 백성들은 언약 백성이었습니다. 그러므로 언약 백성은 하나님을 섬기고, 그분께 헌신하는 삶을 살아야 했습니다. 그것이 그들의 생명이고 축복이었으며, 영원한 기업이었습니다. 그들은 이방 백성이 아니었습니다. 그들은 하나님의 선민이고 하나님의 거룩한 백성이었습니다.

그런데 하나님을 섬기고 하나님께 헌신하는 삶이 끊어지면, 그들의 생명도 끝장나고 축복도 끝장나는 것 아니겠습니까? 사사기를 보면 하나님을 등지고 바알을 섬기며 이방신을 섬겼을 때, 그들은 날마다 이방 백성의 종노릇을 해야 했습니다. 그야말로 이스라엘에는 빛이

없고, 언제나 캄캄함과 영적 흑암만이 있었습니다.

오늘 우리 성도들도 계속 하나님께 헌신하고 충성하며, 희생하는 삶을 살아야 합니다. 하나님께 헌신하는 불, 충성과 희생하기 위한 불이 우리 안에서 계속 타올라야 합니다. 어떤 경우에도 헌신의 불과 충성의 불이 꺼져서는 안 됩니다.

그런데 이 시대의 신앙은, 자꾸 역사의 진로에서 역행하는 것을 봅니다. 자꾸 성도들은 하나님을 향한 헌신이나 충성, 희생을 싫어합니다. 그런 예배도 싫고, 그런 메시지도 싫어합니다. 자꾸 위로나 안위를 얻고, 격려만 받으려고 합니다. 예배를 드리려는 목적이 하나님께 영광을 돌리고 하나님께 헌신하려는 것이기보다는, 일주일에 한번 좋은 말씀을 듣고, 위로와 격려와 안위를 얻으려고만 합니다.

항우울제와 같은 메시지의 홍수

그러다 보니 이 시대의 메시지의 주제가 '힐링'이 되어 버렸습니다. 너도나도 항우울제와 같은 메시지를 전하려고 합니다. 그리고 성도들은 그것이 은혜가 되고, 새 힘이 된다고 이야기를 합니다. 물론 그런 부분이 필요합니다. 세상에서 살다 보면 상처받고 실패하는 경우가 있기 때문입니다. 그래서 교회에 와서 위로와 안위, 그리고 격려를 받을 필요가 있습니다. 날마다 수술만 하면 어떻게 되겠습니까? 마사지나 안마 같은 설교도 들어야 합니다. 그러나 그것이 전부가 되어선 안 된다 이 말입니다.

날마다 와서 마사지만 받고 위로만 받고 가면 어떻게 되겠습니까? 날마다 와서 항우울제만 먹고……우울하면 또 와서 항우울제를 먹고……. 도대체 언제까지 그래야 하겠습니까? 하나님의 백성이라면, 하나님을 위해 일어나 싸워야 할 것이 아니겠습니까? 위로받고 치료받았으면, 영적인 군사로서 전진해야 하지 않겠습니까? 그리고 하나님께 충성하고 헌신하며 희생하는 예배와 삶을 살아야 하지 않겠습니까?

그렇게 하기 위해서는 우리 제단에 불이 꺼져서는 안 됩니다. 불이 꺼지니 성도들은 헌신이나 충성, 희생을 싫어합니다. 날마다 위로와 격려, 그리고 안위만 받으려고 합니다.

성도들의 신앙 수준을 보려면, 그 성도들이 어떤 말씀을 사모하고 좋아하는가를 보면 됩니다. 또 그 교회의 영적 수준을 보려면, 목회자가 어떤 설교를 하는가를 보면 됩니다. 처음 단계는, 누구나 젖과 같은 말씀, 꿀과 같은 말씀을 사모합니다. 좋습니다. 항상 하나님의 말씀이 젖과 꿀 같아야 합니다. 그러나 어떻게 항상 하나님의 말씀이 젖과 꿀 같겠습니까? 때로는 부담도 되고 때로는 그 말씀을 듣기에 우리 마음이 아플 수도 있습니다. 그래서 계시록을 보면 하나님의 책을 먹는데 처음엔 달았지만 나중에 배에선 쓰다고 하지 않았습니까?

계 10:9-10 **내가 천사에게 나아가 작은 두루마리를 달라 한즉 천사가 이**

르되 갖다 먹어 버리라 네 배에는 쓰나 네 입에는 꿀같이 달리라 하거늘 내가 천사의 손에서 작은 두루마리를 갖다 먹어 버리니 내 입에는 꿀같이 다나 먹은 후에 내 배에서는 쓰게 되더라

그런데 계속 1년 365일 성도들은 그런 말씀만 듣기를 사모합니다. 듣기 좋은 말씀, 항상 항우울제 같은 힐링이나 위로의 말씀만을 들으려고 한다 이 말입니다. 또 목회자도 대부분 그런 설교를 합니다. 그러면 그 교회와 성도의 영적 수준은, 아직 어린 아이이거나 미숙한 수준일 가능성이 많습니다.

그런데 이 말씀을 넘으면, 이제 '의의 말씀'이 있습니다. 이제는 젖과 같은 말씀이 아니라, 단단하고 딱딱한 의의 말씀을 들어야 할 때가 되었습니다. 이런 사람이 신앙이 장성한 사람입니다. 가령, "어떻게 거룩하게 살 것인가?" "어떻게 정결한 삶을 살 것인가?" "어떻게 성화의 삶을 살 것인가?" "어떻게 악한 마귀와 싸울 것인가?" "어떻게 시험을 이길 것인가?" 이런 말씀을 듣게 되고, 사모하게 됩니다.

히 5:12-14 때가 오래 되었으므로 너희가 마땅히 선생이 되었을 터인데 너희가 다시 하나님의 말씀의 초보에 대하여 누구에게서 가르침을 받아야 할 처지이니 단단한 음식은 못 먹고 젖이나 먹어야 할 자가 되었도다 이는 젖을 먹는 자마다 어린 아이니 의의 말씀을 경험하지 못한 자요 단단한 음식은 장성한 자의 것이니 그들은 지각을 사용함으로 연단을 받아 선악을 분별하는 자들이니라

고차원의 말씀, 사명

이 단계를 넘으면, 더 고차원의 말씀이 기다리고 있습니다. 그것은 바로 '사명의 말씀'입니다. 사명의 말씀을 듣는 것입니다. 자기 십자가를 지고, 울며 죽더라도 그 길을 가는 말씀입니다. 한 알의 밀알이 되어 땅에 떨어져 죽는 말씀입니다. 이런 말씀이 기다리고 있습니다.

바로 이런 말씀이 사명을 위해 사는 말씀이고, 하나님께 헌신과 희생, 충성하는 말씀입니다. 하나님께 믿음으로 심고 눈물 흘리며 헌신하는 말씀입니다. 그런데 정말 신앙이 성숙하면 이런 말씀을 사모하게 됩니다. 이런 말씀은 아무리 전해도 "아멘"으로 받게 됩니다. 바로 그런 삶을 사는 것이 정말 성숙한 성도의 삶이요, 하나님의 백성다운 삶을 사는 것입니다.

이런 삶을 살기 위해서는, 항상 우리 심령에 불이 타올라야 합니다. 우리 심령의 제단에 헌신의 불이 타오르고, 사명의 불과 희생과 충성의 불이 타올라야 합니다. 이 불이 타올라야 사명 따라 살고 싶고, 헌신하며 살고 싶고, 충성과 희생의 삶이 살고 싶어집니다. 그리고 그런 말씀을 사모하게 됩니다. 그러나 이 불이 꺼져 버리면, "충성?" "사명?"이 웬 말입니까? 날마다 안위나 위로, 그리고 격려만 받고 싶은 신앙으로 전락하고 맙니다.

사실 우리가 60-70년대까지는, 아니면 80년대 중반까지만 해도 다 이런 불타는 신앙을 가지고 있었습니다. 대부분 성도들의 심령에는 이런 불이 타오르고 있었습니다. 그러나 이제 경제가 성장하고 먹고 살 만하니, 신앙이 역사의 진로에서 역행을 해 버리고 말았습니다. 그래서 이런 불이 다 꺼지고, 연기만 피어오르고 있습니다. 항상 항우울제 같은 위로의 메시지만 듣고 싶어합니다. 그래서 성도들이 나약해지고, 헌신과 충성, 그리고 희생과 사명을 모르게 되었습니다.

하나님을 향한 충성과 헌신과 희생의 삶이 이스라엘의 생명이고 축복이었던 것처럼, 오늘 우리에게도 마찬가지입니다. 하나님을 향한 헌신과 충성, 그리고 희생의 삶이 오늘 우리의 생명이고 축복임을 알아야 합니다. 그런 삶을 살 때 진정한 은혜와 축복이 우리에게 임하게 됩니다. 저 영원한 하늘의 상급과 영광이 우리의 것이 된다는 사실을 알아야 합니다. 그리고 이런 삶을 살기 위해서는, 우리 심령에서 불이 꺼져서는 안 됩니다. 우리 교회에도 이런 불이 꺼져서는 안 되고 항상 활활 타올라야 합니다. 그럴 때 항상 우리는 하나님을 향한 충성과 헌신, 그리고 희생과 사명의 삶을 제대로 살아갈 수 있습니다.

♪ 주여 나의 정성 나의 생명 드립니다
이 작은 나의 생명 나의 정성 다해
주님만을 위하여서 살기 원하오니
주여 잡아 주소서 나를 잡으소서
주님만을 위하여 살게 하소서
아 아 불 같은 성령으로 충만케 하옵소서

환난이 와도 핍박이 와도 내 주만 위해 내가 살리라

주여 나의 가진 모든 것을 드립니다
아무리 나 혼자서 몸부림쳐 봐도
인간의 힘만으로는 어찌할 수 없어
주만 의지합니다 주만 의지하니
성령으로 거듭남 주시옵소서
아 아 불같은 성령으로 충만케 하옵소서
고통이 와도 슬픔이 와도 내 주만 위해 내가 살리라

3. 이스라엘 백성들은 하나님의 언약 백성으로서, 거룩하고 정결한 삶을 살아야 했기 때문입니다.

레위기의 주제요 목표가 무엇입니까? 바로 '거룩'이요, '정결'입니다. 무엇을 통해서 말입니까? 제사를 통해서 말입니다. 제사는 거룩한 불로 드려져야 했습니다. 바로 그 불로 제사를 드려야만, 이스라엘 백성들이 정결함을 입게 되고 하나님께 나아갈 수 있었습니다. 그래서 다시 에덴으로 갈 수 있었고, 하나님과 아름다운 관계를 맺을 수 있었습니다. 다시 말하면 제사를 통해 복락원으로 갈 수 있고 복락원의 축복을 누릴 수 있게 되었습니다. 그런데 이 제단 불이 꺼져 버리면 이스라엘은 영적으로 캄캄하게 됩니다. 그렇게 캄캄한 세월을 지내다가 결국 바벨론의 느부갓네살에게 망한 것 아닙니까?

오늘 우리도 나실인과 같은 거룩한 삶을 살아야 합니다. 무엇을 통해서 우리가 거룩한 삶을 삽니까? 기도와 말씀, 그리고 성령 충만을 통해서 거룩한 삶을 살게 됩니다. 우리는 말씀과 기도로 거룩하여집니다. 또 불 같은 성령으로 우리의 죄가 태워지고, 정욕이 태워져서 거룩한 삶을 살아갈 수 있습니다. 그러기 위해 우리에게도, 하나님의 거룩한 불이 절대로 꺼져서는 안 됩니다. 저 번제단의 불도 꺼져서는 안 되지만, 금등대와 분향단의 거룩한 불도 꺼져서는 안 됩니다.

우리 하나님이 어떤 사람을 쓰시는 줄 아십니까? 정결한 사람, 거룩한 사람을 쓰십니다. 하나님은 더러운 사람을 절대로 쓰시지 않습니다. 하나님이 쓰시다가도 더러워지면 그 사람을 버릴 수밖에 없습니다.

딤후 2:20-21 큰 집에는 금 그릇과 은 그릇뿐 아니라 나무 그릇과 질그릇도 있어 귀하게 쓰는 것도 있고 천하게 쓰는 것도 있나니 그러므로 누구든지 이런 것에서 자기를 깨끗하게 하면 귀히 쓰는 그릇이 되어 거룩하고 주인의 쓰심에 합당하며 모든 선한 일에 준비함이 되리라

우리는 먼저 우리의 심령이 정결해야 합니다. 우리의 몸도 정결해야 합니다. 우리의 삶도 깨끗해야 합니다. 그러기 위해서 우리의 심령 제단에 정결의 불을 꺼뜨려서는 절대로 안 됩니다. 정결의 불이 활활 타오르게 해야 합니다.

교회여, 순결한 불꽃을 타오르게 하라!

교회도 마찬가지입니다. 교회도 거룩함이 생명이고, 깨끗함이 생명입니다. 그리고 순결함과 순정성을 소유하는 것이 교회의 영광성과 직결되어 있습니다. 오늘날 교회가 거룩성을 상실하니, 세상 사람들로부터 욕을 먹는 것이 아닙니까? 오늘날 교회가 순결성을 잃어버리니, 세상의 조롱거리요 또 마귀의 조롱거리가 되고 만 것입니다. 그러므로 우리의 심령 안에서 거룩한 하나님의 불이 꺼져서는 안 됩니다. 기도의 불, 말씀의 불, 그리고 성령 충만의 불이 꺼져서는 안 됩니다.

어떤 경우에도 다른 불이 켜져 있거나 다른 불이 드려져선 안 됩니다. 그래야 우리가 거룩하고, 교회가 거룩해집니다. 그러므로 우리 모두 하나님 앞에서 깨끗한 그릇이 됩시다. 깨끗한 사람이 되고, 깨끗한 교회를 이룹시다. 거룩한 불을 꺼트리지 맙시다. 하나님께 그 거룩한 불로 거룩한 제물과 향을 살라 드립시다. 그리고 번제단의 불이 꺼지지 않는 교회를 이룹시다. 그래서 우리 모두 에덴의 축복으로 돌아가고 복락원의 은혜를 누리며 삽시다.

"오, 주여! 우리는 어떤 경우에도 제단 불을 꺼트리지 않게 하옵소서! 예배의 불과 헌신의 삶을 사는 불을 꺼트리지 않게 하시고, 거룩하고 정결한 삶을 사는 불을 꺼트리지 않게 하옵소서! 그래서 우리가 살고 가정이 살며, 교회와 국가가 살게 하옵소서! 우리 모두 복락원의 축복을 누리게 하옵소서."

♪ 주님께 귀한 것 드려 젊을 때 힘 다하라
진리의 싸움을 할 때 열심을 내어라
모범을 보이신 예수 굽히지 않으셨다
그대의 충성을 다해 주님을 섬기어라
주님께 귀한 것 드려 젊을 때 힘 다하라
구원의 갑주를 입고 끝까지 싸워라

우리의 귀한 것 모두 주님께 바치어도
단번에 생명을 주신 그 사랑 못 갚네
하늘의 영광을 버려 우리를 구했으니
그대의 마음을 다해 주님을 섬기어라
주님께 귀한 것 드려 젊을 때 힘 다하라
구원의 갑주를 입고 끝까지 싸워라

레위기의 산을 넘어서

지금까지 레위기의 제사법에 나타난 하나님의 사랑과 은혜, 예배와 헌신, 사명의 진정한 의미를 살펴보았습니다. 레위기는 성경의 핵심이며 복음의 영적 의미가 아주 세밀하게 나타나 있습니다. 성도라면 누구나 한 번은 레위기의 산을 넘어야 합니다. 그 깊고 오묘하며 신비로운 영적 세계를 이해하고 체험해야 합니다. 그럴 때 신앙의 능력과 권능이 나타납니다. 본질 위에 굳건하게 서서 흔들리지 않습니다. 주님 앞에 드리는 예배는 우리의 삶을 축복과 기적으로 이끄는

첩경입니다.

레위기가 읽기 어렵다고 해서 덮어두면 안 됩니다. 계속 읽고 또 음미하고 묵상하며 레위기의 영적 세계로 더 깊숙이 들어가야 합니다. 그럴 때 신비롭고 황홀한 레위기의 영적 세계를 맛볼 수 있습니다.

한국교회는 이제 다시 레위기로 돌아가야 합니다. 아니 레위기에 나타난 제사법 속에 임한 하나님의 사랑과 은혜, 예배의 본질적 정신을 회복해야 합니다. 현대 크리스천들은 인스턴트적인 편리주의 신앙에 빠져가고 있습니다. 더 이상 자신의 피와 땀과 눈물을 쏟는 희생적 예배를 드리려 하지 않습니다. 이제 다시 레위기의 제사법에 담긴 예배의 본질과 정신으로 돌아갈 때 한국교회의 예배가 회복될 수 있습니다.

한국교회 성도들이여, 이제 레위기의 산을 정복합시다. 레위기의 깊고 은밀한 영적 세계로 들어갑시다. 그 속에 감추어진 예배와 사명, 헌신의 참 의미를 발견합시다. 그 속에 신앙의 본질이 있습니다. 축복의 보화가 감추어져 있습니다. 우리를 복락원으로 이끌 참된 행복의 길이 있습니다. 바로 당신이 레위기의 산을 정복하는 주인공이 되어 더 놀라운 축복과 기적의 주인공이 될 수 있기를 소망합니다.

판 권
소 유

레위기의 산을 정복하라

2014년 4월 15일 1판 1쇄 발행
2014년 4월 30일 1판 4쇄 발행

지은이 | 소강석
발행인 | 이형규
발행처 | 쿰란출판사

주소 | 서울시 종로구 이화장길 6
TEL | 745-1007, 745-1301~2, 747-1212, 743-1300
영업부 | 747-1004, FAX/745-8490
본사평생전화번호 | 0502-756-1004
홈페이지 | http://www.qumran.co.kr
E-mail | qrbooks@gmail.com
qrbooks@daum.net
한글인터넷주소 | 쿰란, 쿰란출판사

등록 | 제1-670호(1988.2.27)

책임교열 | 송은주

값 11,000원

ISBN 978-89-6562-566-7 03230